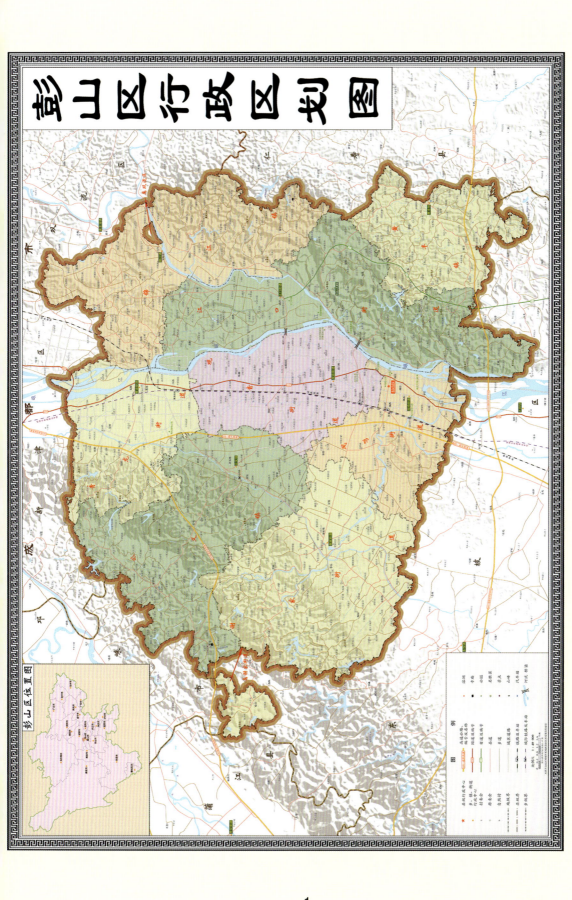

彭山区行政区划图

审图号：川S〔2021〕17004号

速度时空信息科技股份有限公司 编制　彭山区民政局 监制

彭山区位置图

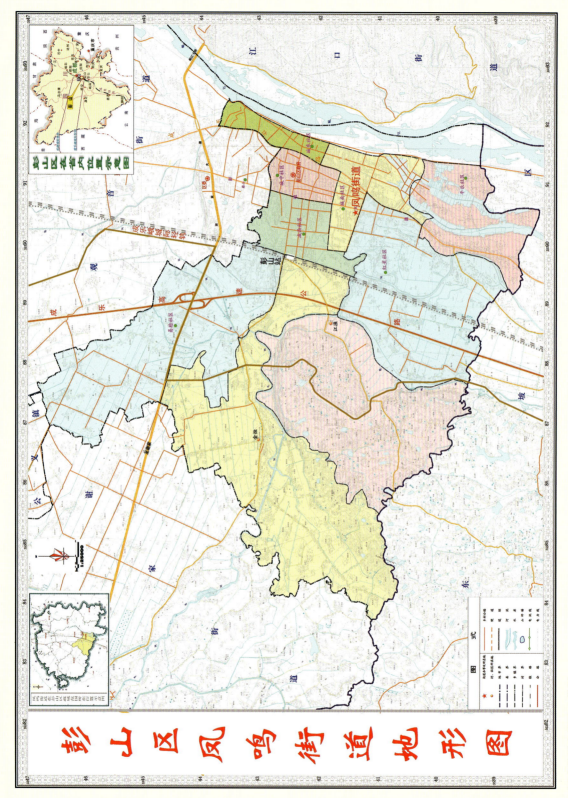

彭山区凤鸣街道地形图

凤鸣街道办事处　供图

2

位于彭祖广场的彭祖塑像（向军 摄）

彭祖 先秦时期传说故事人物。据《史记》《国语·郑语》《列仙传》等古籍记载，彭祖姓篯，名铿，帝颛顼之玄孙，陆终氏第三子，因封地在彭城（今江苏徐州），故号彭祖，传曾任商朝大夫。据《四川通志》记载，彭祖晚年入四川，定居彭山县象耳山，死后葬于彭亡山（今彭山区仙女山）。现陵墓保存完好，墓前有清同治六年（1867年）县令王燕琼所立墓碑。彭祖擅长炼丹，对养生术很有研究，传说其活了800岁，历经夏、商两朝。自古以来，民间一直将其作为"老寿星"传颂。

凤鸣街道办事处（李恒全　摄）

位于凤鸣公园的凤凰塑像（陈雁　摄）

4

成乐高速彭山互通（向军　摄）

成乐高速彭山收费站（向军　摄）

凤鸣公园（向军　摄）

毛河智慧体育公园（向军　摄）

中国水电七局（向军　摄）

四川八百寿酒业有限公司（向军　摄）

北湖春天（向军　摄）

滨江翡翠城（向军　摄）

明代彭山城墙遗址（李恒全　摄）

岷江河道（向军　摄）

凤鸣花谷（向军　摄）

彭山区幼儿园（向军　摄）

彭山区第二中学（向军　摄）

彭山区第一小学（向军　摄）

彭山区第二小学（向军　摄）

彭山区第四小学（向军　摄）

彭山区中医医院门诊大楼（彭山区中医医院　供图）

凤鸣社区卫生服务中心（凤鸣社区医院）（向军　摄）

彭山区火车站（向军　摄）

城南市场（向军　摄）

福一大酒店（向军　摄）

希望城商圈（向军　摄）

幸福农场（李恒全　摄）

凤鸣街道新农村（向军　摄）

凤鸣街道志

（1992—2020）

眉山市彭山区人民政府凤鸣街道办事处街道志编纂委员会 编

凤鸣

新华出版社

图书在版编目（CIP）数据

凤鸣街道志．1992—2020 / 眉山市彭山区人民政府
凤鸣街道办事处街道志编纂委员会编 . –– 北京：新华出
版社，2024.5
ISBN 978-7-5166-7340-9

Ⅰ．①凤…　Ⅱ．①眉…　Ⅲ．①区（城市）—地方志—眉
山—1992-2020　Ⅳ．① K297.14

中国国家版本馆 CIP 数据核字 (2024) 第 058655 号

凤鸣街道志．1992—2020

编者：眉山市彭山区人民政府凤鸣街道办事处街道志编纂委员会
出版发行：新华出版社有限责任公司
　　　　　　（北京市石景山区京原路 8 号　邮编：100040）
印刷：三河市龙大印装有限公司

成品尺寸：185mm × 260mm　1/16　　　**印张：**18　**字数：**383 千字
版次：2024 年 10 月第 1 版　　　　　　**印次：**2024 年 10 月第 1 次印刷
书号：ISBN 978-7-5166-7340-9　　　　**定价：**198.00 元

微店

视频号小店

抖店

京东旗舰店

扫码添加专属客服

微信公众号

喜马拉雅

小红书

淘宝旗舰店

眉山市彭山区人民政府凤鸣街道办事处
街道志编纂委员会

顾　问　张德明　叶云华　王玉芬　张富学　凌茂君
　　　　曾　理　张　奇　张　勇　赵耀洲
主　任　毛　琨　唐子龙
副主任　游翎瀚　孙　磊
成　员　廖志诚　宋　涛　翁利浩　徐　宁　张　杭
　　　　罗　斐　郑　飖　雷　建　王春成　岳　群
　　　　周奉学

眉山市彭山区人民政府凤鸣街道办事处
街道志编辑部

主　编　陈　雁

副主编　梁正科　苏文明　王燕飞

编　辑　严　利　朱　珠　牟浠榕　唐秋莹　陈东山

　　　　　曾晓旭　徐丽凤　王　琴

摄　影　李恒全　向　军

审　核　眉山市彭山区档案馆（党史和地方志编纂中心）

目　录

序

编纂方志，乃中华民族的优秀文化传统，也是代代相继、传承文明的一方盛事。习近平总书记指出："历史和现实都表明，一个抛弃了或者背叛了自己历史文化的民族，不仅不可能发展起来，而且很可能上演一场历史悲剧。"改革开放 40 多年来，凤鸣街道发生了极为深刻的改变，从粗茶淡饭到有机食品，从粗布衣裙到精美时装，从土屋平房到高楼大厦，我们在感受辉煌成就的同时，也应该感受到许多精巧的古建、精湛的工艺、亲切的乡音、独特的乡俗正与我们渐行渐远。在城镇化进程中，如何留得住乡愁、记得住乡音、忘不了乡思，事关乡镇历史资料的抢救和对乡土意识的传承。

盛世修志，自古皆然。编纂《凤鸣街道志》是凤鸣街道人民政治、经济、文化生活的一件大事。志书翔实地记述了凤鸣街道 1992 年—2020 年的发展巨变，着重辑录了凤鸣街道 29 年间的经纬要事。对所收集的大量资料去粗取精、去伪存真、加工提炼。志书观点正确、体系得当、资料翔实、文字通畅，客观反映了凤鸣街道在改革开放中前进发展的历史，充分体现了凤鸣街道的地方特色，必将起到"存史、资政、教化"的作用。

编纂《凤鸣街道志》是一件艰辛而繁重的工作，也是一项艰巨的系统工程，志书的字字句句都凝聚着广大修志工作者的心血，饱含着各界人士的智慧力量，它的完成是各方通力合作的结果。志书的编纂工作得到凤鸣街道党政机关的重视，各部门通力合作；区史志部门精心指导，时刻关注编纂工作进展；区级各部门大力支持，毫无保留地提供翔实资料。全体编修人员始终坚持"志为信史"的原则，奋力笔耕、精雕细刻、字斟句酌，合力纂成此书。

《凤鸣街道志》编纂委员会

2023 年 7 月 31 日

凡 例

一、以马克思列宁主义、毛泽东思想、邓小平理论、"三个代表"重要思想、科学发展观、习近平新时代中国特色社会主义思想为指导，坚持辩证唯物主义和历史唯物主义的立场、观点和方法，真实客观地记述凤鸣街道的自然、政治、法治、经济、文化和社会的发展演变历程、改革创新成果、资源产业优势、地域文化特色。为传承和抢救乡土历史文化，激发爱国爱乡情怀，推进乡村振兴，助力构建新时代城乡基层社会治理新格局，提供历史智慧和现实借鉴。

二、为全面反映入志事物发展脉络，上限为1992年1月，下限为2020年12月，个别重大事项延至搁笔。详今明古，着重反映时代特色和地方特点。

三、记述地域范围以凤鸣街道下限年份的行政辖区为主，有则详之，无则略之。历史纪年、政区、地名、机构、单位、官职等均以历史为准。

四、以凤鸣镇（街道）为主线。凤鸣镇（街道）城镇系彭山县（区）城区，在城镇部分编纂时，考虑志书完整性，含有彭山县（区）或其他乡镇难以区分的元素。

五、为方便读者快捷检索到所需资料，志书采用条目（纲目）体，设类目、分目、条目3个层次，以条目为基本记事单位。

六、志书以志体为主，综合运用述、记、志、传、图、表、录诸体，图、表格严格按照《四川省乡镇（街道）志、村志行文通则》要求执行，表题、表序统一使用开口表。

七、除引用文字和附录文献资料外，统一使用规范的现代语体文记述，行文力求朴实、严谨、简洁、流畅。

八、人物遵循"生不立传"原则，按生年排序。条目中涉及的有关人物，按"因事系人"的原则写入有关条目。只选录对凤鸣街道发展有重要业绩、较大贡献或影响的人物，不面面俱到。

九、数字、标点遵循国家标准和出版规定。志书中数字书写以《出版物上数字用法》（GB/T 15835—2011）为准，使用标点符号以《标点符号用法》（GB/T 15834—2011）为准。

十、志书资料来源于彭山县（区）境内的地方志书、彭山区档案馆（党史和地方志编纂中心）编制的年鉴、彭山区统计局编制的统计年鉴、凤鸣街道档案室、相关单位和部门提供的资料、书报、刊物和访问资料，均经核实后载入，一般不注明资料出处。统计数据以统计部门的数据为准；统计部门没有的，以主管单位的统计数据为准。由于资料采集困难，记述难免有错漏之处。

《《《 概　述 》》》

　　凤鸣街道历史悠久，民国二十一年（1932 年）始名凤鸣镇，是彭山区政府驻地，全区政治、经济、文化中心。其地处四川盆地成都平原经济圈，位于彭山区南部，地理坐标（十字口）东经 103°51′21″，北纬 30°11′41″，海拔 428 米，地势平坦，略有北高南低、西高东低的倾向；北距成都市区 45 千米、双流国际机场 30 千米，南距眉山市东坡区 18 千米；东临岷江，南邻东坡区太和镇，西连谢家街道，北接观音街道。境内主要河道为岷江，过境段总长 3 千米，由北向南。因城北鸣凤山古柏参天，苍松叠翠，榕茂遮日，溪水竹影，凤凰栖址，鸣脆悦耳得名。按照《关于调整区、乡（镇）建制的通知》（川委发〔1992〕16 号）精神，1992 年 9 月，全县乡镇建制进行调整，原余店乡、凤鸣乡所属行政区域划归凤鸣镇管辖，由此，凤鸣镇辖区面积由 2.7 平方千米增至 43.1 平方千米。辖 6 个居民委员会，45 个居民小组，18 个村民委员会，161 个村民小组，总户数 18387 户，人口 57433 人（男 28808 人、女 28625 人，农业人口 33308 人、非农业人口 24125 人）。1992 年，凤鸣镇有镇属工业企业 28 个，村办 50 个，社办 20 个，联户办 46 个，工商户 3906 个，全年企业总产值 15896 万元。1992 年 9 月，灵石乡撤乡建镇。1993 年 12 月 28 日，凤鸣镇入选四川省委、省政府"四川乡镇 200 强"。2000 年，灵石镇辖 3 个村，21 个村民小组，5 个居委会，30 个居民小组，全镇总户数 3970 户，总人口 11355 人，其中，农业人口 3612 人，非农业人口 7743 人。2008 年，灵石镇、凤鸣镇合并，沿名凤鸣镇。2015 年，城镇化率达 81.52%，综合经济实力名列全区第 3 位，全市乡镇第 7 位，是全区的人口大镇、商贸重镇、经济强镇。2016 年更名为凤鸣街道至今。2020 年年底，辖 7 个社区居民委员会和 2 个村民委员会。户籍人口 66154 人，常住人口 88463 人，一般公共预算收入 36173.3 万元，农村居民人均可支配收入 22004 元。辖区内民族以汉族为主，有满、回、蒙、壮、苗、彝、侗等 14 个少数民族。辖区东西最大距离 6.52 千米，南北最大距离 7.36 千米；行政区域面积 37.69 平方千米，其中耕地面积 2.58 万亩，人口密度为 1947 人/平方千米。辖区内教育、医疗、商贸、建筑和服务业发达，共有主要街道 130 条、商家 2100 家，吃购娱住学医体系完备。辖区内耕地以种植水稻、小麦、玉米、油菜为主；主要经济作物有泽泻、川芎、杂交水稻制种、果蔬等。辖区内交通发达、商贸繁荣，成昆铁路、成绵乐城际轻轨、成乐高速、245 国道、滨江路、太和大道纵贯全境，与全国各地相连，形成公路、铁路、航空运输通达网络。

　　街道办事处驻地：四川省眉山市彭山区凤鸣街道彭祖大道三段 288 号

　　邮政编码：620860

≪≪≪ 大事记 ≫≫≫

1992 年

1月1日起，凤鸣镇对农村、街道"两职干部"（支书、主任）实行农村干部养老保险制度，为39位"两职干部"办了养老保险。

6月1日，位于凤鸣公园的青少年宫竣工剪彩。

7月1日，石油公司城南加油站发生特大抢劫杀人案，职工徐长海为保护国家财产光荣牺牲，孟丽华身负重伤致残。

8月5日，凤鸣镇动工修建下岷江路。

9月7日，调整乡镇建制，撤销凤鸣乡、余店乡，合并到凤鸣镇。

9月28日，重建（恢复）凤鸣公园一期工程竣工剪彩。

11月28日，彭山化工集团公司在凤鸣镇岷江路成立。

12月23日，中共凤鸣镇第十次党员代表大会召开。

1993 年

1月5日，彭祖特曲荣获1992年国际名酒博览会特别金奖新闻发布暨业务汇报会在凤鸣中路彭山酒厂举行。

1月16日，凤鸣镇第十三届人民代表大会召开。

6月1日，中外合资四川志远药用橡胶制品有限公司在凤鸣路三段建成开业，该公司主要生产药用和工业橡胶制品。

8月31日，鹏利小学建成后正式开学。

10月22日，灵石镇双漩村3组村民卓云海，无证在岷江撑船载人，造成4人死亡、2人下落不明的重大水上交通事故。

11月，东风水泥厂投入500万元，由年产4万吨扩大到6万吨。

12月，凤鸣镇完成南巷街东段工程建设。

1994 年

1月4日，在凤鸣路段发生一起大货车、拖拉机相撞的重大车祸。大货车被烧毁，拖拉机和1辆尾随的大货车被撞坏，2人受伤，直接经济损失8万元。

3月9日，农业部乡镇企业司副司长程祖琪和农业部乡镇企业服务中心、北京海玉生化高新技术研究所的专家一行3人，视察了凤鸣镇及城南开发区。

7月，凤鸣镇城市管理办公室成立。

10月13日，彭祖大道破土动工，由87496部队第9工程总队第1施工队承建。

11月，眉山市政府在凤鸣镇召开全市流动人口管理工作现场会，凤鸣镇流动人口管理工作得到市政府和市计生委的肯定。

12月，凤鸣镇下岷江路、三环路、老城墙路竣工并投入使用。

1995 年

1月13日，凤鸣镇第二卫生院（含凤鸣镇卫生院）门诊大楼竣工并投入使用。

6月5日，灵石110千伏变电站举行奠基仪式。

10月，凤鸣镇城南综合农贸市场建成。

10月，坐落于凤鸣镇南街90号，建筑面积2269平方米的新办公大楼竣工。

11月27日凌晨2时，县公安局凤鸣派出所根据群众反映，一举摧毁了一个重大抢劫犯罪团伙，抓获8名案犯，缴获火药枪1支、雷管1支和木棒等作案工具。

12月18日，凤鸣镇第十四届人民代表大会召开。

1996 年

1月19日，中共凤鸣镇第十一次党员代表大会召开。

6月23日，灵石镇乡村医生兰国群赴北京参加学术报告会。

7月1日，凤鸣镇党委被眉山市委命名为市级"先进党委"。

12月28日，凤鸣镇完成土地管理制度和镇村道路建设规划。

1997 年

3月，经县委、县政府验收，凤鸣镇10个村均创建成"小康村"。

6月，经市委、市政府检查组验收，实现了"小康镇"。

8月26日，经国务院批复，眉山地区正式成立，凤鸣镇、灵石镇受辖于眉山地区彭山县。

11月21日，灵石镇红星村8组村民张志平非法制造烟花爆竹酿成惨剧，张志平当场被炸死，其妻送医院抢救无效死亡。

12月，凤鸣镇党委获全国农业普查二等奖，获市"拥军优属模范镇"称号。

1998 年

2月24日，蔡家山跨铁路立交桥正式动工。

6月3日，灵石镇平乐村卫生站乡村医生兰国群被评为"全国模范乡村医生"。

7月5日—6日，大雨持续36小时，灵石镇遭受不同程度的灾害。

7月27日，彭山二中校园发生斗殴事件，致1名初二学生死亡。

10月16日，凤鸣镇城西综合农贸市场建成。

12月9日，中共凤鸣镇第十二次党员代表大会召开。

12月10日，凤鸣镇第十五届人民代表大会召开。

12月21日，盐关居民委员会成立。

1999 年

1月7日，盐关党总支成立。

3月23日，省民政厅副厅长周登国一行到灵石镇平乐村，视察投资12万元、占地300平方米新建的综合大楼，了解村民委员会制度建设和村务公开等情况。

4月20日，凤鸣镇成立帮教协会。

5月5日，凤鸣镇直属企业彭山县玻璃厂依法破产。

6月18日，凤鸣镇将镇环卫管理工作移交彭山县城管办。

7月16日，彭山县政府同意凤鸣镇南星村改造凤鸣公园东路农贸市场。

8月5日，公安部授予凤鸣派出所"人民满意派出所"称号。

9月17日，实施解放小学危房改造重建。

9月29日，彭山二中隆重举行70周年校庆。

10月11日，凤鸣镇102岁老寿星谢占云赴北京参加"中华百岁老人健康之星"（全国100名，四川省3名）授奖大会。

11月2日，建设路一废品收购站发生爆炸，酿成死2人、伤2人的惨剧。

12月，凤鸣镇投资14.9万元的解放小学重建工程竣工，贯穿凤鸣镇境内的成乐高速公路、新彭（山）—谢（家）公路建成通车。

2000 年

1月24日，蔡家山跨铁路立交桥建成并通过验收。

3月，凤鸣镇启动农村电网改造，一期工程于9月底完成。

7月，新南街彭山县幼儿园建成并投入使用。

9月6日，凤鸣镇南星房地产公司开发建设灵石路南星小区，城南片区开发建设正式启动。

11月7日，省农业厅副厅长来彭山检查工作，到凤鸣镇易埝村察看小麦新品种示范片和秋洋芋高产示范片。

12月9日，位于县城中心十字口的土产公司综合楼发生火灾，造成重大经济损失。

同日，撤销眉山地区，成立地级眉山市，凤鸣镇、灵石镇隶属眉山市彭山县管辖。

12月12日，彭山一小被国家体育总局批准为篮球、乒乓球训练基地。

12月，凤鸣镇新建的南星村和高集村办公大楼竣工；城南市场由14亩扩大到27亩，竣工并投入使用。28日，凤鸣镇制定了《关于开展"三个代表"重要思想学习教育活动的意见》。

2001 年

3月2日，凤鸣派出所被授予全国"人民满意公安基层单位"称号，凤鸣派出所所长李力被授予全国"优秀人民警察"称号。

4月25日，凤鸣镇成立以镇党委书记为组长的"严打"整治斗争领导小组，开展"严打"整治工作。

5月，凤鸣镇开展"彭山大发展我为彭山做什么"思想解放大讨论活动。

10月31日，凤鸣镇共产党员捐资整治彭谢路。

11月28日，凤鸣镇党委、政府成立农村合作基金会资产管理办公室。

12月13日，中共凤鸣镇第十三次党员代表大会召开。

12月14日，凤鸣镇第十六届人民代表大会召开。

2002 年

4月22日，凤鸣镇城北居民委员会成立。

6月10日，凤鸣镇金烛3社养鸡大户李川华家的鸡舍突然垮塌，2200只产蛋鸡全部被压在垮塌的房架农舍里，死伤产蛋鸡600只，直接经济损失6万元。

10月9日，彭祖广场拆迁建设誓师动员大会在县政府礼堂召开。县建环局、计经局、灵石镇、凤鸣镇等相关单位表态发言，并签订了目标责任书。

2003 年

春，我国暴发"非典"疫情，凤鸣镇、灵石镇人民全力抗击并取得胜利。

3月6日，中共凤鸣镇第十四次党员代表大会召开。

3月7日，凤鸣镇第十七届人民代表大会召开。

8月5日，凤鸣镇"八五"新区农贸市场纳入城西社区管理。

8月，凤鸣镇完成高集、易垱小学的拆点并校。

12月，彭山县顺利通过市级文明县城复查验收。

2004 年

1月19日，凤鸣镇部署创建市级特色社区和创建省级卫生城市建设工作。

3月，通济堰管理处彭山站址由公义镇迁入凤鸣镇彭武路。

5月31日，眉山市副市长孟光安率市政府督察办、水利局等相关部门领导来凤鸣镇处理青石桥的危桥整治问题。

7月1日，凤鸣镇党委会研究部署经济普查工作。

11月23日，凤鸣镇创建四川省卫生县城工作通过了省考评组的考核。

2005 年

1月17日，由省、市、县红十字会统一组织专家、教授、主治医生到灵石镇义诊。

2月，通济堰管理处东干渠管理站址由凤鸣镇江渔村迁入凤鸣镇彭武路。

3月15日，凤鸣镇开展农村财务清理工作。

5月，凤鸣镇启动了城西工业集中区的规划、设计。

6月，凤鸣镇"保持共产党员先进性"教育活动启动。

9月7日，县政府在凤鸣镇金烛村召开全县秋季血防灭螺现场会。

2006 年

1月1日，国家废止《农业税条例》，废除农业税征收。

2月14日，成立凤鸣公园东路市场搬迁领导小组。

6月16日，凤鸣镇在兴铁宾馆举行工业项目推介会。

9月8日，中共凤鸣镇第十五次党员代表大会召开。

9月9日，凤鸣镇第十八届人民代表大会召开。

9月22日，灵石镇第十七届人民代表大会在兴铁宾馆召开。

2007 年

4月，凤鸣镇开展为期100天的"春雷"社会治安专项行动，积极配合公安机关实施"春雷—A"打黑除恶战役、"春雷—B"打击"两抢一盗"战役和"春雷—C"禁毒战役。4日，凤鸣镇江渔堤段发生死鱼事件，受损29户，7万公斤。22日，凤鸣镇党委、政府决定实施"十大惠民行动"。

7月20日，凤鸣镇开展"百企联百村"活动。

9月5日，灵石镇征地拆迁居民基本养老保险试点工作启动。

2008 年

1月17日，省委常委、组织部部长柯尊平到凤鸣镇城东社区党总支看望慰问生活困难党员。

1月30日，市政协主席苏灿在县领导陪同下，到凤鸣镇慰问特困职工、贫困群众、党员及离退休干部。

2月，经省民政厅批准，将原灵石镇、彭山县经济开发区撤销，并入凤鸣镇。22日，县委领导为凤鸣镇党委、政府授牌。

3月20日，市委常委、市委宣传部部长周成仕到凤鸣镇城东社区实地调研农家书屋建设情况。

4月10日，眉山市基层党建工作现场会在彭山县召开，市委常委、组织部部长刘十庆率与会人员参观了城东社区的党建工作开展情况。15日，"迎奥运万人健步行"活动启动仪式在凤鸣公园体育场举行。

5月12日，四川汶川发生8.0级强烈地震，凤鸣镇投入抗震救灾。

12月9日，配合第三次全国文物普查，对凤鸣镇辖区的文物进行了普查。

12月，滨江路A段、郏江枫景、家和盛世、南门庭院、家天下、彭祖大道、迎宾路等建设项目全面推进。

2009 年

从3月开始，凤鸣镇党委用6个月时间，开展"学习实践科学发展观"主题教育活动。

3月6日，凤鸣镇成立以镇长为站长的"凤鸣镇人才工作站"。

10月，凤鸣镇菱角村、城东社区文明和谐村（社区）建设达标验收。

10月20日，县委副书记慰问城中社区百岁老人张少清。

11月26日，凤鸣镇妇女联合会代表大会召开。

12月3日，市委常委、纪委书记、市关工委主任吴小可，市关工委常务副主任牟刚俊到彭山一小、城东社区等地调研关心下一代工作。

2010 年

1月25日，县委领导到凤鸣镇走访慰问困难群众。

5月，凤鸣镇"创先争优"活动启动。

6月3日，凤鸣公园改造工程正式启动。

7月27日，市委书记蒋仁富，市委常委、组织部部长刘十庆一行到凤鸣镇城东社区调研基层党组织创先争优活动开展情况。

9月8日，凤鸣镇编制《凤鸣镇人民政府蔬菜产业发展规划（2011—2013）》，打造无公害蔬菜产业基地面积1万亩。

11月，凤鸣镇启动第八届村（社区）委员会换届选举工作。

2011 年

3月23日，镇政府成立第一次全国水利普查工作领导小组，开展水利普查工作。

6月30日，县委常委、组织部部长俞红梅看望、慰问凤鸣镇惠灵村2组贫困老党员连素花。

7月27日，凤鸣镇第十九届人民代表大会召开。

8月17日—18日，全省公安机关执法场所规范化建设暨"两项治理"工作现场会在彭山召开，与会人员前往凤鸣派出所参观公安机关执法场所规范化建设。

8月26日，凤鸣镇人民政府制定2011年度经济责任审计工作方案，重点对城西社区、平乐社区、江渔村进行经济责任审计。

9月22日，县委领导率13个乡镇党委书记、分管副书记、党政办主任到凤鸣镇，就文建明工作法进行现场交流学习并座谈。

10月27日，中央组织部部务委员、组织二局局长陈向群深入凤鸣镇、彭山二小调研学习推广文建明工作法和创先争优工作情况。

2012 年

2月，凤鸣镇开展"强项目、优服务、促发展、主动作为创一流"活动。

4月23日，全县2012年农作物秸秆禁烧与综合利用工作会议召开，凤鸣镇被划定为重点禁烧区域。

6月—9月，凤鸣镇对道路、建筑施工、烟花生产、危险化学品等生产进行专项整治。

7月15日，凤鸣镇政府将易埝村、金烛村、江渔村、石家村、宝珠村列入创建眉山市生态村建设。

8月29日，县政协主要领导率部分县政协委员到城区城南市场、城西市场等地视察全县城乡环境综合治理工作推进情况。

9月12日，眉山市副市长钟毅率队到彭山县凤鸣镇检查农机安全工作。

10月21日，凤鸣镇党委会议决定对已享受低保的人员进行重新登记核实，新申请低保户必须经镇、村两级公示。

11月1日，凤鸣镇菱角村阵地建设落成典礼举行。

12月，凤鸣镇"滨江千亩湿地公园"全面建成。

2013 年

3月1日，凤鸣镇制定2013年度村（社区）干部经济责任审计工作方案，重点对宝珠村、惠灵村、集关社区、石家村、双漩社区、易埝村、东红社区、城中社区进行经济责任审计。

3月4日，凤鸣镇安监所成立。

4月20日，四川省雅安市芦山县发生7.0级地震，凤鸣镇人民投入抗震救灾。

5月，凤鸣镇"实现伟大中国梦、共筑凤鸣梦，建设最美社区"主题教育活动启动。

8月27日，市卫生局对凤鸣镇社区卫生服务中心创建省级标准化社区卫生服务机构进行检查验收。

9月18日，凤鸣镇党委制定《关于群众路线教育实践活动先行先改促进发展的实施方案》。

10月，凤鸣镇完成9个社区、7个村党支部的换届工作；完成第九届村（居）委会的换届选举工作，实现了16个村（社区、居）委会的换届选举。

2014 年

1月13日，凤鸣镇开展第三次全国经济普查。

4月24日，凤鸣镇被评为"省级生态乡镇"。

5月14日，凤鸣镇建设"省级安全社区"推进工作暨培训会在县政府礼堂召开。

8月18日，凤鸣镇城东社区在长寿广场举办"珍爱和平、共享未来"纪念抗战胜利70周年公益活动。

8月21日，凤鸣镇党委召开"花漾彭山"立体绿化工作动员部署大会。

8月29日，中央巡视组到凤鸣镇菱角村检查党的群众路线教育实践活动第二阶段开展情况。

10月8日，市委副书记刘十庆到凤鸣镇调研岷江现代农业示范园区彭山区域建设和发展情况。

10月16日，市委书记李静、市政协主席王影聪等市领导，与参加全市深化农村改革推进会的参会代表前往凤鸣镇，参观考察岷江现代农业示范园区彭山区域，实地了解新型农业经营主体、专业大户、农业企业和彭山县农村改革工作情况。

10月20日，国务院正式批复四川省人民政府，同意撤销彭山县，设立眉山市彭山区，以原彭山县的行政区域为彭山区的行政区域，凤鸣镇隶属彭山区管辖。

10月30日—31日，四川省安全社区现场评定组组长伍袁志带领四川省安全社区评定专家组成员，采取"听、看、问、查、访、找"等方式，对凤鸣镇安全社区建设进行现场评定。

11月12日，省妇联副主席黄莉一行到凤鸣镇调研社区群团服务工作，对创新网格化管理做法予以充分肯定。

11月26日，市委副书记刘十庆到彭山县凤鸣镇江渔村调研岷江现代农业示范园区彭山区域道路建设、景观节点打造、田型整治及门户建设等项目的建设推进情况。

2015 年

3月3日，全省春耕生产暨高标准农田建设现场会在眉山召开。副省长曲木史哈率与会人员到彭山区参观农机工作情况，首先来到位于彭山区凤鸣镇金烛村的成林农机专业合作社，通过实地参观农机春耕作业现场、听取汇报等形式了解彭山区农机工作情况。

3月26日，彭山区接受国家农村生活垃圾治理验收动员会在区委会议中心二楼大会议室召开，凤鸣镇负责人做了表态发言，签订目标责任书。

4月8日，凤鸣镇党委召开党组织建设工作现场会，16个村（社区）书记、主任和镇班子成员共45人到凤鸣镇菱角村、东红社区现场参观学习。

4月28日，凤鸣镇第二十届人民代表大会召开。

6月29日，凤鸣镇城乡规划执行委员会成立，镇党委书记、镇长兼正、副主任。

8月3日，彭山区召开重点项目及乡镇工作半年推进会，参会人员到凤鸣镇易埝村高速公路出口棚户区调研改造推进情况，镇党委书记现场做汇报。

8月，凤鸣镇城乡规划监督委员会和执行监督委员会成立。

10月，凤鸣镇创建省级卫生乡镇通过验收。

12月，凤鸣镇成立领导小组对各村（社区）公共服务经费的使用开展审核工作，实行全镇统筹。

2016 年

3月29日，彭山区人大主要领导率领调研组前往凤鸣镇，就彭山区农村改革试验区推进情况开展专题调研。

5月26日，彭山区区委主要领导率区级相关部门负责人到凤鸣镇调研岷江现代农业园区彭山区域和全区深化农村改革试点工作开展情况。

7月20日，彭山区政协委员到鲁洲生物科技有限公司、凤鸣屠宰场、彭祖新城污水处理厂，对彭山区"治污"专项治理工作开展视察，并就视察情况召开专题座谈会。

10月31日，眉山市彭山区凤鸣、彭溪街道办事处成立大会暨授牌授印仪式在区委会议中心二楼大会议室成功举行，区四大家领导出席仪式。

2017 年

1月6日，四川省红十字会常务副会长赵万华一行在市、区领导陪同下深入凤鸣街道红星社区走访慰问贫困群众。

1月—3月，凤鸣街道开展社会治安"大排查、大整治、大巡防"工作。

3月—4月，凤鸣街道开展安全生产大检查、问题整治集中攻坚行动。

6月29日，眉山市副市长曹晖、市政协副主席周强到彭山区凤鸣街道等地，调研毛河流域污染治理工作。

11月6日，凤鸣街道党工委专题研究华西德顿有限公司有关遗留问题。

11月30日，凤鸣街道妇联第一届换届选举工作大会召开。

2018 年

3 月 19 日，凤鸣街道在金烛村委会议室开展"安全知识下乡村"培训。

6 月 14 日，彭山区政协领导带领区文史委部分委员到凤鸣街道南星社区考察"民族文化之家"工作。

6 月—7 月，根据彭山区区委统一部署，区委第四巡察组对凤鸣街道进行了巡察。

8 月 8 日，眉山市政协副主席立胡左格带队到彭山区凤鸣街道开展金融服务乡村振兴调研。

8 月 22 日，眉山市政协主席王影聪一行到彭山区凤鸣街道 80 号小区、城西农贸市场听取相关负责人关于老旧小区改造、新建农贸市场规范运营等"创文"工作的汇报，督导彭山区全国文明城市创建工作。

9 月 24 日，由区文旅广新局主办，文化馆、幸福长寿艺术团承办的"纪念改革开放 40 周年暨喜迎国庆欢度中秋"群众文艺风采展演在凤鸣公园举行。

2019 年

1 月 25 日，凤鸣街道在南门口开展禁毒宣传活动。

3 月 25 日，彭山区区委、区政府主要领导率队调研凤鸣街道重点项目及主要工作。

4 月 19 日—6 月 28 日，彭山区区委第二巡察组对凤鸣街道进行集中巡察。

5 月 13 日，彭山区区委主要领导到凤鸣街道调研"三创工作"。

5 月 31 日，凤鸣街道在南门口开展打击非法集资宣传活动。

9 月，凤鸣街道"不忘初心、牢记使命"主题教育活动启动。

2020 年

1 月，新冠疫情暴发，凤鸣街道人民抗击新冠疫情。

1 月 23 日，彭山区文化惠民进万家活动在凤鸣公园举行。

4 月，凤鸣街道开展第七次全国人口普查工作，成立第七次人口普查领导小组。

8 月 14 日，眉山市市委主要领导带队到凤鸣街道城中社区、工务段小区调研乡镇行政区划、村级建制调整改革"后半篇"文章等工作。

11 月 18 日，彭山区区委主要领导深入凤鸣街道江渔村、城南污水处理厂、南方家居园区等地调研生态环境保护工作。

12 月 8 日，彭山区区委主要领导到凤鸣街道开展毛河流域治理工作专题调研；17 日，到凤鸣街道调研农村人居环境改善、基层社会治理、小区党建等工作。

《《《 街道情况 》》》

1992 年—2020 年，时代进步，社会发展，凤鸣镇（街道）历经乡镇合并、村组调整、合村并组，街道面貌发生显著变化。

历史沿革

【镇名由来】

因凤鸣镇内北隅鸣凤山（后改凤鸣山）而得名。南北朝西魏废帝元钦二年（553年）已形成集镇，迁建的隆山县治地即凤鸣镇，唐玄宗先天元年（721 年）隆山县改名为彭山县后，一直是彭山县治地。民国十四年（1925 年），因传说有凤鸣于此，在凤鸣山下建凤鸣公园。至今，凤鸣公园西门有对联"凤鸣一声传天籁，孝感天地化武阳"，公园内还有凤鸣雕塑。

【凤鸣镇】

凤鸣镇清代属灵石乡，民国四年（1915 年）始单独设置城镇公所，属第一区。

民国二十一年（1932 年），始名凤鸣镇。

民国二十四年（1935 年），改为"彭山县第一区城镇联保办公处"。

民国三十年（1941 年），改名凤鸣镇。

1952 年，土改建镇，城区置城关镇。

1959 年 4 月，彭山县并入眉山县，改城关镇为彭山镇。

1962 年 6 月，彭山县复立，沿名城关镇，直属于县。

1981 年，地名复查恢复凤鸣镇之名。

1992 年，凤鸣镇与凤鸣乡、余店乡合并，仍名凤鸣镇。

1995 年，原凤鸣乡行政区域划出凤鸣镇新成立彭溪镇，彭溪镇、凤鸣镇分立。

2008 年，灵石镇、彭山县经济开发区并入凤鸣镇。

2014 年，设立眉山市彭山区。彭山县凤鸣镇人民政府更名为眉山市彭山区凤鸣镇人民政府。

【灵石镇】

传说岷江东岸有一块大红石，若在石旁点火，即引起火灾，故名。

1952 年，土改建镇时更名城关镇，并将所辖镇北农业区置凤鸣乡，镇南农业区置

青石乡。

1959 年 4 月，彭山县并入眉山县，改名彭山镇。

1959 年，改青石公社。

1981 年，更名灵石公社。

1984 年，改为灵石乡。

1992 年 9 月，灵石乡撤乡建镇，名灵石镇。

2008 年，灵石镇与凤鸣镇合并，沿名凤鸣镇。

【凤鸣街道】

2016 年 10 月 31 日，根据《四川省人民政府关于同意眉山市彭山区调整部分乡镇行政区划的批复》（川府民政〔2016〕9 号）和《眉山市人民政府关于同意彭山区调整部分乡镇行政区划的批复》（眉府函〔2016〕130 号）文件精神，经省、市人民政府批准，凤鸣镇撤镇设立街道办事处。

辖区变迁

【乡镇合并】

1992 年 9 月，按照川委发〔1992〕60 号文件精神，调整乡镇建制，凤鸣乡、余店乡所属行政区域划归凤鸣镇管辖。1995 年 9 月，凤鸣乡原辖行政区域从凤鸣镇划出，组建彭溪工作委员会，新成立彭溪镇。2008 年 1 月 18 日，按《四川省人民政府关于同意彭山县乡镇行政区划调整的批复》，同意《关于彭山县调整部分乡镇行政区划的请示》，原灵石镇、彭山县经济开发区（原灵石园区）撤销，合并为凤鸣镇。镇人民政府驻地仍为原凤鸣镇南街 60 号。2016 年，凤鸣镇撤镇设立街道办事处。

【辖区面积】

1992 年，凤鸣乡、余店乡原属行政区域划归凤鸣镇管辖，辖区面积由 2.7 平方千米增至 43.1 平方千米。灵石镇辖区面积 13.3 平方千米。

1995 年 9 月，凤鸣乡原辖行政区域从凤鸣镇划出，辖区面积减少至 26.8 平方千米。

2000 年—2007 年，凤鸣镇辖区面积 26.8 平方千米，灵石镇辖区面积 10.89 平方千米。

2008 年，凤鸣镇与灵石镇合并后，辖区面积扩大到 43 平方千米。

2009 年—2020 年，辖区面积 37.69 平方千米。

【村（社区）调整】

1992 年前，凤鸣镇辖东街、南街、西街、北街、北外街、岷江路 6 个居民委员会，45 个居民小组和 1 个蔬菜村，6 个村民小组。

1992 年—1994 年，凤鸣镇辖 6 个居民委员会，45 个居民小组；大石桥、龙门桥、蔡山、毛店、垆埝、大楠、彭溪、兴崇、高集、惠灵、江渔、石集、菱角、黎埝、仁慈、易埝、金烛、蔬菜18个村，161个村民小组。灵石镇撤销东红、集关、红星村民委员会，成立东红、集关、红星3个居民委员会。

1995年9月，凤鸣镇蔬菜村更名为南星村，辖6个居民委员会、45个居民小组；10个村、81个村民小组。灵石镇辖3个居民委员会，12个居民小组；8个村，51个村民小组。

1996年5月，凤鸣镇撤销石集村，建立石集居民委员会，辖7个居民委员会，48个居民小组；9个行政村，78个村民小组。11月，灵石镇撤销平乐村民委员会，建立平乐居民委员会。

1997年，凤鸣镇辖7个居民委员会，48个居民小组；9个行政村，78个村民小组。

1998年—1999年，凤鸣镇辖8个居民委员会，62个居民小组；9个行政村，78个村民小组。1999年5月成立盐关居民委员会。

2000年，凤鸣镇辖8个居民委员会，62个居民小组；9个村，72个村民小组。8月，灵石镇撤销双漩村村民委员会，建立双漩居民委员会。辖东红、集关、红星、平乐、双漩5个居民委员会，30个居民小组；文殊、石家、宝珠3个村，21个村民小组。

2001年—2002年，凤鸣镇辖8个居民委员会，62个居民小组；9个行政村，72个村民小组。

2002年，灵石镇辖5个居民委员会，30个居民小组；3个村，20个村民小组。

2003年，凤鸣镇撤销城东、城南、城西、城北、北外街、岷江路、盐关、石集、城北9个居民委员会和南星村村委会，组建4个社区居民委员会（城中社区、城东社区、南星社区、城西社区），恢复石集村民委员会。

城中社区。管辖范围包括东街西街以北、省道103线以西、彭祖大道以东、一环北路以南。办公阵地设在原东街居委会办公室（商业街二楼），将原东街居民委员会、西街居民委员会、北街居民委员会的集体资产并入该社区，并将该社区范围内的单位和居民纳入该社区管理。社区组建时共计住户2673户、6682人，有30个社区成员单位。

城东社区。管辖范围包括省道103线以东、锁江路以北、岷江河以西、原西南冶金机械厂以南。办公阵地设在原岷江路居委会办公室（彭祖广场内）。将城北临时居民委员会、盐关居民委员会、岷江居民委员会的集体资产并入该社区，并将该范围内的单位和居民纳入该社区管理。社区组建时共计住户2808户、6739人，有32个社区成员单位。

南星社区。管辖范围包括东街和西街以南、彭祖大道以东、省道103线以西、蓉台路以北，办公阵地设在原南星村办公室。将原南街居民委员会、南星村民委员会的集体资产并入该社区，并将该范围内的单位和居民纳入该社区管理。社区组建共计住户4487户、11657人，有34个社区成员单位。

城西社区。管辖范围包括成昆铁路以东、迎宾路和紫薇下街以北、龙潭路以南、彭

祖大道和伯华路中段以西，办公阵地待定。将该范围内的单位和居民（含仁慈村1组、2组、9组，石集居民委员会1组、6组、7组、8组的村、居民）纳入该社区管理。社区组建时共计住户3149户、8432人，有35个社区成员单位。

石集村村民委员会。2003年，石集居民委员会有4个村民小组，4个居民小组。社区调整后，石集居民委员会成昆铁路以东的居民整体划入城西社区，铁路以西4个村民小组，恢复凤鸣镇石集村村民委员会管理原石集居民委员会的2组、3组、4组、5组。

仁慈村村委民委员会。2003年，社区调整后，仁慈村成昆铁路以东的1组、2组、9组的村民整体划入城西社区，村的行政区域发生变化，重新认定仁慈村的管辖范围，即新的仁慈村村委会管理原仁慈村的3组、4组、5组、6组、7组、8组。

根据《关于印发彭山县城社区建设实施方案》（彭府发〔2003〕13号）文件精神，将北外街居民委员会划入彭溪镇管理，将居民委员会资产、居民作整体移交。

2004年—2005年，辖8个居民委员会，62个居民小组；9个行政村，72个村民小组。

2006年，凤鸣镇行政村由9个合并为金烛村、江渔村、惠灵村、易埝村、菱角村5个，将石集村并入金烛村、高集村并入江渔村、黎埝村并入惠灵村、仁慈村并入易埝村，68个村民小组合并为32个，4个居民委员会，105个居民小组。灵石镇石家村与文殊村整体合并，组建为石家村，有村民小组7个，农户820户、2611人，办公地点设在原石家村办公室。宝珠村不变。

2007年，凤鸣镇辖易埝、江渔、金烛、惠灵、菱角5个村，32个村民小组，有城东、城西、城中、南星4个社区，105个居民小组。灵石镇辖石家、宝珠2个村，10个居民小组；辖红星、平乐、双漩、东红、集关5个社区，25个居民小组。

2008年，凤鸣镇辖东街、南街、西街、北街、北外街、岷江路、石集、盐关、东红、集关、红星、平乐、双漩13个社区，121个居民小组；惠灵、江渔、菱角、易埝、金烛、石家、宝珠7个村，47个村民小组。

2009年，凤鸣镇辖9个社区，121个居民小组；7个行政村，43个村民小组。

2010年—2011年，凤鸣镇辖9个社区，114个居民小组；7个行政村，43个村民小组。

2012年—2014年，凤鸣镇辖16个社区，172个居民小组；7个行政村，43个村民小组。

2015年，凤鸣镇辖城中、城西、城东、平乐、东红、集关、南星、红星、双漩9个社区，130个居民小组；石家、宝珠、江渔、菱角、惠灵、金烛、易埝7个村，43个村民小组。

2016年—2019年，凤鸣街道辖城西、城东、城中、南星、红星、平乐、双漩、东红、集关9个社区，130个居民小组；易埝、江渔、金烛、惠灵、菱角、石家、宝珠7个村，43个村民小组。

2020 年，经涉及建制调整村（社区）户代表会议通过，涉及调整村（社区）均由过 2/3 以上户代表参加了表决，同意率 95.03%，经街道党工委研究决定，将原有的 9 个社区调整为城中、城南、平乐、红星、易埝、城东、城西 7 个社区，86 个居民小组；将原有 7 个行政村调整为江渔、金烛 2 个行政村，11 个村民小组。整体调减率为 43.75%，村调减率为 71.43%。

2020 年凤鸣街道村（社区）建制调整前后基本情况统计表

合并前						合并后					
村（社区）名	居民小组（个）	辖区面积（平方千米）	总人口（人）	总户数（户）	党员数（名）	村（社区）名	居民小组（个）	辖区面积（平方千米）	总人口（人）	总户数（户）	党员数（名）
城中社区	26	0.78	9270	2786	255	城中社区	62	1.98	21904	7495	623
南星社区	36	1.2	12634	4709	368						
集关社区	5	1.6	5326	2075	100	城南社区	9	3.35	6679	2526	204
东红社区	4	1.75	1353	451	104						
平乐社区	3	1.7	1565	528	68	平乐社区	6	3.55	2735	850	129
双漩社区	3	1.85	1170	322	61						
红星社区	10	3.3	7800	2650	106	红星社区	21	7.3	11639	4027	267
石家村	7	2.2	2750	975	111						
宝珠村	4	1.8	1089	402	50						
易埝村	8	3.32	4326	1711	127	易埝社区	11.5	6.38	6471	2310	198
菱角村 2~8 社	3.5	3.06	2145	599	71						
金烛村	7	5	4233	1079	112	金烛村	13.5	9.14	7383	1905	212
惠灵村	6	4	2950	757	93						
菱角村 1 社	0.5	0.14	200	69	7						

注：城东社区、城西社区、江渔村不变。

【非行政区域——地片】

王沱山，地处江渔村村民委员会北部，总面积为 1 平方千米。

管坟山，地处江渔村村民委员会中西部，总面积为 0.6 平方千米。

高集村，地处江渔村村民委员会中西南部，总面积为 6.5 平方千米。

长塘，地处江渔村村民委员会西北部，总面积为 0.6 平方千米。

桅杆塘，地处江渔村村民委员会中西部，总面积为 0.6 平方千米。

倒叉沟，地处江渔村村民委员会南部，总面积为 0.5 平方千米。

易埝子，地处易埝社区居民委员会北部，总面积为 0.2 平方千米。

郑大塘，地处金烛村村民委员会北部，总面积为 0.003 平方千米。

老鹰塘，地处金烛村村民委员会中部，总面积为 0.002 平方千米。

史山坡，地处金烛村村民委员会西南部，总面积为 0.004 平方千米。

【历史地名】

时代变迁，乡镇村组合并，灵石镇、黎垱村、仁慈村、南星社区、双漩社区、石家村、宝珠村、东红社区、惠灵村、菱角村等地名现已消亡。

村（社区）

【江渔村】

地处凤鸣街道西北部，村办公驻地江渔堤。1981 年，为新民公社江渔大队，同年新民公社更名为余店公社，为余店公社江渔大队。1983 年，由余店公社江渔大队改为余店乡江渔村。1992 年，撤销余店乡并入凤鸣镇，属凤鸣镇管辖。2006 年，江渔村和高集村两村合并为江渔村。2020 年，总户数 904 户，总人口 2883 人，辖区面积为 5.44 平方千米。

主要地名有白蜡沟（1945 年当地村民租用地主的土地，为了划分边界，在田边挖掘沟渠，种植白蜡树，故名）、桐子坡、汪家山、夏家山、高墩场、何塘坎、刘山坡、万水碾、小筒口、文殊村、周家扁、和尚塘、薛家山、江渔堤（传说，清同治时此地曾修"交渔亭"，后筑堤改"江渔"二字）等。

【金烛村】

地处凤鸣街道西北城乡接合部，是村级建制调整后的"三合一"村，产业发展以花卉、水果为主，着力打造乡村振兴示范村，办公地金烛村 6 组 158 号（原金烛村村委会阵地）。东邻城西社区，南界江渔村，西连谢家街道义和场社区，北与易垱社区相连。1981 年，为新民公社金烛大队，同年新民公社更名余店公社，为余店公社金烛大队。1983 年，由余店公社金烛大队改为余店乡金烛村。1992 年，撤销余店乡并入凤鸣镇，为凤鸣镇金烛村。2006 年，金烛村和石集村两村合并为金烛村。2020 年 5 月，金烛村、惠灵村、菱角村 1 组合为金烛村至今，隶属关系未变。主要产业为水稻、川芎、泽泻、果树种植。

主要地名有冯家扁、南墩子、石山子、万坟园、向家扁、新民场、朱家扁、黎坝子、吕家扁、十字路、汪家扁、张家扁、伍家扁、熊家扁、徐家扁、杨家湾等。

【城东社区】

办公驻地文体巷 8—12 号。东至江口街道双江村，南至城南社区，西至城中社区，北至观音街道龙门桥社区。1983 年，成立岷江路居委会。1998 年，原彭山碱厂破产成立盐关居委会。1999 年，西南冶金机械厂破产成立城北居委会。2006 年，岷江路居委会、盐关居委会、城北居委会合并，合并后更名为城东社区，属凤鸣镇管辖。2020 年，总户数 3144 户，总人口 8777 人，辖区面积为 2 平方千米。

主要小区及地名有蓉兴住宅小区、长寿村、长寿广场寿苑、长寿广场福苑、长寿广场禄苑、长寿广场禧苑、80 号小区、湖滨花园、鄨江枫景、鄨江枫景安置小区、上层豪庭、盐关小区、城北小区、北苑小区等。

【城西社区】

办公驻地紫薇路 226 号。东至城中社区，南至城南社区，西至金烛村，北至观音街道蔡山社区。2003 年，原仁慈村 1 组、2 组、9 组，石集居委会 1 组、6 组、7 组、8 组的居民和西街居委会部分居民合并，合并后更名城西社区，属凤鸣镇管辖。2020 年，总户数 6822 户，总人口 10969 人，辖区面积为 1.95 平方千米。

主要小区及地名有建宏苑一期、建宏苑二期、鼎源雅居一期、鼎源雅居二期、兴城景苑、佳福楼、佳乐小区、锦上花都、桃源名坻、衡达花园、亿达广场、银杏苑二区、静馨苑、石油苑、五湖苑西一区、聚福苑、银杏苑一期、兴铁花园、紫薇园等。

【城中社区】

主要中心城区，着力打造基层治理社区和商贸文化中心，办公地灵石路 79 号（原南星社区居委会驻地）。东至城东社区，南至红星社区，西至城西社区，北至蔡山社区。2003 年，由西街居委会的一部分和东街居委会的一部分及南街、北街居委会的全部合并后设立城中社区，属凤鸣镇管辖。

主要小区及地名有永达商住城、凤鸣公园住宅小区、龙腾商城、阳光城小区、昌承花园住宅小区、二小住宅小区、工商局住宅小区、计生委住宅小区、南门庭院菊苑住宅小区、南街 1 号安全文明小区、南街粮站住宅小区、南门庭院兰苑、南星村住宅小区、南星花园住宅小区、水电七局一分局南星小区、凤鸣镇政府二宿舍住宅小区、住建局质检站住宅小区等。

【平乐社区】

主要中心城区，着力打造基层社区治理示范社区和滨江休闲区，办公地凤鸣南路 298 号（原双漩社区居委会阵地）。东至江口街道永丰村，南至东坡区太和镇新桥村，西至红星社区，北至城东社区。1983 年，由灵石公社平乐大队改为灵石乡平乐村。1992 年，乡改镇后为灵石镇平乐村。2003 年，被开发区统征后改为灵石镇平乐社区。2008 年，撤销灵石镇，并入凤鸣镇，为凤鸣镇平乐社区。2020 年 5 月，平乐社区和双漩社区合并，合并后为平乐社区至今，隶属关系未变。

主要地名有憔观寺、宋店子等。

【红星社区】

为城郊接合社区，着力打造城郊示范社区，办公地兴隆路 63 号（原红星社区居委会阵地）。东至平乐社区，南至东坡区太和镇新桥村，西至江渔村，北至城南社区。

1981 年，为灵石公社红星大队。1983 年，由灵石公社红星大队改为灵石乡红星村。1992 年，乡改镇后为灵石镇红星村。2008 年，撤销灵石镇并入凤鸣镇，属凤鸣镇管辖。2006 年，红星村更名为红星社区。2020 年 5 月，红星社区、石家村、宝珠村合并后为红星社区至今，隶属关系未变。

主要小区及地名有红平小区、红星路小区、灵石信用社职工公寓、彭山二中教师公寓、家天下晶品、兴铁名苑、家天下、凯帝金府、眉州锦苑、六和苑、六福苑、青蓝美筑、蓝滨印象、秦家林、季河湾、青石桥、帅巷子、宝珠寺、宝珠村、陈祠堂、大土堆、螺蛳堰等。

【城南社区】

主要中心城区，着力打造基层社区治理示范社区和人口宜居地段，办公地新兴街西段 1 号（原集关社区居委会驻地）。东至江口街道永丰村，南至红星社区，西至城西社区，北至城中社区。1983 年，由灵石公社集关大队改为灵石乡集关村。1992 年，乡改镇后为灵石镇集关村。2003 年，集关村更名为集关社区。2008 年，撤销灵石镇并入凤鸣镇后为凤鸣镇集关社区。2020 年 5 月，集关社区和东红社区合并后改名为城南社区至今，隶属关系未变。

主要小区及地名有凤鸣街道办家属院、海宁花园、海宁花园二期、家和盛世、金桂苑、信用联社住宿区、凤鸣街道廉租房二期、隆馨苑、明锦苑、中国水利水电第七工程局有限公司三分局彭山基地、裕馨苑、运管所住宿区、翡翠龙湾、广旺小区、皇庭国际1 号、康泰仁和公馆、凤鸣街道廉租房、香堤漫步等。

【易埝社区】

地处凤鸣街道西北部，为城郊接合社区，着力打造城郊示范社区，办公地菱角村 2 组 46 号（原菱角村村委会阵地）。1981 年，为新民公社易埝大队，同年新民公社更名为余店公社；1983 年，改为余店乡易埝村；1992 年，余店乡并入凤鸣镇，为凤鸣镇易埝村；2006 年，易埝村与仁慈村合并为易埝村；2020 年 5 月，易埝村和菱角村 2 组、3组、4 组、5 组、6 组、7 组、8 组合并，合并后更名为易埝社区至今，隶属关系未变。

主要地名有杨水碾、观音桥、徐家扁、菱角塘、牛王庙、石子滩、赵湃、肖家扁、大石桥等。

人口数量与民族

【人口数量】

1992 年，凤鸣镇人口 57433 人。1999 年，凤鸣镇人口密度 2174 人/平方千米，主要为汉族，有少数民族 142 人。2000 年，凤鸣镇人口密度 2355 人/平方千米，灵石镇人口密度854 人/平方千米。2020 年凤鸣街道户籍人口 66154 人，人口密度 1947 人/平方千米。

1992 年—2012 年人口统计表

年度	镇	总户数（户）	总人口（人）			外来人口（人）
			合计	农业人口	非农业人口	
1992	凤鸣镇	18387	57433	33308	24125	—
1993	凤鸣镇	19121	60523	32962	27561	—
1994	凤鸣镇	21026	64885	33089	31796	—
1995	凤鸣镇	16313	49459	16693	32766	—
1996	凤鸣镇	15891	51021	16722	34299	—
1997	凤鸣镇	16894	52885	16777	36108	—
1998	凤鸣镇	17808	56710	16825	39885	—
1999	凤鸣镇	18587	58721	16864	41857	—
2000	凤鸣镇	19198	60060	17097	42963	—
	灵石镇	3970	11355	3612	7743	—
2001	凤鸣镇	19607	61060	16876	44184	—
	灵石镇	—	—	3069	—	—
2002	凤鸣镇	17047	52633	16368	36265	—
	灵石镇	3978	11272	—	—	—
2003	凤鸣镇	17404	52875	16287	36588	—
2004	凤鸣镇	17113	54230	15378	38852	—
	灵石镇	—	11303	—	—	—
2005	凤鸣镇	17458	53776	15414	38362	—
2006	凤鸣镇	18659	57624	15212	42412	—
2007	凤鸣镇	18889	58044	—	—	—
	灵石镇	—	11481	3083	8398	—
2008	凤鸣镇	23313	77395	—	—	4923
2009	凤鸣镇	22300	77957	—	—	4941
2010	凤鸣镇	23420	79320	—	—	5230
2011	凤鸣镇	22450	78574	—	—	6790
2012	凤鸣镇	22565	78977	—	—	9379

2013 年—2015 年凤鸣镇人口统计表

年度	常住户数（户）	常住人口（人）	户籍人口（人）		
			合计	农业	非农业
2013	36590	109771	79771	21293	58478
2014	36710	81307	73377	13654	59723
2015	36921	83971	72466	13644	58822

2016 年—2020 年凤鸣街道人口统计表

年度	常住户数（户）	常住人口（户）	户籍户数（户）	户籍人口（人）			全家外出人口（人）		外来人口（人）
				合计	农业	城镇	户数（户）	人口	
2016	37393	84498	27881	71995	19076	52919	846	2648	23622
2017	38862	84798	28109	71024	19037	51987	962	3014	26324
2018	—	—	27424	68890	18935	49955	—	—	—
2019	31224	71065	27284	68318	—	—	—	—	—
2020	32872	88463	24071	66154	—	—	—	—	—

【从业人口】

自 1999 年有记载以来，第一、第二、第三产业从业人员随着城镇化的变化而变化。

1999 年—2018 年凤鸣镇（街道）从业人口情况统计表

单位：人

年份	乡镇从业人员数	外来从业人员	第一产业	第二产业	第三产业
1999	35233	—	9980	1207	24046
2000	35429	—	9873	5320	20236
2001	33022	—	6161	5401	21460
2002	31248	—	5060	5468	20720
2003	31142	—	4933	5474	20735
2004	31248	—	4508	5695	21045
2005	34251	—	4729	7958	21564
2006	34306	—	4786	7914	21606
2007	34512	—	4762	8088	21662
2008	42640	3973	7620	10890	24130
2009	43747	4005	7683	11241	24823
2010	47035	4233	7421	10345	29269
2011	48446	4360	7644	10655	30147

年份	乡镇从业人员数	外来从业人员	第一产业	第二产业	第三产业
2012	49899	4490	7874	10974	31051
2013	53723	4932	8110	12174	33439
2014	54135	5174	8023	11792	34320
2015	54581	5427	7936	11421	35224
2016	54321	5581	7012	11485	35824
2017	56603	6403	6824	12620	37159
2018	55921	—	6612	13485	35824

【民族】

以汉族为主，有蒙古族、回族、藏族、维吾尔族、苗族、彝族、壮族、布依族、朝鲜族、满族、侗族、瑶族、白族、土家族14个少数民族。

人口普查

【第五次全国人口普查】

国务院决定于2000年11月1日零时进行第五次全国人口普查。6月，凤鸣镇印发《关于认真做好第五次全国人口普查工作的意见》，成立了凤鸣镇第五次人口普查领导小组。各项数据，除出生、死亡和特别注明的外，均为2000年11月1日零时的普查标准时间的数据。

凤鸣镇第五次全国人口普查结果。常住人口66118人（男33255人，女32863人）；家庭总户数13672户，家庭户总人口数40098人（男19646人，女20452人）。年龄结构中，0~14岁总人数9474人（男4846人，女4628人），15~64岁总人数52591人（男26437人，女26154人），65岁及以上总人数4053人（男1972人，女2081人）。居住在本地，户籍在本地的人口60052人。未上过学者2607人，扫盲班347人，小学19980人，初中21971人，高中6931人，大学本科762人，研究生9人。

灵石镇第五次全国人口普查结果。常住人口21130人（男10415人，女10715人）；家庭总户数6753户，家庭户总人口数19922人（男9724人，女10198人）。年龄结构中，0~14岁总人数有3891人（男2032人，女1859人），15~64岁总人数15743人（男7680人，女8063人），65岁及以上总人数1496人（男703人，女793人）。居住在本地，户籍在本地的人口有17379人。

【第六次全国人口普查】

2010年，根据《国务院关于开展全国第六次人口普查的通知》，制定《关于彭山县凤鸣镇第六次全国人口普查工作方案》，成立了凤鸣镇第六次人口普查领导小组。人口

普查的标准时点是 2010 年 11 月 1 日零时。主要内容包括姓名、性别、年龄、民族、户口登记状况、受教育程度、行业、职业、迁移流动、社会保障、婚姻、生育、死亡、住房情况。

凤鸣镇第六次全国人口普查结果。常住人口 70721 人（男 35390 人，女 35331 人）；家庭户总数 23883 户，家族户总人口数 66335 人（男 31857 人，女 34478 人）。年龄结构中，0~14 岁总人数 8989 人，15~64 岁总人数 53117 人，65 岁及以上有 8615 人。居住在本地，户籍在本地的人口有 51814 人。

【第七次全国人口普查】

2020 年，开展第七次全国人口普查工作，普查标准时点为 2020 年 11 月 1 日零时。4 月，成立凤鸣街道第七次人口普查领导小组。普查工作按准备、登记、数据汇总和发布三个阶段进行。常住人口 88419 人，占比 26.94%；男、女占常住人口总量比重分别为 49.17%、50.83%，性别比 96.73%。人口年龄构成（占常住人口总量比重）分别为 0~14 岁 13.18%，15~59 岁 63.21%，60 岁及以上 23.61%。人口受教育情况（人/10 万人）分别为大学（大专及以上）12077 人、高中（含中专）15975 人、初中 40254 人、小学 26371 人，15 岁及以上人口平均受教育年限 9.57 年。

自然环境

【地形地貌】

凤鸣镇（街道）地处川西平原南缘。大部分为岷江冲积平原，平原占比 80% 以上，海拔 430 米左右，一般高出岷江 10 米左右。有小部分丘陵，占比不足 20%。凤鸣湿地集中于岷江河堤两侧，长 4 千米，宽 100 米，千亩滨江湿地是其代表。

【土壤】

按 1985 年 7 月《全国第二次土壤普查技术规程》分类，凤鸣街道土壤绝大部分为水稻土，有部分潮土和少量黄壤。

【山脉】

北靠山脉为蔡家山，蔡家山古名凤鸣山。山中山还有平盖山、关山，现统称蔡家山。蔡家山东起岷江河边乌龟嘴，西至成昆铁路。山南部入城镇部分新中国成立前称关（公）山，专供城镇坟墓使用，即现体育场一带。镇西边由西向南方向绵延长 2 千米的汪家山、王坨山，形成凤鸣镇西侧浅丘。

【河流】

岷江。古名汶江，又名导江，以发源于松潘的岷山而得名。自北向南经茂县、汶川、都江堰，分内外两江，穿成都平原，分别在双流县黄佛镇铜钱石及新津县邓双镇入彭山区境内，流经青龙街道、观音街道、江口街道、凤鸣街道，在下江口汇合继续向南流入眉山市。岷江流经彭山区段属岷江中游（包括府河、南河两支流），全长40.1千米，流域面积462平方千米。

毛河。起源于公义镇龙安村，流经公义镇、谢家街道、凤鸣街道，有佛岩支渠、白马河、龙安支流、张沟、湄洲河等7条主要支流，长37.4千米，流域面积162平方千米，90%以上水量来自通济堰补水。凤鸣段途经金烛村、江渔村、易埝社区、红星社区、平乐社区，在东坡区锅厂河大桥汇入岷江。毛河凤鸣段约12千米，流域面积30平方千米。

湄洲河。流经易埝社区、金烛村、江渔村、红星社区，长14.2千米，流域面积约12平方千米。

资源

【农作物】

农作物包括粮食作物和经济作物。凤鸣镇（街道）粮食作物主要有水稻、玉米、小麦、红苕、黄豆、绿豆、胡豆、豌豆等。随着观光农业、生态农业的发展，粮食作物相对减少。经济作物主要为油菜、泽泻、蔬菜、花生。

【果树】

有柑橘、橘、柚、桃、李、丰水梨、枇杷、葡萄、猕猴桃等果树资源。

【花卉】

境内花卉一是荒山坡野生，二是专业培植供人观赏。主要有白兰花、广玉兰、含笑花、山茶花、杜鹃花、夹竹桃、桂花、樱花、红梅、蜡梅、铁脚海棠、垂丝海棠、木瓜海棠、桃花、合欢、石榴花、芙蓉花、五色梅、茉莉花、栀子花、紫荆、紫薇、金盏菊、千日红、棋盘花、牵牛花、万寿菊、珊瑚樱、五色椒、百日草、一串红、瓜叶菊、蝴蝶花、石竹、虞美人、兰草、芍药、四季海棠、文竹、云竹、水仙、大菊、红苕花、荷花、睡莲、白头翁、红花、葱兰、玉簪、仙人掌、昙花、地洋菊、太阳花、鸡冠花、夜来香、牡丹、月季、胭脂、鱼子兰、七里香、金银花、粉团花、玫瑰花等。

【竹类】

生长在农房四周。主要有罗汉竹、月竹、棕竹、慈竹、刺竹、筋竹、奕竹、南天竹、花纹竹、箭竹、金竹、斑竹、篁竹（硬头篁）、水竹、苦竹、白夹竹、紫竹等。

【药材】

药用植物，以天然野生为主，有少量人工种植，常年种植有泽泻、川芎、菊花、白芷等，以泽泻为大宗。盛产金钱草、枇杷叶、海金沙、杂枳实、仙茅根。还有蒲公英、

扁蓄草、郁金、蒲公英、桑白皮、川楝子、刘寄奴、杂寄生、艾叶、淡竹叶、苦参、灵仙藤、仙合草、青蒿女贞子、益母草、苍耳子、香附子、葛根、吴芋、地夫子、海金沙、地骨皮、石菖蒲、夏枯草、薤白、天丁、半夏、侧耳根、车前草、使君子、佛手、白果、紫苏、枳壳、枳实、金银花、伸筋草、扁蓄草、仙茅根、白及、首乌等。

【动物】

动物主要有野生动物和驯养动物两类。有国家重点保护动物青蛙，国家二级保护野生动物灰雀，四川省重点保护动物蓝耳翠鸟（打鱼子）、白鹤（大白鹭）、黑眉柳莺等33种属国家保护的野生动物以及其他一般兽类、禽类、蛇类、虫类野生动物。驯养动物主要为畜、禽、鱼三类。畜类以猪、羊、兔、狗、猫为普遍，尤以猪和兔较多，1998年引进DLY三元杂交猪种。禽以鸡、鸭、鹅小家禽为主，发展草食禽畜。鱼类主要养有鲤鱼、鲫鱼、草鱼、花鲢、白鲢和鳝鱼。以鱼池和水库为主饲养，还有少量人养黄蜂。

【砂石】

灵石镇东红、双漩、红星靠岷江河床，有丰富的沙、石（砾卵石）资源，每年开采量达4万立方米。主要分布在岷江河床、河心道、江心滩、河漫滩上。

气候

凤鸣镇（街道）属亚热带气候区，境内海拔差异小，地区间气候变化不大。气候温和，雨量充沛，四季分明。春季气温回升早；夏季较长，少酷热；秋季多绵雨，降温快；冬季严寒，霜雪少。

【气温】

1992年—2020年，年最低气温-2.6℃，出现在2016年1月25日，最高气温39.0℃，出现在2020年7月27日，突破同期历史极值。

1992年，凤鸣镇平均气温16.3℃，年最低气温-2.5℃（1月3日），最高气温34.6℃（6月10日）。

1996年，凤鸣镇平均气温16.5℃，年最低气温-0.8℃（2月26日），最高气温36℃（8月6日）。

2000年，凤鸣镇平均气温17℃，年最低气温0.3℃（12月13日），最高气温36℃（7月26日）。

2005年，凤鸣镇平均气温18℃，年最低气温-2℃（1月2日），最高气温36℃（7月23日）。

2010年，凤鸣镇平均气温18℃，年最低气温0℃（12月16日），最高气温37℃（7月30日）。

2015 年，凤鸣镇平均气温 18.9℃，年最低气温 1.4℃（12 月 17 日），最高气温 37.8℃（8 月 2 日）。

2020 年，凤鸣街道平均气温 18.5℃，年最低气温 0.5℃（12 月 21 日），最高气温为 39.0℃（7 月 27 日），5 月—6 月出现日最高气温超过 35℃的天数有 11 天，7 月下旬至 8 月出现晴热高温天气，日最高气温超过 35℃的天数有 10 天。

【降水】

1992 年，凤鸣镇降水总量 1019.4 毫米，暴雨天数 4 天。1996 年，凤鸣镇降水总量 775.6 毫米，暴雨天数 1 天。2000 年，凤鸣镇降水总量 794 毫米，暴雨天数 3 天。2005 年，凤鸣镇降水总量 1067 毫米，暴雨天数 6 天。2010 年，凤鸣镇降水总量 1023 毫米，暴雨天数 4 天。2015 年，凤鸣镇降水总量 773.9 毫米。

2020 年，凤鸣街道降水总量 1219.5 毫米，出现区域性暴雨天气过程 8 次，分别为 7 月 30 日、8 月 11 日、8 月 15 日、8 月 17 日、8 月 18 日、8 月 31 日，大暴雨天气过程为 8 月 12 日、8 月 16 日。1992 年—2020 年，凤鸣镇（街道）日最大降水量 185.1 毫米，出现在 2018 年 6 月 27 日。

【日照】

1992 年—2020 年，凤鸣镇（街道）总日照时数分别为 936.5 小时、921.2 小时、1033.3 小时、1023.8 小时、962.6 小时、1095.8 小时、1114.9 小时、979 小时、1085 小时、1147 小时、1194 小时、992 小时、1249 小时、995 小时、1285 小时、1179 小时、1006 小时、973.6 小时、1063 小时、1119 小时、1049.4 小时、1394.6 小时、999.8 小时、1092.7 小时、1140 小时、1109.7 小时、1133.5 小时、816.1 小时、2309.3 小时。

自然灾害

境内主要自然灾害有风雨涝灾、旱灾、地震。风雨涝灾、旱灾主要发生在 7 月—9 月。地震灾害主要有"5·12"汶川地震和"4·20"芦山地震。

【风雨涝灾】

凤鸣镇（街道）夏天不时出现雷雨、大风天气，发生轻度风雨涝灾。

1992 年 8 月 10 日，雷雨 491 毫米，6~7 级大风，瞬间最大 14 米/秒，使尚处于扬花期的部分水稻受影响。

1995 年 8 月 11 日，降雨 77.41 毫米；8 月 24 日，普降大暴雨，凤鸣镇北街等街道漫水成涝。

1997 年 6 月 27 日，城区降雨 79.5 毫米，火车站铁路洞子口水深 1 米成灾，行人无法通过。

2004 年 7 月 19 日，凤鸣镇境内突遇少见大风、暴雨夹冰雹的袭击，造成 500 亩水

稻、100 亩玉米、1000 亩蔬菜受灾，危房 50 间受损。

2005 年 6 月 29 日，一场暴雨造成江渔村 8 组、5 组山林滑坡，滑坡段长 200 米，滑坡量 200 立方米，造成部分农房进水，及时进行了新民支渠掏堵整治。

2009 年 7 月 15 日，遇强暴雨，双漩社区 2 组养鱼户鱼池因排水沟堵塞，水流积聚，致使鱼池体爆裂达 10 米，洪水进入鱼池致鱼群大面积死亡，受灾面积 12 亩，直接经济损失 10 万元。

2013 年 6 月 30 日，因遭遇罕见暴雨袭击，城东社区、城北小区 43 户居民楼受灾出现部分垮塌。

2014 年 6 月，因受暴风雨和石化园区道路工程施工影响，惠灵村 3 社、6 社部分群众房屋进水，农田被淹，直接造成经济损失 2.48 万元。7 月 9 日，由于暴雨袭击，城北小区（机修厂家属区）2 号楼、4 号楼和茶园房屋向北倾斜成危房，拆除危房等排险费用达 37.37 万元。

2018 年，凤鸣街道出现区域性暴雨过程 7 次，首次出现在 5 月。6 月 27 日，出现区域性强降雨过程，一日最大降水量为 185.1 毫米，突破同期历史极值。

2020 年，面对有历史记录以来最大的汛情和暴雨灾害，凤鸣街道转移安置城区内涝群众 232 人，实现"零伤亡"。

【旱灾】

1992 年，凤鸣镇出现罕见秋冬干旱。11 月—12 月雨量分别为 3.6 毫米和 0.2 毫米，创有资料以来次少年和最少年。空气湿度为历史最小，旱情严重，影响小春作物的出苗、生长。

1993 年，凤鸣镇出现少有的严重夏旱。5 月 3 日—6 月 26 日，55 天只降雨 50.8 毫米，出现仅次于 1979 年的大旱，严重影响水稻栽插，玉米、红苕等经济作物亦受旱。江渔村 3 社、4 社、5 社、6 社、7 社、8 社，高集村 1 社、2 社、3 社、4 社、5 社受灾尤为严重。

1994 年，凤鸣镇出现夏旱、伏旱。4 月 26 日—6 月 5 日，降雨仅 55.8 毫米，出现无水灌田和栽后断水现象。6 月 25 日—8 月 1 日和 8 月 7 日—8 月 31 日连续高温酷热，出现 1947 年以来长达 63 天的伏旱，造成水稻空秕率增加。

1996 年，凤鸣镇夏旱。5 月 19 日—7 月 2 日，降水量 55.1 毫米，发生 45 天夏旱，使大春作物普遍受旱。

1997 年，凤鸣镇夏旱。4 月 25 日—5 月 14 日，20 天降水量为 26.3 毫米，对大春作物栽培虽有影响，但影响不大。是年秋季干旱。10 月降水量 13.9 毫米，比常年同期偏少七成，造成油菜移栽困难，小麦播种受阻。

1998 年，凤鸣镇冬旱。冬季降水量 28.4 毫米，1 月 25 日—2 月 3 日无降水，最长连续无降水日数达 22 天，致使冬天干旱严重，小麦分蘖不足，苗情较差。

2000 年，凤鸣镇夏旱。4 月 21 日—5 月 14 日和 5 月 17 日—6 月 9 日，出现两段 24 天夏旱，使农作物不同程度受灾。

2001 年，凤鸣镇春旱。3 月总降水量 9 毫米，较常年偏少近七成，使小麦、油菜等大受影响。6 月下旬以来，气温持续偏高，降水偏少，是彭山有气象资料记录以来最严重的一次干旱。

2003 年，凤鸣镇春旱。3 月 1 日—31 日，总降水量 10.7 毫米，较常年偏少近六成，影响小春作物生长，使小麦、油菜、蔬菜等受到不同程度的影响。

2006，凤鸣镇夏旱。4 月 25 日—5 月 2 日 22 天总降水量 28.9 毫米，使农作物受损。

2007 年，凤鸣镇春旱。3 月 1 日—4 月 8 日，39 天总降水量 17.8 毫米，连续干旱使人民生产生活受到严重影响。

2008 年，夏旱。5 月 12 日—6 月 12 日 31 天总降水量 28 毫米，使农作物受灾。

2009 年，夏旱。5 月 2 日—6 月 7 日，37 天总降水量 26.5 毫米，农作物不同程度受灾。

2013 年，冬天连春旱。1 月 6 日—2 月 7 日，连续 33 天无降水，为同期最长连续无降水日数，造成土壤墒情严重恶化，农作物遭遇干旱。

2015 年 1 月 1 日—8 月 6 日，降水量仅 343.4 毫米，较多年同期平均偏少近四成。特别是 7 月 20 日—8 月 6 日，降水量较多年同期偏少八成。加之持续高温高日照，致使旱情加重。

2017 年，气候异常。6 月下旬至 7 月，出现有气象记录以来持续时间最长的晴热高温天气，7 月，最高气温突破同期历史极值，出现不同程度的夏旱。

【地质灾害】

2013 年 6 月 30 日，城北小区因受地质灾害影响危房拆除，受灾居民全部搬出租房居住，直接造成过渡费 10.28 万元的损失。

【地震灾害】

"5·12"汶川地震。2008 年 5 月 12 日，汶川发生 8.0 级地震。凤鸣镇被波及，震灾严重。5 月 14 日初查，凤鸣镇 7 村 9 社区都有震灾。城镇受损住房 386 户，农村受损住房 299 户，其中严重受损户 2 户。受灾户数 5450 户，受灾人口 16293 人，受伤 2 人，房屋倒塌 1320 间 27036 平方米，受损房屋 21348 间 445644 平方米，水利工程受损 5 处，直接经济损失 12115.83 万元，转移安置群众 1516 人。

"4·20"雅安芦山地震。2013 年 4 月 20 日，芦山县发生 7.0 级地震。凤鸣镇波及受灾，辖区皆有震感。有 7 村 568 户受灾，受损房屋 1614 间，其中，倒房户 2 户 5 间，严重受损 199 户 505 间，受灾人口 2116 人。

≪≪≪ 政 治 ≫≫≫

　　1992 年—2020 年，凤鸣镇（街道）把握改革、稳定、发展大局，以实现小康社会为目标，巩固和发展了社会主义民主政治，维护了安定和谐的政治局面，社会稳定，人民幸福。

中共眉山市彭山区凤鸣街道工作委员会

【机构】

　　中共眉山市彭山区凤鸣街道工作委员会（简称凤鸣街道党工委）是中共眉山市彭山区委的派出机关，为正科级，领导本辖区的工作和基层社会治理，支持和保证行政组织、经济组织和群众自治组织充分行使职权。

【工作职责】

　　贯彻执行党的路线、方针、政策和上级决策部署；履行全面从严治党和党风廉政建设主体责任，负责辖区党的政治建设、思想建设、组织建设、作风建设、纪律建设，负责宣传思想、意识形态、精神文明、政法维稳、法治建设、对外宣传、统一战线、民族宗教、保密、党管武装等工作，领导本辖区工作，支持和保证人大工委、街道办事处、纪工委、总工会、团工委、妇联、残联等组织依照法律法规、规章和各自的章程开展工作，协调人大代表和政协委员在街道的活动；讨论决定加强党的建设、统筹区域发展、组织公共服务、实施公共管理、维护公共安全、动员社会参与、指导社区自治等方面的重大事项、重点工作和重大问题，对涉及街道辖区内事关群众利益的重大事项和重大决策提出建议；落实基层党建工作责任制，负责机关党建、区域化党建、"两新"组织党建、村（社区）党建等基层党建工作，承担党员教育、管理、监督、服务和发展党员等工作；按照管理权限，负责机关及所属事业单位干部职工教育、培训、任免、考核和监督，指挥调度和管理考核区级职能部门派驻机构和工作人员，负责辖区内人才工作；领导基层社会治理，负责基层治理的牵头统筹、组织协调、督导落实等职责，推动形成党建引领基层治理格局，动员辖区内各类单位、社会组织和居民等社会力量参与基层治理工作，统筹辖区资源，实现共建共治共享。

【内设机构】

　　1997 年，凤鸣镇设置党政办公室、财政所、农业办公室、社会事业办公室、乡镇企业办公室、计划生育办公室、村镇建设办公室 7 个内设机构。

1998 年，凤鸣镇设置党政、财经、农业、社会事业、乡镇企业、计划生育、村镇建设 7 个综合性办公室，均为股级。

1999 年，灵石镇精简机构，将原来 16 个办公室合为 7 个。

2005 年，凤鸣镇设置党政办公室、经济发展办公室、社会事务办公室、社会治安综合治理办公室、财政所 5 个综合性办事机构。

2008 年，凤鸣镇（县政府驻地）设置党政办公室（挂"群众工作办公室"牌子）、经济发展办公室、社会事务办公室（挂"计划生育办公室"牌子）、城区工作事务办公室、财政所 5 个办事机构。

2015 年，凤鸣镇设置党政办公室、产业发展办公室、村镇规划建设和土地管理办公室、综治维稳群众工作办公室、社会事业办公室、财政所 6 个办事机构。

2016 年，凤鸣街道党工委、办事处设置党政办公室、产业发展办公室（挂"农业服务中心"牌子）、社会事业办公室（挂"宣传文化服务中心"牌子）、综治维稳群众工作办公室、村镇规划建设和土地管理办公室（挂"综合执法队"和"环境保护办公室"牌子）、财政所（挂"农村资产管理中心"牌子）6 个办事机构。机关党的组织按照党章和区委有关规定设置。

2019 年，彭山区乡镇机构改革，突出乡镇（街道）发展定位，设置特色机构，在凤鸣街道单独设置城市更新服务中心。

2020 年，根据《关于印发〈中共眉山市彭山区凤鸣街道工作委员会眉山市彭山区人民政府凤鸣街道办事处主要职责、机构设置和人员编制规定〉的通知》（眉彭委办〔2020〕100 号）文件精神，凤鸣街道设置党政综合办公室、党建办公室、经济发展办公室（乡村振兴办公室、宅基地管理办公室、统计办公室）、社会事务办公室、社区建设办公室、社会治理办公室（应急管理和安全生产监督管理办公室、综合行政执法办公室）、城乡建设管理和自然资源办公室（生态环境办公室）、财政所 8 个办事机构；街道人大工委、纪检监察、人民武装等机构和工会、共青团、妇联等群团组织按有关规定或章程设置，依法依规依章程履职。派出所、司法所、市场监管所、自然资源所等中央有明确规定的继续实行派驻体制。水利工作服务站、畜牧兽医站等机构，原则上实行属地管理，按程序报批。

【直属事业机构】

2003 年，凤鸣镇开展事业单位机构改革和核定人员编制。撤销乡镇农经站、农技站、农机站，综合设置乡镇农业服务中心，农业服务中心下设农业经营服务部，编制数 8 名（含农机站）。撤销镇文化站、广播电视站，综合设置镇宣传文化服务中心，编制数 2 名；广播职能移交到镇宣传文化服务中心，电视职能移交到彭山县广播电视信息网络有限责任公司。劳动保障所，编制数 2 名。村镇规划建设管理所更名为村镇建设环卫所，编制数 6 名。灵石镇建立了农业服务中心、文化宣传服务中心、劳动保障所、村镇国土建设环卫所 4 个镇属事业法人单位。

2008 年，凤鸣镇综合设置的事业单位有农业服务中心、畜牧兽医站，撤销宣传文化服务中心、劳动保障所，综合设置社会事务服务中心。乡镇村镇建设国土环卫所更名为乡镇村镇建设环卫所。跨区域设置的乡镇事业单位有彭山县凤鸣水务管理站（辖凤鸣、彭溪），撤销原彭山县凤鸣水利水保水产管理片站；彭山县凤鸣林业工作站（辖凤鸣、彭溪），撤销原彭山县凤鸣林业工作片站；彭山县凤鸣农机站（辖凤鸣、彭溪）。彭山县凤鸣计划生育服务站（辖凤鸣、彭溪）。一律不设行政执法机构，使用政法专项编制的公安派出所、司法所（挂"乡镇维护稳定办公室"牌子）按规定设置。中小学实行以县为主的管理体制，卫生院实行县办县管的管理体制。

2011 年，凤鸣镇被列为眉山市县首批创新社会管理综合试点单位，组建"两办三中心"（党政综合办公室、财务管理办公室、产业发展服务中心、便民服务中心、综治维稳安管中心）。

2016 年，设置凤鸣街道所属公益一类事业机构农业服务中心和宣传文化服务中心。农业服务中心核定事业编制 21 名，其中 3 名自收自支，宣传文化服务中心核定事业编制 6 名。

2020 年，凤鸣街道按规定统一设置直属事业机构 4 个（不确定级别），不再保留凤鸣街道农业服务中心，核定事业编制共 32 名。

便民服务中心（农民工服务中心、退役军人服务站）。事业编制 10 名（全额拨款事业编制 9 名，自收自支事业编制 1 名），含中层职数 2 名。

农业农村综合服务中心（宣传文化旅游服务中心）。全额拨款事业编制 13 名，含中层职数 2 名。

城乡环境综合治理中心。事业编制 5 名（其中，全额拨款事业编制 4 名，自收自支事业编制 1 名），含主任 1 名，按街道办事处副职级别配备。

社会治安综合治理中心。事业编制 4 名（其中，全额拨款事业编制 3 名，自收自支事业编制 1 名），含中层职数 1 名。

【编制设置】

1997 年，灵石镇机关核定行政编制 21 名，机关工勤事业编制 1 名。领导职数为镇党委书记 1 名，副书记 2 名（含镇长兼职 1 名），镇长 1 名，副镇长 3 名；中层领导职数 7 名。镇人大主席、纪委书记、人武部部长按上级有关规定配备。

1998 年，凤鸣镇机关核定行政编制 35 名，机关工勤事业编制 1 名。领导职数为党委书记 1 名，副书记 2 名（含镇长兼职 1 名），镇长 1 名，副镇长 3 名，中层领导职数 7 名。镇人大主席、纪委书记、人武部部长按上级有关规定配备。

1999 年，灵石镇精简机构，37 名机关干部精简到 29 名。

2005 年，凤鸣镇领导职数为 11 名，镇党委书记 1 名、副书记 3 名、镇长 1 名、副镇长 3 名、人大主席 1 名、纪委书记 1 名、武装部部长 1 名。

2008 年，凤鸣镇（县政府驻地）乡镇领导职数 7 名；乡镇设党委书记（兼人大主席）1 名，乡镇长 1 名，人大专职副主席 1 名、乡镇党委副书记 1 名（兼任纪委书记），副乡镇长、人武部部长（兼任副乡镇长）等乡镇领导副职根据工作需要在职数限额内设置、不设专职副科级党委委员。行政编制 42 名，工勤编制 3 名。事业单位总编制 49 名，其中农业服务中心 8 名，林业工作站 3 名，社会事务服务中心 4 名，计划生育服务站 6 名，水务管理站 5 名，畜牧站 13 名，村镇建设环卫所 10 名。国土资源所 3 人（不在乡镇事业总编制范围）。

2008 年—2012 年，凤鸣镇有财政供给人员分别为 53 人、60 人、67 人、81 人、63 人；其中公务员分别为 37 人、38 人、39 人、37 人、35 人，事业编制分别为 16 人、22 人、28 人、42 人、28 人。

2015 年年末，凤鸣镇在职职工 66 人，其中行政人员 38 人，机关工勤 1 人，全额事业人员 24 人，自收自支事业人员 3 人。离退休 48 人。

2016 年，凤鸣街道核定行政编制 45 名，领导职数 10 名，其中街道党工委书记 1 名，街道党工委副书记、街道办事处主任 1 名，街道人大工委主任 1 名，街道党工委副书记 1 名，街道纪工委书记 1 名，街道组织委员 1 名，街道党工委委员、副主任 3 名，街道党工委委员、副主任、人武部部长 1 名；机关不再按比例核定后勤服务人员编制，保留原机关后勤编制 1 名，待自然减员后收回。机关不再按比例核定后勤服务人员编制，保留原机关后勤编制 1 名。

2019 年，有编内人员 69 人（其中公务员编制 42 人、事业编制 27 人），临聘人员 22 人。

2020 年，机关行政编制 48 名。其中，党工委书记 1 名，党工委副书记、街道办事处主任 1 名，人大工委主任 1 名，党工委副书记 1 名，组织宣传统战委员 1 名，政法委员 1 名，人武部部长、街道办事处副主任 1 名，街道办事处副主任 3 名；纪工委书记（监察室主任）1 名，由党工委委员兼任。中层 14 名（含纪工委副书记 1 名）。机关工勤人员控制数 1 名。直属事业机构的设置、职责和编制事项另行规定。

精神文明建设

1992 年—2020 年，凤鸣镇（街道）加强精神文明建设，推动了社会新风形成发展。

【精神文明创建】

1992 年，制定《凤鸣镇人民政府创建县级文明单位规划》，镇机关带头创建。

1993 年，凤鸣镇评选出"五好家庭"60 户。

1994 年，凤鸣镇镇机关取得县级"卫生单位"和"县级文明单位"称号，创建成市级文明单位。

1997 年，凤鸣镇制定《关于开展创建安全文明小区活动的实施意见》。成立以镇党委书记为组长的领导班子，负责创建市二星级文明、卫生城市活动。开展了创建文明单位、文明街道、文明家庭的活动，镇机关和 4 个街道（村）达到文明单位标准；评出"五好家庭"3399 户，评出安全文明单位 24 个、安全文明小区 4 个、安全文明村 1 个；开展创二星城市知识竞赛，举办文明单位市民培训班 2 期，参训人员 200 名。各街利用每月 11 日对居民进行培训，全年培训达 2.5 万人次。灵石镇办广播节目 15 期，板报 15 期，标语 70 幅。

1998 年，凤鸣镇制定创建安全文明小区（村、单位）的实施意见。东街、西街、岷江路、南星村、镇机关保持了县文明单位称号。创建镇级安全文明小区（单位）29 个，县级安全文明小区（单位）14 个。

1999 年，凤鸣镇创县级文明街道 1 个、县级文明小区 1 个；镇级安全文明村 4 个、镇级安全文明单位 10 个、镇级安全文明小区 17 个。南星村保持了地级文明单位称号，5 个街道保持了县级文明街道称号，镇机关保持了县级卫生单位、文明单位称号。

2000 年，灵石镇开展创精神文明先进村活动，文殊村经县文明办验收合格，被授予"文明村"称号。

2002 年，凤鸣镇企地共建安全文明社区 8 个。开展"三带""三户"（"五好家庭户""遵纪守法户""双文明户"）活动，创办市民文明学校 4 所。

2003 年，凤鸣镇开展"讲文明，树新风""三优一学"创建文明城镇、"四户一村"（"科技示范户、遵纪守法户、五好家庭户、双文明户""文明村"）创评活动。建成市级安全文明单位、小区 8 个，县、镇级 89 个。

2004 年，凤鸣镇开展创建全国环境优美乡镇，创建自然与生态示范村 2 个（菱角村、石集村）；开展艺术、文化、平安、科普、卫生特色社区创建活动。灵石镇文明市民学校集中开课 12 次，参学人数 12650 人次。

2005 年，灵石镇投入资金 3 万元，参与省级文明城市和国家级卫生城市的创建，办精神文明建设主题板报 5 期，写精神文明简报 4 期、信息 1 篇、创建省级文明县城简报 3 期。

2006 年，凤鸣镇开展"五好示范社区建设"、社区党建"三覆盖"。城东社区被评为省级文明社区，南星社区、城中社区被评为市级文明社区，城西社区被评为县级文明社区，菱角村被评为市级文明村。

2006 年，灵石镇新建文明村 2 个，城乡共建结对 8 个，创建文明社区 2 个。

2007 年，凤鸣镇评选出"双文明户"810 户。

2009 年，凤鸣镇菱角村、城东社区文明和谐村（社区）建设验收达标。

2014 年 3 月—12 月，凤鸣镇分别开展"学雷锋，彭山社会志愿服务队在行动"

"做文明彭山人，创文明彭山城""爱民惜农、助农增收""爱我碧水蓝天长寿原乡""关爱留守儿童、留守妇女""帮扶贫困学生家庭""关爱长寿老人""文化惠民""幸福美好家园""献爱心、伸援手、暖冬行动"等"一月一主题"志愿服务活动。

2015年6月—2016年1月，凤鸣镇在所辖各社区开展"文明社区"创建活动。通过开展教育培训、文明礼仪劝导、环境美化净化等活动，争创环境优美、秩序良好、关系和谐、健康向上的文明祥和社区。

2017年8月—12月，凤鸣街道开展"农村移风易俗推进乡风文明"活动。以"推动移风易俗，树立文明乡风"为主题，通过读一段经典、讲一个故事，加强移风易俗教育，制定婚丧喜庆公约，建立红白理事会，发挥红白理事会引导服务群众作用。

2018年，眉山市通报继续保持称号的区级文明单位有凤鸣街道办事处、四川八百寿酒业有限公司、四川彭山凤鸣粮食储备库。继续保持称号的区级文明村镇有石家村、平乐社区、双漩社区、城西社区。限期整改一年的区级文明单位、文明村镇有凤鸣社区卫生服务中心、凤鸣余店小学、宝珠村、江渔村。6月25日—11月30日，凤鸣街道开展"养成好习惯、形成好风气"脱贫奔康文明新风示范村（户）创建活动。文明新风示范村以村容村貌好、社会风气好、社会秩序好、干群关系好、集体活动开展好为创建标准。文明新风示范户以环境卫生好、生活习惯好、邻里关系好、家庭和睦好、集体事业参与好为创建标准。

2018年—2020年，凤鸣街道开展"学雷锋"志愿服务活动，累计开展"三创"宣传、政策宣讲、法律援助、扶贫、公共区域卫生清理、文明劝导、疫情防控等志愿活动100余次。每年开展"人民满意公务员"、先进个人、最美干部、星级文明户、好家风家庭、最美庭院等评选表彰活动。

2020年，凤鸣街道组织开展模范家庭、文明商铺、家风家训等活动，形成文明和谐的小区氛围。开展厉行节约专项活动，印发厉行节约宣传资料3000份，宣传口袋3000件，引导辖区群众形成勤俭节约的新风尚。

【思想道德建设】

2002年，凤鸣镇制定加强公民道德建设的意见。

2003年，凤鸣镇开展"公民道德建设宣传教育月"活动，以"文明、诚信"为主题，开展文明市民宣传教育活动；以"彭山是我家，清洁靠大家"为主题，开展城区环境卫生综合整治活动；以"维护秩序，畅通彭山"为主题，开展城市管理、交通等主要法规的宣传教育和城市公共秩序综合整治活动；以"诚信彭山"为主题，组织各类市场主体开展"百城万店无假货"活动；以"普及科学，知识弘扬科学精神"为主题，开展好"科技之春"科普宣传月暨"三下乡"活动；以"争做文明小市民"为主题，在学校开展学生行为规范教育，培养文明卫生习惯；以"爱心奉献社会"为主题，开展为雷锋题词40周年系列纪念活动；以"弘扬家庭美德"为主题，大力宣传"社会好公民、单位好建设者、家庭好成员"楷模人物及其事迹。

2005年，灵石镇开展讲文明、讲卫生、讲科学、树新风"三讲一树"及科教、文体、法律、卫生"四进社区"活动。

2006年5月—12月，凤鸣镇开展青少年绿色网络行动。活动内容包括青少年网络志愿者行动，发放《青少年绿色网络行动手册》；网络文明教育，绿色网吧监督行动。

2018年—2020年，凤鸣街道建立道德讲堂，开展机关、村（社区）干部公民道德教育，举办道德讲堂5期，诵读经典6次；在村（社区）设立善行义举榜，培育"知荣辱、讲正气、做奉献、促和谐"的道德风尚。重视未成年人思想道德建设，常态化开展家长学校、妇女儿童之家、"童伴妈妈"、"五失青少年"申报、贫困助学、法治教育、禁毒教育等活动，开展家长学校活动52次、"志愿暖冬"行动3次、"贫困助学"25人次、心愿认领70项。

【"三村"建设】

2002年，凤鸣镇按照《中共彭山县委关于深入开展创建"三村建设"示范村活动的实施意见》文件精神，开展"科技兴村、民主管村、依法治村"为主要内容的"三村建设"示范村创建活动。2003年，凤鸣镇确定宝珠村为"三村建设"示范村。2004年，凤鸣镇开展创建"三村建设"党建工程示范村活动，创建1个市级"三村建设"党建工程综合示范村、1个县级综合示范村、2个镇级综合示范村。在"科技兴村"中，实现了科技培训大普及、科技成果大推广、农村经济大发展；在"民主管村"中，实现了村党支部班子坚强有为，村民民主权利有效落实；在"依法治村"中实现了广大村民法律意识明显增强，农村干部依法行政水平提高，社会治安综合治理措施有力，农村精神文明建设成效明显。

【"草根民星"评选】

2017年9月—12月，彭山区开展"草根民星"评选。通过镇村"草根民星"评选、镇"民星"评选（由镇党委评选的5名"民星"）、彭山区"民星"评选、总结表彰四个阶段，评选出2017年度"最美彭山人"。凤鸣街道红旗支书1人，人民卫士1人，城市美容师2人，爱心志愿者2人，健康天使1人，最美家庭5个。2018年度开展"最美彭山人"评选。凤鸣街道彭山新乡贤2人，红旗支书、最美干部2人，寿乡才俊2人，人民卫士1人，城市美容师1人，最美家庭4个。

【"四好村"创建】

2016年9月起，全省开展"住上好房子、过上好日子、养成好习惯、形成好风气"为主要内容的"四好村"创建活动，力争到2020年，在普遍建成市州级或县市区级"四好村"的基础上，60%以上的村建成省级"四好村"。凤鸣街道印发创建区级"四好村"活动工作方案，力争在年底前创建1个市级"四好新村"、2个区级"四好新村"。按照开展创建、提出申请、检查考评、公示命名、动态管理五个工作步骤进行。

2017 年，易埝村被评为市级"四好村"，石家村、金烛村被评为区级"四好村"。2018年，石家村、金烛村被评为市级"四好村"。

党务工作

【党建】

1993 年，凤鸣镇以党校为阵地举办培训班 8 期，在村级活动阵地举办了 30 期党的知识和农村实用技术培训班，培训 1200 人次。

1997 年，凤鸣镇培训村（街）干部，全年培训 600 人次。

1997 年，灵石镇对党员进行农村实用技术培训。

1998 年，凤鸣镇开展各类培训 18 期，其中党支部书记培训班 3 期，农村党支部书记培训班 3 期，村后备干部培训班 1 期，农村实用技术提高培训班 1 期，其他培训班10 期。

2002 年，凤鸣镇实施双向培养，即把"能人"培养成党员，把党员培养成"能人"。

2003 年，凤鸣镇开展"党员先锋工程"建设活动，成立建设领导小组，把开展党员先锋工程纳入党建目标管理，并做到定期督查通报。党员干部严格按照"八个坚持""八个反对"要求，对照检查，充分发挥好先锋模范作用。党委领导成员率先垂范，清正廉洁，严于律己。

2004 年，凤鸣镇开展"三村建设"党建工作示范村创建活动。围绕实现"一个支部一座堡垒、一名党员一面旗帜"开展"党员先锋工程"建设活动。机关支部推出党员实践"三个代表"示范窗口和示范岗，每个共产党员佩戴党员标志上岗，接受群众监督。

2006 年，凤鸣镇农村党员干部现代远程教育示范达标，新建现代远程教育站点 6个，教学资源建设等各项指标通过中央、省、市的检查验收。

2011 年，凤鸣镇实施"党员素质工程"，制订党员培训计划。对镇、村（社区）两委干部进行科技、产业技能培训，对党小组长和党员骨干进行生产技术务工技能培训。举办实用技术培训班 8 期，培训党员干部 600 人次，培训农村党员 900 人次，培训农民1300 人次，使 200 名党员成为种养能手和带民致富的"领头雁"。深化"党员先锋工程"，在党员中开展"戴标志、亮身份、作榜样"的党员示范岗活动，镇、村（社区）党员在册在岗作示范党员达到 1100 人，制发党员示范岗标志 300 套。开展党员服务承诺活动，党员全部向党组织作了书面承诺。

2012 年，凤鸣镇开展基层党组织现状大调查，实施"三分类三升级三挂钩"活动。做好调查摸底工作，召开座谈会 17 场，入户走访 768 次，发放调查问卷 1600 份，个别访谈 89 人次，重点剖析支部 2 个；打造城东社区、南星社区、石家村等 5 个党建示范点。以实施党员积分制等为载体促进宝珠村、集关社区后进转化，年底2个支部等级由"后进"升级为"一般"，实现年初目标。党委中心组集中学习12次，召开民主生活会4次，民主测评会2次，组织交心谈心59人，定期安排党委主要负责人与党外人士交心谈心11人次，对18个规模以上非公企业全部落实了领导班子联系制度，全年上门服务110次。11月，城东社区代表彭山县接受省委组织部检查，党建工作尤其是网格化管理工作获得高度认可。

2013年，凤鸣镇形成3个先进党组织、2个后进党组织的剖析材料和1份"三分类三升级三挂钩"调查报告。开展"三诺"大行动，党员围绕中心大局和岗位工作，签订党支部承诺书及党员承诺书，实行乡镇负责人年度目标承诺。开展窗口部门"三亮三比三争"活动，做到亮标准、亮身份、亮承诺，比技能、比作风、比业绩，争创群众满意窗口、争创优质服务品牌、争当优秀服务标兵。

2015年，凤鸣镇开展"大调查、大走访、大规范"活动，通过大调查，知民意，大走访，找问题，大规范，促提升。

2016年，凤鸣街道开展"两学一做"学习教育和"干部进万家、送政策、解难题、聚民心"大走访。组织干部职工到眉山市东坡区大石桥街道办事处、内江市隆昌县金鹅镇、宜宾市南溪街道办事处等地学习先进乡镇（街道）的党建和村（社区）管理工作。

2017年，凤鸣街道扎实推进"两学一做"学习教育常态化制度化。学习贯彻党的十九大精神，班子成员到所驻村（社区）讲党课10次，专题研讨3次。聚焦讲精神、说理念，讲改革、说创新，讲历史、说功绩，讲责任、说担当，讲典型、说先进，讲党恩、说奉献"六大主题"，开展"书记赛党课"活动。

2018年4月—9月，凤鸣街道开展"大学习、大讨论、大调研"活动，聚焦首要政治任务开展大学习，聚焦"若干重大问题"开展大讨论，聚焦"突破瓶颈"开展大调研。与16个村（社区）签订党建目标责任书，建立党建责任清单。

2020年，凤鸣街道将符合条件的8个村（社区）党总支升格为党委，1个村党支部升格为党总支。在城市社区党委全覆盖推行区域党委制度，成立街道区域党建工作指导委员会（简称指委会），负责对成立区域党委的社区开展工作指导，协调区级部门开展小区（片区）包保，指导各社区区域党委以"组织联建、党员联管、活动联办、人才联育、资源联用、治理联抓"的方式，开展共建共享活动。成立7个城市社区区域党委，区域党委隶属街道指委会。区域党委书记分别由各社区党委书记兼任，相关成员、各社区结合"双报到""三创"包保等工作，邀请包保单位分管领导、辖区医院、学校、非公企业、社会组织党组织负责人或优秀党员进入社区区域党委班子。建立需求、问题、资源"三张清单"，通过每季度召开1次区域党建联席会议，共同商议解决社区相关民生诉求、项目推动、环境整治等社区治理问题。完善"街道党工委—村（社区）党组织—村（居）民小组（城市小区）党组织"三级架构。

【宣传】

1999 年，凤鸣镇被《眉山报》采用稿件 1 篇、《彭山报》采用稿件 67 篇、《彭山电视台》采用稿件 76 篇、《彭山电台》采用稿件 117 篇。

2003 年，灵石镇协助县广电局拍摄眉山工业经济专题报道，上电台、报刊宣传资料 13 篇。

2006 年，凤鸣镇完成党报党刊征订任务，在各类媒体刊登，播出经济社会事业方面、新农村建设方面的工作动态、先进人物、经验成就稿件 50 件，向上级直报信息 40 条。

2007 年，凤鸣镇制挂标语 34 幅，县以上党报党刊、广播电视采用党建信息 62 条，县"三级联创"工作简报刊登党建信息 14 条。

2012 年，凤鸣镇完成县级及以上信息 36 篇，其中，县级网站 4 篇、县级部门 9 篇、彭山电视台 3 篇、《彭山报》11 篇，市级《眉山日报》1 篇，省级网站 8 篇。编发《凤鸣政情》2 期，工作通报 2 期，工作简报 2 期，党委会会议纪要 4 期，重点工作会议纪要 7 期。

2016 年—2020 年，凤鸣街道成立后，整合运用现场、横幅、LED、图文、短视频、微信、微博、电视、报纸等网络和纸质媒介宣传凤鸣。

【党务公开】

2007 年，凤鸣镇党务公开全覆盖，在党风廉政建设中就提出了"阳光党务"，镇村（社区）设党务公开栏，将党建目标任务落实情况、"五个好"创建情况、党建活动情况坚持每季度评议一次，做到细化公示动态管理。

2011 年，凤鸣镇党委制定《基层党组织实行党务公开工作方案》。

2018 年，凤鸣街道将党支部班子成员名单、联系电话，党支部班子成员选任、调整情况，党支部班子成员考核、民主测评、奖惩等情况，党支部年度工作目标、活动安排及开展情况，党支部学习、党费收缴和党员发展情况，党支部作出的重要决策，党支部近期活动安排，班子述职述廉等情况予以公开。

2020 年，凤鸣街道将党组织基本情况、班子成员及分工情况，党组织任期目标、近期目标及完成情况，党组织决议、决定和执行情况，党的思想、组织建设情况，培养入党积极分子、发展党员、党费缴纳、评先树优情况，党组织"三会一课"（党支部党员大会、党支部委员会、党小组会，党课）及党内组织生活开展情况，联系和服务党员、群众情况，党风廉政建设等情况予以公开。

【民主评议党支部和党员】

成立由党委书记任组长的"双评"工作领导小组和各党支部以支部书记为第一责任人的领导机构。对评出的不合格党员进行严肃处置，对评出的优秀党员进行表彰，县级以上表彰对象原则上从中产生，对评议中反映出的问题制定整改措施。

1998 年，凤鸣镇在 28 个支部 940 名党员中开展了民主评议和严肃处置不合格党员工作，对 12 名不合格党员进行了组织处理。

2000 年，灵石镇开展评议党员活动，处置违纪党员 1 名，给予其警告处分。

2001 年，凤鸣镇 29 个党支部 1393 名党员，经评议无违法违纪人员。

2002 年，凤鸣镇 20 个党支部 1504 名党员，经评议无违法违纪人员。灵石镇开展民主评议党员工作，评出优秀党员 46 名；对东红支部 2 名违纪党员经县纪委批准，分别作出了开除党籍、留党察看的决定。

2003 年，凤鸣镇 18 个党支部 1536 名党员，经评议无违纪违法人员。

2004 年，凤鸣镇 31 个党支部 1495 名党员，经评议无违纪违法人员。

2008 年，凤鸣镇党委印发党（总）支部和党员民主评议工作的通知，学习时间安排 2 天，其中集中学习时间不少于 1 天；搞好自评互评，严肃认真地开展批评与自我批评；评议前，广泛征求群众对党支部工作和党员表现的意见，并将群众意见及时反馈给党支部和党员本人。

2014 年，凤鸣镇开展党的群众路线教育实践活动民主评议工作。民主评议对象为凤鸣镇党委班子、人大主席团、政府班子，党委委员、副科级及以上党员领导干部。村（社区）民主评议对象为党组织班子、党员的"两委"干部。评议以无记名方式书面征求参评人员的意见建议。评议内容包括对班子作风方面情况的总体评价，对班子及成员在形式主义、官僚主义、享乐主义和奢靡之风等方面存在的突出问题作评价，提意见三个方面。按照动员准备（宣传发动、学习教育、摸底调查、分类登记）、评议定级（不合格党员评议标准、不合格党员认定程序）、分类处置（不合格党员的处置，分为限期改正、劝其退党、党内除名三类，处置决定及时送达被处置党员本人签署意见，拒签的不影响决定的执行）三个步骤进行。

2015 年，凤鸣镇开展党建工作述职评议及民主评议党支部和党员工作，各村（社区）党（总支）支部书记分别向镇党委和本村（社区）党员群众作口头述职。

2018 年，凤鸣街道开展党建工作述职评议及民主评议党支部和党员工作。村（社区）党委（支部）书记分别向街道党工委和本村（社区）党员群众作口头述职，"两新"党组织书记采取书面或口头等形式向党员群众述职。从严从实开展述职评议考核工作。党支部结合党员"分类定标、奉献积分"情况，采取多种形式征求党员和群众意见，将意见及时反馈给党员本人。各党支部对照年初目标任务检查完成进度和效果，对照学习内容找准存在的差距和不足，每名党员自觉对照合格党员标准，查找差距、分析原因、明确方向。

【慰问帮扶】

2003 年，凤鸣镇帮扶贫困党员 22 人，提供帮扶资金 6000 元，脱贫 11 人。

2004 年，灵石镇在党员干部中开展为贫困党员村组干部帮扶基金捐款活动，共募得捐款 1452 元。为文殊村患病贫困老党员饶仲华发放贫困金 2000 元，为 28 名贫困党员、干部发放慰问金 5400 元，看望慰问老党员老干部 15 人。

2007 年，灵石镇机关干部为彭山县贫困党员帮扶基金和教育基金捐款 3000 元。通过部门帮村、党员结对帮扶"送温暖，献爱心"等活动，筹资 7 万元，对 63 名贫困党员、413 名老党员、403 名困难群众生产生活和看病就医帮扶。

2011 年，凤鸣镇开展"党建帮扶工程"，村（社区）与 17 个县级单位结成党建帮扶对子，镇机关党员、村（社区）党员干部与 20 家非公企业、49 名贫困党员、45 户移民、64 户困难户结成联系帮扶对子，落实帮扶资金 20 万元。看望慰问贫困党员、特困群众 478 人次。

2012 年，凤鸣镇落实资金 70 万元，帮扶贫困党员 80 人，困难群众 1500 人，援助贫困母亲 7 人、贫困学生 50 人。组织镇、村（社区）党员干部下基层，进村入户，为群众办实事 127 件，组织群众防治水稻病虫 1.68 万亩，组织干部群众查螺灭螺 3.7 万平方米，看望慰问贫困党员、特困群众 216 人次。

2016 年，凤鸣街道开展"七一"慰问贫困党员工作，慰问费标准为 300 元/人。

2018 年，凤鸣街道落实帮扶干部 93 名，走访慰问贫困对象，发放帮扶慰问金 20 万元，实现了贫困对象"一对一"帮扶全覆盖。推行社区"大党委"工作制，整合包保部门、辖区机关党组织等各类资源，设立"志愿服务岗"、在职党员和老党员服务队伍，推行"群众点菜—党员接单—提供服务"模式，开展困难弱势群体帮扶和环卫整治等志愿服务。

组织建设

【干部队伍建设】

坚持党管干部原则，认真贯彻执行民主、公开、竞争择优方针，广泛选拔任用优秀人才，充实基层干部队伍。从 1992 年开始，实行改录用干部为招聘干部，"公推公选"基层干部。

1992 年，凤鸣镇引进人才 36 人，为经济建设做好了干部人才储备。

1995 年，凤鸣镇支部换届后，支委平均年龄由 48 岁降至 44 岁，党支部书记平均年龄由 46.7 岁降至 45.8 岁。

1998 年 12 月，凤鸣镇 9 个行政村实施了"公推公选，竞争上岗"选择党支部书记。

2006 年，凤鸣镇制定《关于公推公选乡镇党委班子成员的实施方案》。

2009 年，凤鸣镇制定《凤鸣镇机关干部竞争上岗制度》的实施办法，实行竞争上岗。成立凤鸣镇人才工作站，与党政办合署办公，有联络员队伍 16 人，广选广纳人才。

2013 年，凤鸣镇开展中层干部岗位"双选"竞争上岗，产生 18 名中层干部。

2020 年，街道班子成员平均年龄 37 岁，以"80 后"为主。全面推行村（社区）书记、主任"一肩挑"和"两委"交叉任职，村级建制调整后，9 个村（社区）党委（党总支）书记均为"一肩挑"，平均年龄由 54 岁降至 42 岁。充实一批"80 后""90后"的退役军人，返乡农民工，回乡大学生新鲜力量，确保基层工作干劲十足。

【基层组织建设】

1993 年，凤鸣镇抓好党支部"达标争旗"活动，有 15 个村达标。在农村党支部开展"三带三户一创建"，在企业党支部开展"三带两帮"和在城镇街道党支部开展"三带两联"活动。

1998 年，凤鸣镇制定《中共凤鸣镇委员会关于 1998 年—2000 年农村基层组织建设规划的通知》。

2001 年，凤鸣镇对机关干部实行竞争上岗，双向培养。

2002 年，灵石镇开通了党政网，实现了公文网上交换。

2007 年，凤鸣镇实现流动党员服务站全建成、全覆盖。做到站点建设场地、人员、制度、经费、通信、办公设施"六到位"，达到信息库、公示栏和服务站"三落实"，实现党员结对子花名册、流动党员座谈记录、帮扶效果"三个有"。

2012 年，凤鸣镇按照宣传动员、分类定级、组织实施、总结验收四个阶段开展基层组织建设年活动。按照一个好的带头人、一个好的发展思路、一个好的工作制度、一个好的活动阵地和一个好的保障机制"五个一"和领导班子好、党员队伍好、工作机制好、工作业绩好、群众反映好"五个好"的要求，对基层党组织情况进行一次全面调查。紧密结合"领导班子建设年"和"作风建设提升年"活动，实现基层党组织战斗力、基层党组织书记素质、党员队伍生机活力、基层基础保障水平、基层党建制度化水平进一步提升目标。

2013 年，凤鸣镇制定党员积分管理实施方案，对全体党员进行积分测评。

2016 年，凤鸣街道完善村（社区）党组织民主决策机制，结合"一事一议"（在农村税费改革中，取消乡统筹和村提留后，村民认为需要兴办的集体生产生活等其他公益事业项目所需资金，不再固定向农民收取，采取"一事一议"的筹集办法），深化"四议两公开一监督"（"四议"即村级重大事项由支委提议、两委商议、党员大会审议、村民或村民代表会议决议，"两公开"即决策过程公开、结果公开，"一监督"即全程监督）、党员议事会、村民监督委员（廉情监督委员会）作用，推行党务村务公开、轮流坐班制，执行"三三制"调解机制。

2017 年，凤鸣街道聚焦落实基本责任、健全基本组织、建强基本队伍、坚持基本制度、开展基本活动、提升基本服务、强化基本保障"七个基本"，推进基层党组织标准化建设。

2018年—2020年，凤鸣街道着力学习型单位建设。开展支部学习7次，主题党日活动4次，党工委书记上党课5次。连续3年在区委区政府考核中荣获优秀等次，获得区级以上先进表彰62项。

【党支部建设】

根据乡镇合并，村（社区）调整实际，不失时机地调整和完善村（社区）党支部。

1992年，凤鸣镇调整组建18个村党支部，保持东街、南街、西街、北街、北外街、岷江路6个居委会党支部。

1995年，凤鸣镇保留10个村、6个居委会党支部。

1997年，凤鸣镇有16个街、村支部和13个机关企事业支部，党小组89个。

1999年，凤鸣镇党委下设党总支1个，党支部30个。

2001年，凤鸣镇1个支部被市委评为先进党支部，2个支部被县委评为先进党支部。

2002年，凤鸣镇制定目标管理制度、民主评议制度、组织生活制度、民主生活会制度、培训制度、教育管理制度、定期汇报制度、重大问题及时反映制度8个村党支部建设制度。

2003年10月24日，凤鸣镇撤销城东、城南、城西、南星4个社区党支部，成立城东、城南、城西、南星4个社区党总支，下设13个支部，全部实行"公推直选"。

2005年，灵石镇党委有党支部8个，其中镇机关支部1个，企业支部2个，社区支部2个，学校支部2个，财卫支部1个。

2006年，凤鸣镇合村并组时，将原9个村党支部合并组建江渔、惠灵、易埝、金烛4个村党支部，保留菱角村党支部。

2007年，凤鸣镇有党总支9个，村党支部7个，事业单位党支部8个，非公企业党支部9个，党小组159个。

2008年，凤鸣镇有党总支4个，党支部50个，党小组173个。

2012年，凤鸣镇党委下辖基层党总支、党支部31个，其中社区党总支4个，社区党支部5个，村党支部7个，"两新"党组织15个，党组织覆盖面100%。基层党总支、支部书记31人，其中男性27人、女性4人，均在35岁以上55岁以下。镇党委对全镇基层党组织进行了划类，其中先进党总（支）部27个，中间党总（支）部3个，后进党总（支）部1个。

2013年，注重选拔回乡创业党员、外出务工经商党员、本地技能型党员进支部领导班子以充实建设农村党支部。

2015年，凤鸣镇建有7个村党支部和9个社区党支部。

2016年，凤鸣街道开展基层党组织星级评定。五星级基层党组织有城东社区党总支、城中社区党总支、南星社区党总支、江渔村党支部、菱角村党支部，四星级基层党组织有城西社区党总支、东红社区党支部、集关社区党支部、红星社区党支部、平乐社区党支部、双漩社区党支部、石家村党支部、宝珠村党支部、金烛村党支部、易埝村党支部，三星级基层党组织有惠灵村党支部。

2018 年，成立城中、城东、南星、城西 4 个社区党委，隶属凤鸣街道党工委。

2019 年，凤鸣街道共有党委 4 个，党支部 13 个。

2020 年，凤鸣街道印发《凤鸣街道党建引领小区治理导则》，全面推进小区党组织全覆盖建设，建立小区（片区）党支部 111 个，支部书记中小区能人占比 45%、社区"两委"及网格员占比 25%、退休老党员占比 20%、业委会成员及物管交叉任职占比 10%。

【"两新"党建】

2008 年，凤鸣镇开始组建"两新"（新经济组织和新社会组织）党支部。建有中国共产党四川一强饲料公司、四川省川江实业有限公司、四川彭山仁吉食品有限公司、四川浩天复合包装有限公司、四川思念食品有限公司、四川康四海动物药业有限公司 6 个党支部。

2011 年，凤鸣镇建立非公企业党支部 16 个，其中联合党支部 1 个；培训"两新"党组织负责人 2 期 76 人次，党员业主 1 次 32 人次，入党积极分子 2 期 51 人次；选派党建联络员 20 名，金益、八百寿酒业党组织建设示范点受到县委表彰。

2012 年，凤鸣镇新建"两新"党组织 82 家。4 月，召开"两新"组织业主与党建指导员对接会，76 名"两新"业主与 19 名党建指导员成功对接。经党建指导员与镇党委共同努力，除去已停业、名存实亡的 21 家企业，通过单建、联建及挂建新建 79 家，在正常经营的企业中党组织覆盖率达到 100%。

2013 年，凤鸣镇印发《关于"两新"党建工作规范运行年建设的通知》。该通知明确指出，要确保规模以上非公有制企业，从业人员 30 人以上的"两新"组织覆盖率达到 100%，"三个重点领域"（重点区域、重点企业、重点人群）和农民专业合作社党组织覆盖率达到 100% 的基础上，做到"两新"党建工作队伍建设规范、制度运行规范、活动开展规范、工作保障规范。5 月，制定《关于在"两新"组织中开展"三比双评一创"活动的方案》。比带头、比技能、比贡献，评选业主"党建之星""党建之友"，争创五星级党组织活动。单独新建"两新"党组织 1 个，联建"两新"党支部 2 个。

2014 年，凤鸣镇开展"两新"党建工作联述联评及民主评议党支部和党员工作。

2015 年，凤鸣镇有 12 个"两新"组织党支部，党员 82 人。开展"百日集中组建"活动，强力推进"两新"组织党建工作。

2019 年，凤鸣街道有"两新"党组织 14 个。

【阵地建设】

1999 年，凤鸣镇投入 3 万元新建易埝村、黎埝村办公室。

2003 年，凤鸣镇在东红社区、集关社区、宝珠村开展工作制度、村民自治章程、党支部建设等八项制度上墙工作示范，加强了社区、村级组织阵地建设。

2004年，凤鸣镇加强基层党组织阵地规范化建设，通过3年达到"村（社区）有规范化阵地"的目标。

2006年，凤鸣镇6个村支部达到"三室十有"（办公室、多功能活动室、文化阅览室；有党组织牌子，党旗，规范化制度公开栏，规范化村务公开栏，配套电视机、VCD机、微机等电教设备，桌椅，电话，固定党建标语，学习资料，书刊文件柜）标准，3个村支部达到"三室六有"以上标准，菱角村支部被评为市新农村建设示范先进集体。

2007年，凤鸣镇9个社区7个村，工作和公益性两类用房全部达到150平方米和100平方米以上，9个非公企业党组织均建立了活动阵地，投入7.5万元完成金烛村阵地建设，社区阵地全部实现了"三室十有"。

2011年，凤鸣镇按照"外观整洁、内部规范、突出党建、便民适用"原则，完成了16村（社区）活动场所建设。为社区解决电脑、桌椅等办公用具98套，改善社区办公环境3个，建立规范化综合服务站1个。

2012年，凤鸣镇投入资金70万元，新建建筑面积520平方米的菱角村阵地。

2014年，凤鸣镇投资208万元（上级补助68万元，镇级补助30万元、村级自筹110万元），完成13个村（社区）阵地改扩建工作。新建村级活动阵地3个500平方米，改建村级活动阵地10个2850平方米。

2015年6月，凤鸣镇对城中社区、集关社区、东红社区、菱角村、惠灵村、宝珠村等村的阵地规范化建设进行了检查。

2018年，凤鸣街道落实村（社区）阵地建设，更新村（社区）阵地内容。

【换届选举】

1998年，灵石镇通过"公推公选"开展村（居）委会党支部班子换届选举工作。

2001年，凤鸣镇制定《关于实行"公推直选"搞好农村党支部换届选举工作的意见》，成立了由党委书记任组长的农村党支部换届选举工作领导小组，完成第五届村（居）委会换届选举工作，按比例配备好后备干部。

2002年10月—12月，凤鸣镇进行县人大换届选举工作，划分选区21个。

2004年10月8日—30日，凤鸣镇通过"建立机构，制定方案—宣传动员，广泛发动—公开推荐，直接选举—强化培训，建章立制"四个阶段，采取"公推直选"的方式，按照"公开、平等、竞争、择优"的原则，直接、差额、无记名投票选举产生了村（社区）党（总）支部班子。10月17日—12月31日，通过摸底准备（17天）、宣传培训（10天）、依法选举（25天）、完善制度（20天）、验收总结颁证（10天）完成第六届村（居）委会换届选举工作，选举产生了新一届村（居）委会班子。

2010年，根据《四川省村民委员会选举条例》，凤鸣镇开展第八届村（社区）委员会换届选举工作。

2013 年 10 月，凤鸣镇完成村（社区）党支部和第九届村（居）委会换届选举工作。

2015 年 4 月 8 日，凤鸣镇召开党员大会，选举产生张奇为出席中共眉山市彭山区第一届第一次代表大会代表。

2016 年 7 月—9 月，凤鸣街道开展区镇人民代表大会换届选举工作。8 月—9 月开展村（社区）党组织换届工作，按照先村（社区）党组织后村（居）民委员会的顺序，统筹推进村（社区）"两委"换届。11 月 28 日—12 月 28 日，开展第十届村（居）民委员会换届选举工作。

2019 年 12 月 27 日，凤鸣街道召开了党工委全体会议，经过酝酿讨论，以无记名投票方式确定了 2 名彭山区第二届五次党代会代表候选人预备名单；2020 年 1 月 7 日，召开党员代表会议，正式选举产生彭山区第二届五次代表大会代表。

2020 年，凤鸣街道村（社区）"两委"换届从 11 月开始，到 2021 年 3 月结束，按照先党组织换届后村（居）民委员会换届的顺序进行。

【党员队伍建设】

1993 年，凤鸣镇制定党员发展三年规划和 1993 年发展计划，全年培训积极分子 3 期，解决了个别村长期不发展党员的问题。是年，高集、菱角、惠灵村各发展新党员 1 名，黎埝、石集分别在村、社干部或年轻骨干中发展了新党员；南星村党支部总结出探索在青年积极分子中发展新党员的路子，并发展了新党员。

1997 年，凤鸣镇有党员 900 名。注重入党积极分子培训和发展工作，举办培训班 2 次，参加人员 200 人，发展党员 17 名。灵石镇举办入党积极分子培训班 2 期，62 名入党积极分子参加了培训，确定发展对象 8 名。

1998 年，凤鸣镇在《关于 1998 年—2000 年农村基层组织建设规划》中提出"镇党委和各村都要制定发展党员三年规划和年度计划，按 1∶5 的比例不断壮大入党积极分子队伍，抓好入党积极分子的培训、培养和考察，举办入党积极分子培训班 2 期，重点发展 35 岁以下、初中文化程度以上的村社干部、致富能手、复退军人、回乡学生"。发展党员 18 名。

1999 年，凤鸣镇有党员 1191 人。凤鸣镇、灵石镇党委贯彻落实"坚持标准、保证质量、改善结构、慎重发展"的十六字发展党员工作方针和"严把党员入口关，保证新党员质量，提高党员队伍素质"的党员发展要求，凤鸣镇发展新党员 22 名，灵石镇发展新党员 8 名。

2000 年，凤鸣镇有党员 1191 人，其中 25 岁以下 77 人，26～35 岁 139 人，36～45 岁 174 人，46～55 岁 232 人，50～60 岁 155 人，61 岁及以上 414 人。灵石镇发展新党员 11 名。

2001 年，凤鸣镇培训入党积极分子 67 名，发展新党员 19 名。

2002 年，凤鸣镇培训入党积极分子 80 名，发展新党员 18 名；灵石镇培训入党积极分子 75 名，发展党员 11 名。

2003 年，凤鸣镇培训入党积极分子 123 名，发展新党员 18 名；"双向培养"中把"能人"培养成党员 18 人，把党员培养成"能人"137 人。灵石镇培训积极分子 70 名，发展新党员 7 名。

2004 年，凤鸣镇培训入党积极分子 79 名，发展新党员 18 名；灵石镇培训入党积极分子 70 名，发展新党员 9 名，年龄在 35 岁以下 7 名。

2005 年，灵石镇有党员 200 人。发展新党员 11 名，其中 35 岁以下 9 名，高中以上学历 5 名。

2006 年，凤鸣镇发展新党员 21 名，其中 35 以下 11 名，高中以上学历 13 名。

2007 年，凤鸣镇有党员 2280 名。发展新党员 18 名，并按 1:4 落实了 72 名入党积极分子；灵石镇发展新党员 22 名，其中女性党员 11 名、男性党员 11 名，大专以上文化 8 名、高中以上文化程度 10 名，35 岁以下 12 名。

2008 年，凤鸣镇有党员 2159 名。

2011 年，凤鸣镇有种养能手、专业大户、营销大户、农村经济人、科技示范户和具有初中级以上职称的农民技术员 240 人，其中 124 人是党员。

2012 年，凤鸣镇有党员 2346 名，发展新党员 72 名，其中"两新"组织党员 7 名，入党积极分子培训率 100%，转正党员 65 名，其中"两新"组织党员 2 名。把各村（社区）发展党员 2~3 名，其中 35 岁以下党员不少于 1 名，发展入党积极分子 3~5 名，发展致富带头入党不少于 2 名作为年终考核重要内容。

2013 年，凤鸣镇制定发展党员工作方案，总体要求是遵照"控制总量、优化结构、提高质量、发挥作用"，发展新党员 38 名。

2015 年，凤鸣镇有党员 2281 人。

2019 年，凤鸣街道有正式党员 2477 名，预备党员 19 名。

主题教育

【"三讲"教育】

1995 年 11 月 8 日，江泽民总书记在北京视察工作时指出："根据当前干部队伍的状况和存在的问题，在对干部进行教育当中，要强调讲学习，讲政治，讲正气。"1996 年，凤鸣镇在党组织中开展"三讲"教育活动。"三讲"教育活动与学习孔繁森优秀共产党员先进事迹相结合，和加强领导班子思想政治建设大讨论相结合，同民主生活会相结合，认真开展民主评议，进行批评与自我批评。"三讲"教育活动的开展，进一步端正党风，使凤鸣镇形成了良好的"讲政治、讲学习、讲正气"风尚。

【"三个代表"重要思想学习教育活动】

2000年年底，中央决定在农村开展"三个代表"重要思想学习教育活动。12月28日，凤鸣镇制定《关于开展"三个代表"重要思想学习教育活动的意见》，组建领导小组，精心组织，落实责任制。整个活动分为三个阶段，第一阶段为学习培训，提高认识；第二阶段为对照检查，找出差距；第三阶段为整改提高，解决问题。2002年，继续抓"三个代表"的学习和实践，认真贯彻"统一思想、坚定信念、沉着应对、趋利避害、转变作风、扎实工作"24字方针，开展讲文明、树新风、创三优、树形象活动。2003年，凤鸣镇制定《关于学习贯彻"三个代表"重要思想宣讲工作的实施意见》，继续掀起全面学习贯彻落实"三个代表"重要思想新高潮。为把宣讲工作落到实处，组织了凤鸣镇"三个代表"重要思想宣讲团深入村（社区）进行宣讲。

【保持共产党员先进性教育活动】

2005年6月，凤鸣镇开展第一批保持共产党员先进性教育活动。整个教育活动分为全面动员、以讲促学、认真整改三个阶段。在以讲促学中，充分利用先进优秀党员，宣讲保持共产党员先进性的重大意义，促进学习提高。在认真整改中，开展交心谈心活动，形成自己找问题、帮助找问题、协助找问题的新风尚。在交心谈心中，贯彻"团结、真诚、沟通"理念，充分营造宽松氛围，使党员从"不敢、不愿意说"到"敢说、愿意说"，从"说套话、讲表面"到"说真话、讲实质"，从"没有问题、找不到问题"到"发现问题、找到问题"。党员对照先进性要求，找到差距，落实了整改措施。第二批保持共产党员先进性教育活动从7月中旬开始，12月结束，主要是在城市基层和镇机关进行，涉及凤鸣镇中小学校，城东、南星、城西、城中4个社区，金益玻璃厂和彭山县第二建筑工程公司，畜牧兽医站和卫生院，镇机关，22个支部。总体目标是"提高党员素质、加强基层组织、服务人民群众、促进各项工作、解决突出问题"和"真正成为群众满意工程"。总体上按学习动员、分析评议、整改提高三个阶段进行，每个阶段原则上安排1个月时间。灵石镇保持共产党先进性教育活动从2005年7月20日开始，11月结束，做到了"规定动作"不走样、"自选动作"有创新，完成了学习动员、分析评议和整改提高这三个阶段的工作任务。

【学习实践科学发展观活动】

2009年3月开始，凤鸣镇党委用6个月时间，开展"学习实践科学发展观"主题教育活动。该活动分为学习调研、分析检查和整改落实三个阶段。学习调研阶段不走过场、不搞形式，制定"增强爱民意识、规范从政行为、促进科学发展"主题教育活动制度。每个党政班子成员和包村干部，每月保证5~7天，进村入户展开走访、座谈、帮扶活动；填好进村入户登记表，并在走访的村、组、户签好字盖好章；每次进村入户，要带群众需要的政策、科技、信息，要帮所蹲组、户做好事，帮助制订发展计划，帮助解决各种生产、生活中的困难。分析检查阶段，每个干部特别是领导干部要有进村入户《村情日志》，每季度集中汇报一次，半年写小结，年终每个干部写好进村入户总结；把进村入户列入班子成员年终考核标准和干部竞聘上岗的条件；每季度召开一次由群众代表、村、组干部代表参加的进村入户情况汇报会；镇群众监督小组将组织人员，每年对进村入户情况进行检查考核；建立"书记民情日记制度"。整改落实阶段，制定凤鸣镇"提升党建科学化水平先进镇"工作实施方案。按照集群发展理念和"先行一步、领先一招"要求，带着项目去创业，带着服务去创新，提高了党建工作的科学化水平，培育了党建品牌。

【"创先争优"活动】

2010 年 4 月起，全党深入开展"创先争优"活动。5 月，凤鸣镇制定开展"创先争优"活动的实施意见。总体要求是推动科学发展有新进展、促进社会和谐有新气象、服务人民群众有新成效、基层组织建设有新加强。主要内容为突出"五好四强"，即"领导班子好、党员队伍好、工作机制好、工作业绩好、群众反映好""推动发展强、服务群众强、凝聚人心强、促进和谐强"，深入开展创建先进基层党组织活动。突出"五带五争"，即"带头学习提高、争当勤学标兵，带头创造佳绩、争当敬业模范，带头服务群众、争当为民先锋，带头遵纪守法、争当自律表率，带头弘扬正气、争当和谐卫士"，开展"党员示范行动"，争当优秀共产党员。该活动步骤分为组织发动和公开承诺阶段（2010 年 5 月上旬—7 月上旬），开展"四个一"活动，即"召开一次动员大会、明确一个争创活动主题、开展一次先进党组织怎么创、优秀共产党员怎么争"的专题组织生活会、党组织和党员分别作出一份示范承诺书并公示，使"创"有目标、"争"有方向，主动接受社会监督；全面实施阶段（2010 年 7 月中旬—2011 年 6 月），开展领导点评、双向述职、群众评议三个方面的工作；深化提高阶段（2011 年 7 月—2012 年 12 月）。对照"创先争优"标准，着眼全面提升，查找自身差距，明确努力方向，创建先进基层党组织，争当"优秀共产党员"。

【"中国梦"主题教育实践活动】

2013 年 5 月 13 日，凤鸣镇制定《中共凤鸣镇委员会关于深入开展"实现伟大中国梦、共筑凤鸣梦，建设最美社区"主题教育活动的实施方案》。活动时间为 2013 年 5 月 10 日—7 月 20 日。活动按照层层动员（5 月 10 日—15 日）、学习讨论（5 月 16 日—6 月 10 日）、广泛交流（6 月 11 日—25 日）、建章立制（6 月 26 日—7 月 5 日）、总结表彰（7 月 6 日—20 日）五个阶段进行。开展"万人梦想行"活动，制作 1 万份五彩梦想卡，成立梦想办和 8 支宣讲小分队，深入村（社区）开展宣讲活动，负责梦想的收集、整理、交办，并落实专人负责督办。开展"凤鸣镇庆祝中国共产党 92 周年暨实现伟大中国梦"圆梦行动，现场为 10 名梦想者圆梦；针对群众短期内不能实现的梦想，专门走访，制定规划，共同探索圆梦之路。获得"实现伟大中国梦建设富裕美好和谐眉山"主题教育活动先进集体。

【党的群众路线教育实践活动】

2013 年 9 月 18 日，凤鸣镇制定《关于群众路线教育实践活动先行先改促进发展的实施方案》。2014 年 2 月 8 日，为高标准、高质量完成党的群众路线教育实践活动的各项工作要求，镇党委群众教育实践活动领导小组研究决定，在教育实践活动期间，建立 10 个督导组，开展督查工作。2 月 28 日，根据中央和省、市、县委的统一部署，制定《关于深入开展党的群众路线教育实践活动的实施方案》。同日，为深入贯彻党的群众路线教育实践活动，全面落实省、市、县精神以及相关要求，制定《关于印发〈凤鸣镇关于开展"大走访、解民忧"活动实施方案〉的通知》。通过"大走访、解民忧"活动，着力解决"四风"突出问题。3 月 3 日，制定《凤鸣镇领导班子带头开展党的群众路线教育实践活动实施方案》。党的群众路线教育实践活动从 3 月开始，至 9 月基本完成。8 月 4 日，召开党委班子专题民主生活会。通过进农村、进社区、进学校、进企业、访基层群众、访困难群体、访上访对象、访企业业主、访服务对象，班子成员累计走访群众 880 人次，收集意见建议 179 条。党委班子集体会诊"对号入座"，先后召开 5 次专题会，认真分析研究查找到的 179 条意见建议，分层分类"梳辫子"，逐一对号"找位置"，班子认领"四风"问题 35 条、个人认领 144 条。8 月 27 日，省督导组到凤鸣镇检查党的群众路线教育实践活动"四支队伍"建设和活动开展情况。8 月 29 日，中央巡视组到凤鸣镇菱角村检查党的群众路线教育实践活动第二阶段开展情况。

【"庸懒散浮拖"专项整治】

2014 年 11 月 28 日，按照省、市、县委要求，凤鸣镇制定《开展庸懒散浮拖问题专项整治工作实施方案》，并成立以党委书记为组长的"庸懒散浮拖"专项整治工作领导小组。重点对照查找梳理和整改解决缺乏责任担当和工作热情、群众感情淡薄，服务意识不强、缺乏大局意识，组织观念淡薄、工作不下深水，作风漂浮、纪律松弛等问题。2015 年 1 月 12 日，制定《中共凤鸣镇委员会"四个当天"制度实施办法》。以"主动作为创一流，为民服务当先锋"为目标，全面推行"四个当天"制度，整治干部"庸懒散浮拖"问题。日常工作，当天事当天毕，案无积卷、事不过夜；群众办事，当天接当天处，首问负责、限时办结；上级交办，当天领当天动，重在执行、及时回复；同级协作，当天应当天办，不推不透、快速主动。镇各办公室、村（社区）自上而下建立"四个当天"工作台账，逐一明确工作事项、接办时间、办理要求、完成时限和责任人，做到事事有人办、人人在干事；加强台账工作进度过程监控，执行看板管理、清单销账，做到办结过程、办结时间、效果评价"三个清楚"；勤通报，定时通报办理进度，公开透明度，提高知晓度，形成事事看结果，人人比超赶的工作态度；定期民主测评；各部门面向村（社区）和服务对象按季度进行效能测评，测评结果予以通报。

【"三严三实"专题教育】

2015 年，凤鸣镇党委遵照区委《关于开展"争创'三严三实'好班子、争当'三严三实'好干部"活动的通知》精神，在党员干部中开展"三严三实"（严以修身、严以用权、严以律己，谋事要实、创业要实、做人要实）教育活动。教育党员干部带头加强党性修养，改进工作作风，着力解决"不严不实"问题，切实增强践行"三严三实"的思想自觉和行动自觉，做到心中有民不忘本。在"三严三实"教育活动中，规范了村（社区）"两委"干部、村（居）民小组组长党小组联席会、党员大会、"四议两公开"、"三会一课"、财务公开等制度。

【"两学一做"学习教育】

开展"学党章党规、学系列讲话，做合格党员"（简称"两学一做"）学习教育是落实《党章》关于加强党员教育管理要求、面向全体党员深化党内教育的重要实践。开展"两学一做"学习教育，基础在学，关键在做。2016 年 5 月，凤鸣镇开展"四亮"活动，即亮身份，上班时间佩戴党徽；亮差距，查找自身不足问题；亮承诺，从思想、作风、工作方面提出承诺；亮奉献，将爱岗敬业、甘于奉献的事迹进行公开。6 月，开展"六问"活动，即我的岗位职责是什么？我在做什么？我是否尽心尽责？我是否敢于担当？我的工作效率高不高？我对身边发生的不良言行、不好作风敢于发出反对声音吗？7 月，开展"三对照"活动，即对照干部职工提出的意见建议反思根源，对照身边同事的优点查自己的不足，对照先进典型的模范事迹找自己的差距。围绕"坚定理想信念、明确政治方向""牢记根本宗旨，勇于担当奋进""坚守纪律底线、树立清风正气"开展专题学习讨论。完善四项制度，即党群集中活动日制度，党员"分类定标、奉献积分、星级管理"制度，支部专题组织生活会制度，民主评议党员和处置不合格党员制度。

【"不忘初心、牢记使命"主题教育】

2019 年 9 月开始，凤鸣街道开展覆盖街道领导、干部职工及全体党员干部"不忘初心、牢记使命"主题教育活动，11 月底基本结束。党工委印发《开展"不忘初心、牢记使命"主题教育工作方案》。认真学习贯彻习近平总书记重要指示批示精神，全面把握"守初心、担使命，找差距、抓落实"总要求，全面推进凤鸣街道项目拆迁、"三创一新"、环境保护、人居环境等工作的顺利开展，保障街道经济、建设发展稳步进行。该活动主要包括学习（9 月—11 月）、广泛深入调查研究（9 月—10 月下旬）、检视反思突出问题（10 月上旬—11 月上旬）、切实抓好整改落实（9 月下旬—11 月下旬）四个阶段。广泛排查收集群众所盼所忧，通过分类施策限时办理，推动问题的有效解决。共收集到 8 类问题 254 件，建立台账，落实专人负责，通过村（社）先后解决 7 个小区安全隐患；改建社道 1 千米，解决背街小巷卫生管理、公共排危、农村出行难、用水难以及土地款分配等问题 38 个。10 月 9 日，四川省委第一巡回指导组副组长朱晚林一行4 人到彭山调研指导"不忘初心、牢记使命"主题教育工作，抽查凤鸣街道及其下属基层党支部主题教育开展情况。

党员代表大会

【中共凤鸣镇第十次党代会】

1992 年 12 月 23 日，中共凤鸣镇第十次党员代表大会召开，张德明受中共凤鸣镇第九次代表委员会的委托，向大会作了工作报告。罗成泽代表中共凤鸣镇纪律检查委员会，向大会作工作报告。大会以差额选举无记名投票方式，选举张德明任党委书记，邓策、李淑华、周凤凰任副书记，罗成泽任纪检书记。

【中共凤鸣镇第十一次党代会】

1996 年 1 月 19 日，中共凤鸣镇第十一次党员代表大会召开。张德明受中共凤鸣镇第十次代表委员会的委托，向大会作了工作报告。大会以差额选举无记名投票方式选举唐学建任党委书记，余利平、骆仕清、张震中、叶云华、张素文任副书记，罗成泽继任纪检书记。

【中共凤鸣镇第十二次党代会】

1998 年 12 月 9 日，中共凤鸣镇第十二次党员代表大会召开。叶云华受中共凤鸣镇第十一次代表委员会的委托，向大会作了工作报告。骆仕清代表中共凤鸣镇纪律检查委员会，向大会作工作报告。大会选举叶云华任党委书记，章凤礼任副书记，骆仕清任纪检书记。

【中共凤鸣镇第十三次党代会】

2001 年 12 月 13 日，中共凤鸣镇第十三次党员代表大会召开。王玉芬受中共凤鸣镇第十二次代表委员会的委托，向大会作《解放思想、团结拼搏、开拓创新，为建设凤鸣经济强镇而努力奋斗》的工作报告。魏兴儒代表中共凤鸣镇纪律检查委员会，向大会作工作报告。大会以差额选举方式选举王玉芬任党委书记，章凤礼任副书记，魏兴儒任纪检书记。

【中共凤鸣镇第十四次党代会】

2003 年 3 月 6 日，中共凤鸣镇第十四次党员代表大会召开。到会代表 150 名，其中党支部委员以上领导 90 人，占 60%；专业技术人员 26 人，占 17%；妇女代表 35 人，占 23%。王玉芬受中共凤鸣镇第十三次代表委员会的委托，向大会作了工作报告。魏兴儒代表中共凤鸣镇纪律检查委员会，向大会作纪检工作报告。大会实行差额选举，无记名投票方式选举张富学任党委书记，邓斌任副书记，秦国华任纪检书记。

【中共凤鸣镇第十五次党代会】

2006 年 9 月 8 日，中共凤鸣镇第十五次党员代表大会召开。张富学受中共凤鸣镇第十四次代表委员会的委托，向大会作了工作报告。秦国华代表中共凤鸣镇纪律检查委员会，向大会作工作报告。大会选举李洪强任党委书记，胡水、邓斌任副书记，秦国华任纪检书记。

【中共凤鸣镇第十六次党代会】

2011年1月9日，中共凤鸣镇第十六次党员代表大会召开。到会代表176人。党支部委员以上领导干部105人，占60%；各类、专业技术人员18人，占10%；模范党员35人，占20%；妇女代表44人，占25%；年龄在45岁以下的88人，占50%；民营企业代表14人，占8%。大会实行差额选举，党委委员候选人差额比例为应选人数的30%，纪委委员候选人差额比例为10%，经过与会代表充分酝酿，以无记名投票方式，选举凌茂君任党委书记，王太勇、孙奕飞、毛晓蓓任副书记，孙奕飞兼任纪委书记。

【中共凤鸣镇第十七次党代会】

2012年9月，中共凤鸣镇第十七次党员代表大会召开。凌茂君向大会作工作报告，孙奕飞作纪检工作报告。以差额选举无记名投票方式，选举曾理任党委书记，王太勇、刘光平任副书记，刘跃任纪检书记。

【中共眉山市彭山区凤鸣镇第二次党代会】

2016年6月13日，中共眉山市彭山区凤鸣镇第二次党员代表大会召开。大会应到代表180名，实到代表172名。经过与会代表的充分酝酿讨论，选举产生了中共凤鸣镇第二届委员会委员8名，镇纪律检查委员会委员5名。选举曾理任党委书记，张奇、张永峰任党委副书记，冯南溪任组织委员，周彭港任纪委书记，雷建任纪委副书记。

中共眉山市彭山区凤鸣街道纪律检查工作委员会

【机构】

中共眉山市彭山区凤鸣街道纪律检查工作委员会（简称凤鸣街道纪工委）为眉山市彭山区纪委的派出机关，接受彭山区纪委和凤鸣街道党工委的双重领导。街道纪工委负责街道纪检监察和审计工作。

【工作职责】

负责贯彻落实党中央和省、市、区委关于加强党风廉政建设和反腐败斗争的决定，维护党的章程和党内法规，监督检查党的路线、方针、政策和决议的执行情况；贯彻落实党中央、省、市、区委和政府有关行政监察工作的决定，监督检查本辖区执行党和国家政策、法规及区政府颁发的决议和命令情况；按照干部管理权限，负责检查并处理街道党员干部违反党的章程及其他党内法规的案件；调查处理国家公务人员违反国家政策、法律法规以及违反政纪的行为；受理党员的控告和申诉；受理监察对象不服政纪处分申诉；受理对党员干部和职工违纪行为的检举、控告，有权对同级领导班子成员违反党纪政纪的问题进行初核，并及时报告区纪委；配合有关部门做好纪检监察工作方针、政策、法规宣传工作，对党员和国家公务人员进行党风党纪、遵纪守法、廉洁奉公的教育；会同街道党工委做好街道纪检监察干部的管理工作；承办上级纪委、监察部门交办的其他事项。

【案件办理】

1991 年年初—1992 年 4 月，原凤鸣粮站财会组长马英明利用工作之便，挪用、贪污公款 20 万元。1993 年 2 月 14 日，被彭山县公安局收审，同年 4 月 5 日被彭山县人民检察院批准逮捕，11 月 13 日被县人民法院以挪用公款、贪污、受贿等罪判处有期徒刑 20 年，决定执行有期徒刑 18 年。

1997 年 12 月，凤鸣镇纪委被评为县纪检监察工作先进集体。

1999 年，凤鸣镇狠抓违纪案件的查处力度，给予贪污公款 12819.5 元的仁慈村 3 社党员社长方永福开除党籍的处分，给予贪污敬老院救灾款 5000 元的镇民政办副主任以留党察看处分。灵石镇严格执行公务接待标准，节约招待费 5.7 万元。

2007 年，灵石镇在各村（社区）选配村级纪检委员 7 名和村级廉情监督员 3 名。

2012 年，凤鸣镇在各村（社区）设立村（居）务监督委员会，由 3~5 人组成，设主任 1 名，成员不得由村"两委"成员或亲属担任。

2013 年，遵照县委、县政府文件精神，凤鸣镇 7 村 9 社区先后组建了村（社区）廉情监督委员会。每个委员会配置主任 1 名，委员 2 名。

2014 年，凤鸣镇纪委"庸懒散浮拖"问题专项整治工作中负责典型案件查处，对不作为、不在状态的干部问责诫勉。

2015 年，凤鸣镇纪委与村（社区）签订党风廉政建设的责任书，将党风廉政建设和反腐败工作纳入经济社会发展目标，纳入对机关干部和村（社区）的年终考核，对于年终村（社区）评先选优实行党风廉政建设一票否决制度。

2018 年，凤鸣街道纪工委、监察室围绕"监督执纪问责""监督调查处置"主责主业开展工作。成立眉山市彭山区监察委员会派出凤鸣街道监察室，与街道纪工委合署办公，在 16 个村社区成立纪检小组，进一步畅通监督举报渠道，主动寻找发现党员违纪违规线索，做到有案必查。

2019 年，凤鸣街道纪工委对村（社区）"两委"、网格员开展"庸懒散浮拖"专项整治，对机关工作人员开展上班纪律检查。开展在编不在岗"吃空饷"问题、"圈子文化"和"带病提拔"专项整治。

2020 年 9 月 29 日，由凤鸣街道纪律检查工作组参与，对百日攻坚城南片区项目拟拆迁建筑物的面积进行现场抽检。12 月 17 日，由凤鸣街道纪律检查工作组参与，对凤鸣货币补助购买商品房项目购房者资格进行抽检。凤鸣货币补助购买商品房项目（第一批）涉及货币补助购房户共计 180 户 474.5 人，按照不低于 15% 的抽检比例，抽查组随机抽取 27 户为检查对象。抽查组检查了 27 户人员拆迁补偿协议、商品房安置单、购房合同，均符合货币补助购买商品房条件。

【巡视巡察】

2018年6月—7月，根据区委统一部署，区委第四巡察组对凤鸣街道进行了巡察。12月6日，区委第四巡察组在街道召开巡察反馈会，党工委书记作了表态性发言。对街道存在的8个问题整改情况进行公示，根据街道实际情况对巡察出的其他9个问题及整改情况不予公开公示，街道对存在的问题逐一制定了整改方案和措施。

2019年4月19日—6月28日，区委第二巡察组对凤鸣街道进行了集中巡察。9月24日，巡察组向凤鸣街道党工委反馈了2018年街道党工委未专题研究党风廉政建设工作、村（社区）项目实施程序不符、违规发放补助三个方面43个问题。街道制定整改措施48项，退回违规发放的资金52810元，通过谈话提醒、党纪处分等方式对14名相关责任人进行问责。

【监督执纪】

1999年，凤鸣镇按"从严治党"的方针，对镇机关、农村各1名违纪党员分别给予留党察看1年和开除党籍的处分，取消预备党员资格1名，除名4名。

2000年，凤鸣镇查处了4起党员违纪违法案件，并进行了严肃处理。

2001年，凤鸣镇依法开除2名严重违纪党员的党籍。

2002年，凤鸣镇严肃查处违纪党员，2人受到开除党籍处分。

2004年，灵石镇纪检信访7件，全部进行初核处理。

2015年，凤鸣镇调查处理12起党风廉政社会评价问题，出现问题立即整改，没有问题的加强宣传解释。对3名党员干部执行党内处分，对1名党员执行开除党籍处分，对1名事业干部执行行政处分。调查处理5起纪委信访件，对涉及的相关人员进行批评教育。对4名干部上班、开会脱岗情况全镇通报批评，对1名农业社干部进行廉政警示教育并提出书面批评。

2016年，凤鸣街道纪工委调查处理21起党风廉政社会评价问题，纪律处分7人，其中开除党籍6人。开展提醒谈话工作，制定《凤鸣镇机关及村（社区）干部提醒谈话制度》，谈话工作每2月开展1次。做到"三必谈"，信访反映集中的必谈，发现苗头性、倾向性问题的必谈，轻微违规违纪的必谈。9月—12月，街道党工委对机关和村（社区）干部进行提醒谈话800人次。党员干部思想认识由"浅"到"深"，精神状态由"懒"到"勤"，工作业绩由"虚"到"实"，生活作风由"奢"到"俭"，廉洁自律由"松"到"紧"。

2018年，凤鸣街道纪工委立案10件，结案率100%。

2019年，凤鸣街道纪工委对党员群众来电、来访、来信及时调查处理，常态监督公车管理使用、机关干部管理和机关食堂运行情况。

2020年，凤鸣街道纪工委立案6件，结案率100%。

【廉政教育】

1992年，在中共凤鸣镇第十次党员代表大会上，全会一致认为必须强化党风廉政教育。

1995年，凤鸣镇把党风廉政建设纳入党建目标。

2006年，凤鸣镇坚持每周1次机关干部党风廉政宣传教育和学习活动，组织6次集中学习，4次纪委班子成员专题学习。

2007年，凤鸣镇在农村、学校、社区、企业、机关、家庭印发廉政建设宣传资料4000份，开展廉政文化宣传，形成了廉政建设"大宣教"氛围。灵石镇组织干部参加市、县纪委组织的廉政建设知识竞赛，制作反腐败宣传标语14幅，专题板报24期，组织收看专题警示片2次，安排警示教育案例学习1次，参加人数200人次。

2012年，凤鸣镇开展廉政教育，促进党员干部廉洁勤政。召开反腐倡廉教育培训会3次，召集220名党员干部学习党章、《关于实行党风廉政建设责任制的规定》，认真落实"八个坚持、八个反对"，大力倡导"八个方面的良好风尚"。

2014年，凤鸣镇开展廉政教育讲座3次。

2015年，凤鸣镇组织机关干部、村（社区）"两委"干部400人次学习《中国共产党廉洁自律准则》《农村基层干部廉洁履行职责若干规定》《中国共产党纪律处分条例》《廉洁自律》《以案说纪》，观看警示教育片《国资之蠹》等专题电教片。

2019年，凤鸣街道组织机关干部、村（社区）书记、主任及会计到眉州监狱开展党风廉政警示教育活动。

【廉政建设】

1995年，凤鸣镇把党风廉政建设与党的民主生活会相结合，为群众办实事办好事。

1996年，凤鸣镇按照党风廉政建设"八不准"，纠正部门和行业不正之风，把治理道路乱收费，中小学乱收费和向农民乱收费、乱摊派作为重点。

1998年，凤鸣镇制定反腐败和党风廉政建设的意见。

1999年，凤鸣镇制定村（社区）财务管理制度和机关内部管理制度。

2001年，凤鸣镇严禁机关各部门私设小金库、小钱柜，坚持镇长一支笔审批制度。

2002年，凤鸣镇和中层干部签订党风廉政责任书，为中层以上干部建立廉政档案。

2004年，凤鸣镇严格预算支出，对领导干部公务接待实行货币管理定额制度，化解债务60万元。灵石镇将党风廉政建设工作的开展情况纳入年终目标考核，作为考核评定党委班子成员的业绩依据。

2005年，凤鸣镇对农村党员、干部和农民群众开展农村廉政文化建设。赠送100本廉政读物，制作13幅廉政标语，评选表彰一批勤廉双优基层干部，遵纪守法、邻里和睦、热爱集体的优秀农民。

2006年，凤鸣镇建立项目决策管理过程中相互制约的机制，以经费配置使用为重点，对决策、执行等重要环节进行改革，从源头预防和惩治腐败。

2007年，凤鸣镇对领导干部建立了廉洁从政档案。对村（社区）财务进行了2次集中清理整顿，制定基层党员干部行为规范和廉洁自律规范，菱角村、城东社区被镇党委评为基层党风廉政建设示范村（社区）。

2009年，凤鸣镇开展农村党风廉政建设工作专项检查活动。检查内容包括农村党风廉政建设基本工作情况，中央和省、市委强农惠农政策落实情况，农村集体资金资产资源管理情况，农村基层开展"勤廉双优"争创活动试点工作情况。

2012年，凤鸣镇把党风廉政建设工作纳入整体工作，与经济和中心工作同安排、同部署、同落实、同检查、同考核，对各村（社区）"两委"班子及其成员，镇直属各部门负责人及其班子成员实施百分制考核。

2013年，凤鸣镇对村（社区）的决策、"三资"管理、工程建设项目等实施监督。

2014年，凤鸣镇完善、建立《凤鸣镇工作制度》《凤鸣镇机关管理制度》等制度。实施党员干部个人公开承诺，公开承诺书内容为"我坚决遵守中纪委、中组部'5个严禁、11个不准'和省委组织部'三条规定'的纪律要求，坚决抵制各种不正之风，自觉接受监督，主动营造风清气正的环境"。

2015年，凤鸣镇创建廉政文化示范社区4个，对村（社区）日常事务、重大事项、财务管理等方面全程参与监督。

2016年，凤鸣街道建立党风廉政建设"六张清单"，实行台账式管理，全力构建惩防体系，完善反腐败制度建设，街道、村（社区）反腐败制度体系基本确立。

2018年，凤鸣街道召开案件办理汇报专题会5次，党风廉政建设专题会议4次。

2020年，凤鸣街道党工委落实主体责任，召开案件办理汇报专题会4次，党风廉政建设专题会议4次，党风廉政警示教育会2次。强化底线思维，让"不敢腐、不能腐、不想腐"成为干部共识。

【"四风"整治】

2013年7月31日，凤鸣镇党委召开扩大会，通报了中纪委和县纪委多起违反"八项规定"精神典型案件，决定暂停发放8项补贴范围，严格公车管理，规范公事接待。

2014年，凤鸣镇党委班子成员作出拒收红包礼金公开承诺13份。开展"大走访、解民忧"活动，累计走访干部群众880人次，查找问题179个，分层分类"梳辫子"，逐一对号"找位置"，班子认领"四风"问题35条、个人认领144条，落实整改问题171个。印发《差旅费报销管理制度》《公车使用管理制度》《公务接待管理制度》《机关食堂管理制度》4个制度。

2015年，凤鸣镇在便民大厅设置举报电话，调查处理12起党风廉政社会评价问题，乡镇干部365项负面清单和村（社区）党员干部80项负面清单全部公示，电话及二维码举报渠道全部公开。

2016 年，凤鸣街道加强作风效能建设。在改进学风会风、规范"三公"经费支出、吃拿卡要、收受会员卡、滥建楼堂馆所、收受红包礼金、从严管理干部等方面成效明显，公务接待费用明显下降，机关运行成本明显降低，干部作风明显改善、行政效能明显增强、群众满意度明显提高。机关各办公室设立岗位去向牌，劳保就业、民政残联、党群服务、卫生计生、社会事业等群众办事较多的业务部门安排 1 名工作人员到党群服务中心大厅集中办公，解决了群众"找人难、办事难"的问题。

2018 年，凤鸣街道加强作风建设，狠治"庸、懒、散、乱、浮"不良作风。坚持党要管党、从严治党，完善《机关干部请销假制度》《机关干部去向公示栏管理制度》等。

2019 年，凤鸣街道开展"一门多牌"整治工作，机关及社区共摘牌 200 个。着力整治宣传标语散滥问题，精简各类宣传标语 50 幅；着力整治微信公众号过多过滥问题，精简微信群 40 个；着力整治意见箱流于形式问题，取消意见箱 51 个；着力整治制度乱上墙问题，取消上墙的制度展板 160 个；着力整治文山会海问题，大力推行会议套开制度，精简会议 30 场次。开展"脱贫攻坚纪律作风保障年"活动。全面开展自查自纠，开展扶贫领域项目专项清理，开展扶贫领域形式主义、官僚主义专项整治。开展扶贫领域民生问题专项整改。以开展"不忘初心、牢记使命"主题教育活动为契机，建立贫困户民生诉求台账，真诚倾听民意、了解民情，收集包括土地租金、阵地建设、房屋漏水、帮扶措施等问题 76 个，街道成立了专门的整改工作小组，对所有问题进行核实，并对真实存在的问题进行立行立改。

2020 年，凤鸣街道对中秋、国庆期间干部作风专项督察发现问题进行督促整改，对存在的公车管理问题展开调查和核实。

眉山市彭山区人大常委会凤鸣街道工作委员会

【机构】

眉山市彭山区人大常委会凤鸣街道工作委员会（简称凤鸣街道人大工委）是区人大常委会的派出机构，在区人大常委会和街道党工委的领导下开展工作。

1992 年—2015 年，凤鸣镇历任人大主席团主席：周凤凰（1993 年—1998 年），章凤礼（1998 年 12 月—2008 年 8 月），彭杰（2008 年 8 月—2010 年 3 月），刘光平（2010 年 3 月—2011 年 6 月），孙奕飞（2011 年 6 月—2012 年 9 月），刘伟（2012 年 12 月—2015 年 7 月），张勇（2015 年 7 月—2016 年 10 月）。

2016 年—2020 年，凤鸣街道历任人大工委主任：张永峰（2016 年 11 月—2019 年 3 月），游翎瀚（2019 年 3 月任）。

【工作职责】

保证宪法、法律法规、区人民代表大会及其常务委员会的决议、决定在街道内的遵守和执行；对区人民政府在街道内派出机构的工作进行监督，协助区人民政府及街道推行各项工作；收集和反映人大代表和人民群众的建议、批评和意见；在区人民代表大会闭会期间，根据区人大常委会工作要点，制订工作计划，并组织实施；定期向区人大常委会汇报工作；宣传人民代表大会制度和人大代表先进事迹；联系本辖区内的人大代表，畅通民主渠道，组织代表培训和依法开展活动；根据代表的要求，安排代表联系走访选民，接待代表和人民群众来信来访；承办上级人大常委会交办的其他工作事项。

【人代会概况】

1954 年，凤鸣镇召开首届人民代表大会。截至 1992 年前，共召开 12 届人民代表大会。1992 年—2015 年，召开了第十三届至二十届人民代表大会。1990 年始设立人大主席团，为镇人民代表大会休会后的工作机构。2016 年，更名凤鸣街道后，成立了眉山市彭山区人大常委会凤鸣街道工作委员会。

【凤鸣镇第十三届人民代表大会】

按照《宪法》《地方组织法》的规定和法律赋予的责权，完成了代表的选举。划分选区 36 个，协商确定代表正式候选人 66 人，选出 65 人。1993 年 1 月 16 日—18 日召开凤鸣镇第十三届人民代表大会。应出席代表 65 人，实到代表 65 人，15 人列席会议。大会听取并审议了《政府工作报告》、人大主席团工作报告和《关于凤鸣镇 1992 年财政预算执行情况和 1993 年财政预算草案的审查报告》。听取了办理议案建议工作的报告。按照大会通过的选举办法，选出了人大主席团主席周凤凰，镇长邓策，副镇长王学全、帅益均、陈书琼（女）、陈云松。经到会代表认真审议、审查，按程序提交大会表决通过了《政府工作报告》《人大主席工作报告》《财政预算报告》等报告。

【凤鸣镇第十四届人民代表大会】

1995 年 12 月 18 日—20 日召开凤鸣镇第十四届人民代表大会。应出席代表 70 人，实到代表 70 人，列席会议代表 16 人。听取了关于办理议案建议工作的报告，22 件议案全部办理。按照大会通过的选举办法，选出了人大主席团主席周凤凰，镇长唐学建，副镇长王学全、帅益均、陈书琼（女）、陈云松。经到会代表认真审议、审查，按程序表决通过了《政府工作报告》《人大主席工作报告》《财政预算报告》等报告。

【凤鸣镇第十五届人民代表大会】

划分 36 个选区，协商确定代表正式候选人 63 人，选出 62 人。1998 年 12 月 10 日—12 日召开凤鸣镇第十五届人民代表大会。应出席代表 62 人，实到代表 62 人，列席会议代表 16 人。大会听取了关于办理议案建议工作的报告，对代表提出的建议批评意见共 32 件，除 1 件因涉及干部问题未结案处理外，办结 31 件。按照大会通过的选举办法，选出了人大主席团主席章凤礼，镇长叶云华，副镇长帅益均、陈书琼（女）、陈云松、李玉平、秦国华。经到会代表认真审议、审查，按程序表决通过了《政府工作报告》《人大主席工作报告》《财政预算报告》等报告。

【凤鸣镇第十六届人民代表大会】

2001年12月14日—16日召开凤鸣镇第十六届人民代表大会。应出席代表69人，实到代表69人，列席会议代表45人。大会听取了办理议案建议工作的报告，过去3年来，人大主席团共接到代表提案58件，经过落实办理，满意51件。经到会代表认真审议、审查，按程序表决通过了《政府工作报告》《人大主席工作报告》《财政预算报告》等报告。按照大会通过的选举办法，选出了人大主席团主席章凤礼，镇长张富学，副镇长帅益均、陈书琼（女）、陈云松、李玉平、秦国华、金惠茹（女）。

【凤鸣镇第十七届人民代表大会】

2003年3月7日—9日召开凤鸣镇第十七届人民代表大会。应出席代表65人，实到代表65人，列席会议42人。大会听取了关于办理议案建议工作报告，对代表提出的建议批评意见共32件，办结31件。按照大会通过的选举办法，选出人大主席团主席章凤礼，镇长胡水，副镇长帅益均、陈书琼（女）、陈云松、李玉平、秦国华、金惠茹（女）。

【凤鸣镇第十八届人民代表大会】

2006年9月9日—11日召开凤鸣镇第十八届人民代表大会。应出席代表76人，实到代表76人，列席会议43人。大会听取镇政府关于办理议案建议工作报告。人大主席团共接到代表提议56件，经过落实办理，满意51件。经到会代表认真审议、审查，按程序表决通过了《政府工作报告》《人大主席工作报告》《财政预算报告》等报告。按照大会通过的选举办法，选出了人大主席团主席章凤礼，镇长邓斌，副镇长李玉平、余冬梅（女）、李鸿海、曾国林。

【凤鸣镇第十九届人民代表大会】

2011年7月27日—29日召开凤鸣镇第十九届人民代表大会。应出席代表87人，实到代表87人，48人列席会议。大会听取镇政府关于办理议案建议工作的报告，第十八届人民代表大会的三次会议期间，代表提出的建议批评意见共33件，办结33件。经到会代表认真审议、审查，按程序表决通过了《政府工作报告》《人大主席工作报告》《财政预算报告》等报告。按照大会通过的选举办法，选出了人大主席团主席刘光平，镇长王太勇，副镇长谢有根、张勇、曾勇、尹净。

【眉山市彭山区凤鸣镇第二十届人民代表大会】

2015年4月28日—30日召开眉山市彭山区凤鸣镇第二十届人民代表大会。应出席代表86人，实到代表86人，46人列席会议。经到会代表认真审议、审查，按程序表决通过了《政府工作报告》《人大主席工作报告》《财政预算报告》等报告。按照大会通过的选举办法，选出了人大主席团主席刘伟，镇长张奇，副镇长谢有根、赵耀洲、曾勇。

眉山市彭山区人民政府凤鸣街道办事处

【机构】

眉山市彭山区人民政府凤鸣街道办事处（以下简称凤鸣街道办事处）是眉山市彭山区人民政府的派出机关，为正科级，依法履行相应的政府服务和管理职责。

【工作职责】

贯彻执行法律法规、规章和上级决策部署；统筹辖区发展，组织实施区域经济发展规划，推进区域经济发展，优化产业发展布局和营商环境，稳定居民收入，统筹推进乡村振兴战略和农业农村相关工作，负责辖区内经济社会统计工作；实施公共管理，参与国土空间规划编制并组织实施，促进城市有机更新，提升城镇化发展水平，统筹推进自然资源保护和开发利用，负责生态环境保护和污染防治相关工作，负责城乡环境综合治理；组织公共服务，依权限履行教育和体育、民政、人力资源和社会保障、文化、卫生健康、人口和计划生育、退役军人事务、医疗保险等方面职责，组织开展爱国卫生运动，负责政务服务平台建设，协助负责兵役和民兵工作；维护公共安全。负责社会治安综合治理、平安建设、信访维稳、矛盾纠纷多元调处化解、应急管理、食品药品安全、消防安全、安全生产、森林防火等工作，维护辖区社会稳定，协助负责抗旱救灾、动物防疫等工作，统筹协调综合行政执法力量，负责网格化服务管理和信息平台建设；指导社区自治，指导村（居）民委员会和业主委员会工作，组织城乡社区协商，推进社区建设与社区治理。

【村（居）务公开】

1999年9月1日，彭山县召开全县乡镇政务公开现场会，与会人员参观了灵石镇政务公开栏、平乐村村务公开栏和平乐村2组的组务公开栏。

2002年，灵石镇村（居）务公开达到100%。

2003年，灵石镇加强镇、村、社务公开，公开率100%。

2012年，凤鸣镇抓好农村"三级"公开，村务公开栏规范了党务、政务、事务、财务、服务五大内容。

2018年，凤鸣街道村（居）务公开包括政务公开、事务公开、决策公开、财务公开、服务公开、监督公开等内容。

2020年，凤鸣街道规范村（居）务公开工作，按照"四统一"（标准统一、样式统一、内容统一、要求统一）要求，实现制作标准、公开内容、维护管理规范目标。

【网格工作】

2012年，凤鸣镇对城区环境实现网格化管理。

2013年，凤鸣镇网格化服务管理中心成立。通过公开招考、网格员遴选、优化、招聘 95 人为网格员。对全镇 36336 户、101583 名居民和流动人口 11406 人实施网格化服务。网格员负责开展社情民意收集、矛盾纠纷调处、关爱弱势群体、政策法规宣传、民生事务代办、重大事件报告、社会治安防范、政务服务"上门办"、违法搭建排查、环境保护巡查、安全生产隐患排查等工作。

2014 年，凤鸣镇制定《凤鸣镇网格员服务队直接联系服务群众工作方案》。在现行行政区划框架下，社区每 300~400 户划分为 1 个网格，农村每个村民小组划分为 1 个网格，每个网格配备 1 名（或多名）网格员，网格员由村组干部兼任。对 16 个村（社区）完善网格化服务管理体系，成立镇网格服务管理中心和社区网格服务管理站，聘请 112 名网格管理员。全年信息平台共采集信息 10 万条，办理业务 5748 件，上报并解决问题 1824 件，及时帮助群众解决实际困难。

2015 年，凤鸣镇有 7 名网格员被评为市级优秀，13 名网格员被评为县级优秀。完成全区网格员的大比武、网格外宣、网格对接职能部门、网格员的考核等工作，名列全区第一。通过市委政法委年终检查验收和市综治办、区网管中心对重点工作的检查及对各网格的暗访抽查，成绩居全区第一。16 个村（社区）完成流动人口的网上申报、手机上传信息 5816 条，吸毒人员信息录入 280 条，精神病人员信息录入 529 条，社区矫正和刑释人员信息 975 条，治安隐患排查上报信息 164 条。网格事件处置总计 21159 件，其中，社区情况民意收集 1480 件，民生服务事件 9673 件，矛盾调解事件 665 件，参与治安防控 1484 件，特殊人群服务 256 件，政策法规宣传 2186 件，突发事件处置 212 起，解决其他网格事件 5203 件。

2016 年，凤鸣街道加强网格化管理工作，把人、地、物、事、组织等内容全部纳入其中，实施精细化、信息化、动态化社会服务管理，通过对重点人员的动态监测、对重点区域或设施的实时监控。对隐患矛盾的及时化解，有效实现社会服务"零距离"、社会管理"全覆盖"、居民诉求"全响应"。

2018 年，凤鸣街道在"双创"活动中探索建立纵向到底的"社区—网格区—街道"三级管理机制，每名班子成员包一个社区，每组机关部门包一个网格区，每名党员包一个街道，让创建的每个角落有片区长、网格长、街道长，实现了专人负责。网格长当好区域"总管"，组织辖区网格员和其他机关干部等参与交通疏导、矛盾排查、街面整洁、文明劝导等活动；街道长做好"包街"巡查，及时发现和整改有关问题。街道 15 名班子成员联系创建 10 个村（社区），89 个网格区域都有党员干部担任网格长，每条街道小巷都有一个街道长，并组建了机关和社区党员攻坚队伍。

2019 年，凤鸣街道开展"三创"宣传活动、政务服务"上门办"、环境保护巡查、违法建筑排查、"扫黑除恶"巡查、安全隐患排查、关爱弱势群体、参与信访维稳、矛盾纠纷调解等网格化服务工作。

2020 年，凤鸣街道创新网格化办事流程，利用网格化政务服务融合平台，实现群众办事"面对面"到"键对键"的转变。以古城北路、龙潭路为界，分为凤鸣、观音两个管理辖区，把城区 341 条主次干道、背街小巷细化为 10 个管理网格，每个网格配备 5~8 名网格管理员，每名网格管理员管理 3~5 条街道，并建立"三长"（网格督查长、网格中队长、网格组组长）和"三员"（市容巡查员、环卫监督员、卫生管理员）定人、定岗、定责的网格工作机制。

【便民服务】

2007 年，凤鸣镇成立便民服务中心、群众工作办、惠民行动中心等，印发《便民服务手册》1.05 万份。灵石镇党委成员每人联系 1 个村、2 户贫困党员、3 户困难群众，机关党员干部每人帮扶 1~2 位贫困党员。

2011 年，凤鸣镇组织综合服务队、党员志愿者服务队学习推广文建明工作法向村（社区）延伸等形式，为办事群众提供"一站式"服务。

2012 年，凤鸣镇推进干部直接联系服务群众工作。深化"三定两保证、党群一条心"活动，组织全镇公务员和事业干部中的党员回所居住的社区报到，参加社区的党员志愿服务队活动；组织全镇公务员和事业干部到所驻村（社区）定点联系有影响力群众、困难群众或者致富带头人等，推动干部到基层、接地气、解民忧。新建 17 个"两代表一委员"工作站，平均每个工作站有县级以上代表 6 个，联系基层单位 2 个，结对联系群众 30 户，公务员和事业干部中的党员回社区报到 30 人，协助 10 个市、县单位与 326 户群众结亲戚。为有劳动能力的联系户提供资金、技术等支持，保证其可持续发展；为无劳动能力的联系户提供救济性帮扶政策，确保脱离贫困线。结对帮扶户平均增收 2000 元。

2013 年，凤鸣镇做好全县科级干部结对的 56 名困难群众帮扶协调，发放联系卡 32 份。

2014 年，凤鸣镇围绕队伍全域组建、服务全域覆盖、和谐全域提升、小康全域推进"四个全域"目标，组建党员先锋服务队、基层便民专业化服务队、社会志愿者服务队、村（社区）网格员服务队"四支队伍"，全方位、常态化开展便民利民惠民服务。

2015 年，凤鸣镇推进党代表编组联系服务党员群众工作。每名党代表要在联系的村（社区）联系 3 名以上普通党员、5 户以上群众（困难群众不少于 1 名）。

2016 年，凤鸣街道投入资金 84 万元建成标准化党群服务中心大厅，开设集劳保就业、民政残联、党群服务、卫生计生、社会事业 5 个服务窗口。

2018 年，凤鸣街道率先在全区 13 个乡镇（街道）中完成便民中心标准化建设工作，优化服务环境、简化办事流程，向群众提供"一门式、一站式、一网式"综合服务。

2020 年，凤鸣街道推进"互联网+政务服务"和"审批不见面、最多跑一次"改革，90% 的申请审批事项实现网上接件。街道设有便民服务中心、各村（社区）设有便民服务站，提倡"全科社工、全能服务"模式，基本实现"一窗"通办。具体事项采取网上预约办、中心自助办、网格员代办三种方式相结合，基本实现"一号一窗一网一门"通办，群众办事"不多跑"，所有事项"就近办"。

【移民安置】

2006年，为支援国家重点建设，凤鸣镇对汉源县瀑布沟水电站工程进行移民安置，集中在菱角村3社、4社、5社、6社4个安置点上。集中修建移民住宅45套，安置汉源瀑布沟水电站移民45户168人。凤鸣镇党委、政府在移民未进家就做了帮扶先上门的精心安排，于7月21日前把"帮扶牌"挂在了每户移民的家门口，醒目地明示负责帮扶的镇村社责任人和联系方式，并将帮扶职责任务细化为房改、水电、户籍、车籍、就读、就业、生产、基建、医保、维稳等多个岗位，指定专人具体落实。镇党委、政府对接待车辆、欢迎仪式、道路交通、财物搬迁、生活安排、临时茅厕等环节，逐一细化到岗到人到点，还邀城东社区和凤鸣小学业余宣传队，为移民表演了一场文艺节目。2012年为瀑电移民解决子女就学、房屋漏水、生活用水、沼气池建设、生产和生活上的困难等具体问题150件。

彭山区凤鸣街道人民武装部

【机构】

凤鸣街道人民武装部是负责管理本辖区兵役及民兵武装的常设机构，接受街道党工委、办事处和区人民武装部的双重领导。1962年，成立彭山县城关镇（凤鸣镇前身）人民武装部。1966年—1974年，城关镇配专职武装干部，1975年复配。1981年，城关镇恢复凤鸣镇名称后，凤鸣镇武装部一直是凤鸣镇专职常设机构。1992年—2020年，武装部长先后由汪盛强、江康明、秦德权、刘跃、孙奕飞、谢友根、张永峰、赵耀洲、徐宁、陈兵担任。

【工作职责】

在凤鸣街道党工委、办事处和上级武装部的领导下，负责本单位的民兵组织建设、政治教育、军事训练、武器装备管理；组织带领民兵完成战备执勤任务，配合公安机关维护社会治安；发动和组织民兵参加经济社会建设，完成急难险重任务；负责组织实施战时兵员动员、支援保障作战和保卫后方等任务；负责本区域的兵役工作和预备役人员的登记、统计工作；会同有关部门进行国防动员潜力调查，做好国防动员准备工作；协助有关部门开展国防教育、退伍军人安置和军烈属优抚等工作；协助军队做好本区域的军事设施保护工作；协助区人防办做好辖区人民防空等工作。

【国防教育】

认真贯彻《四川省国防教育条例》。每年建军节、秋冬季征兵等时间节点均要召开多种形式的座谈会、专题知识讲座；利用广播、横幅、标语、板报等广泛宣传加强国防建设的教育，号召广大青年积极踊跃报名参军，积极献身国防事业，为国防建设作出贡献。同时配合辖区学校每学期对学生进行《兵役法》的宣传教育，聘请现役军人或退伍军人到校对学生进行初级军训，使学生从小树立国防教育观念，为国防建设和打赢未来现代化战争打下坚实的基础。2020年，开展民兵国防知识教育和政治教育。以党的十九大精神和习近平强军思想为指导，着眼打牢民兵听党指挥、能打胜仗、作风优良的政治思想基础，深入开展职能使命、形势战备、战斗精神教育、人民战争思想、履行国防义务为主要内容的国防知识教育，为履行应急应战任务提供强大精神动力。结合民兵整组、军事训练和执行任务等时机，组织民兵进行经常性教育，民兵干部和基干民兵的思想政治教育时间每年不少于16课时，受教育面不低于85%。民兵集中进行军事训练期间，思想政治教育不少于训练总时间的10%。

【征兵工作】

1999年，凤鸣镇为部队输送合格兵66名；灵石镇适龄青年踊跃报名，参加初查人员40名，优选9名合格战士入伍。2000年，灵石镇为部队输送了9名合格战士。2002年，凤鸣镇为部队输送了13名合格新兵。2003年，凤鸣镇为部队输送了55名合格新兵；灵石镇为部队输送了16名合格新兵。2004年，凤鸣镇为部队输送了35名合格新兵；灵石镇为部队输送了6名合格新兵。2005年，灵石镇为部队输送了9名合格新兵。2006年，凤鸣镇为部队输送了42名合格新兵。2013年—2018年，凤鸣镇（街道）分别为部队输送了34名、38名、34名、27名、15名、26名合格新兵。

2015年，凤鸣镇开展兵役登记工作，凡户籍在凤鸣镇，截至2015年12月31日，年满18周岁，初中学历不超过20周岁，高中（中职）毕业不超过21周岁、高职毕业不超过23周岁、本科及以上学历毕业不超过24周岁的男性公民，均须进行兵役登记，本人自愿应征，年满17周岁的应届高中毕业生也可以进行兵役登记。

2019年，凤鸣街道完成316名年满18周岁青年的兵役登记，登记率100%。组织体检上站55人，政审18人，走兵15人。

2020年，凤鸣街道增强廉洁征兵教育，为国防建设输送优质兵源。强化征兵动员力度，设立征兵宣传架，针对大学生进行了一对一、点对点的宣传动员。完成284名年满18周岁青年的兵役登记，登记率100%。共应征报名85人，大学本科生7人，专科生38人，中专33人，初中7人，体检、政审合格35人，向部队输送兵员18人。

【拥军优属】

凤鸣镇（街道）常态化开展拥军优属活动，每年召开"八一"建军节茶话会，对立功受奖的优秀士兵进行表彰奖励。

1997年，凤鸣镇获得乐山市政府、乐山军分区授予"拥军优属"模范乡镇称号。

1999年，"春节""八一"期间凤鸣镇对县武警中队、县人武部、县消防大队和凤鸣派出所全体官兵进行了慰问，足额兑现了城镇、农村义务兵优待金。

2000年，凤鸣镇有驻军3个（武警中队、县人武部、县消防大队），老复员军人90名，伤残退伍军人8名，现役军人550人。及时调整拥军优属领导小组，由镇长任组长。领导小组下设办公室，由民政办主任兼任拥军优属办公室主任，并每年落实5000~10000元的拥军优属活动经费。各村、街道也建立和完善拥军优属服务组织，落实了双拥工作兼职人员，村、街道建立以支书为组长，主任为副组长，民兵连长、治保主任、民政组长、团支部书记、妇女主任为成员的拥军优属服务小组。岷江路、西街分别与县武警中队、县人武部结成对子，开展了军（警）民共建社会主义精神文明一条街活动，并签订共建协议，通过共建使西街、岷江路成为县级文明街道。驻军部队出动了300人次为街道清除卫生死角15处，慰问街道60岁以上的老党员60人，为街道训练治安巡逻队员30人，街道慰问部队6次，发动居民为驻地官兵纳垫底60双，自编自演为部队慰问演出4场次。部队为街道上国防教育课4场次，开展军民联谊活动4次。

2012年，凤鸣街道荣获"眉山市双拥模范乡镇"称号。

2018年，凤鸣街道有优抚对象495人，完成退役军人信息系统录入3515人。

2019年，凤鸣街道为辖区内3300名退役军人悬挂了"光荣军属牌"，发放100元"八一"慰问金。为25名家庭特别困难的退役军人按600元/人的标准发放了春节慰问金，为315名军人完成了社保接续。凤鸣街道获得"四川省2019年度拥军优属先进集体"称号。

2020年，凤鸣街道注重服务保障，做好拥军优属。专项投入经费保障，开展了退役军人服务站标准化建设，并通过了省级验收。"八一"建军节慰问退役军人2547人，"春节"慰问退役军人25人，"抗美援朝战争胜利70周年"慰问抗美援朝老兵52人。凤鸣街道办事处获得"四川省拥军优属先进单位"称号。

【民兵工作】

1992年—2020年，凤鸣镇（街道）成立民兵应急分队，由武装部部长任队长，负责镇内大型活动执勤，集镇治安巡逻，急难险重任务的处置和救灾救援、森林防火工作。

1992年，凤鸣镇有24个普通民兵连，有普通民兵近2000人。2002年，灵石镇有基干民兵76人，普通民兵998人；民兵组织中退伍军人55人，其中基干民兵中有51人，普通民兵4人；有8个民兵连、35个民兵排；有应急分队1个，队员10人，其中有中共党员8人，共青团员1人，高中学历5人，大专以上文化程度5人；有地专人员30人，主要从事汽车驾驶等专业；建立了8支护线专业队伍。2003年前，凤鸣镇基干民兵的训练由镇武装部组织进行，从2003年开始，为减轻群众负担和提高民兵训练素质，改由县人民武装部集中训练。

2011年，凤鸣镇有基干民兵连1个，计有150人，分队4个，其中供水保障分队

40 人，电力保通分队 40 人，卫生防疫分队 40 人，防化救援分队 30 人。应急重点分队 1 个 30 人，应急通信分队 1 个 40 人，负责镇内大型活动执勤、急难险重处置和防洪抢险、救灾救援工作。2012 年，凤鸣镇武装部认真落实民兵整组工作部署，完成民兵整组任务。获得"四川省民兵工作先进单位"和县人民政府、县人民武装部"民兵整组先进单位"称号。

2019 年，凤鸣街道开展民兵整组工作，民兵总人数约 4200 人，其中基干民兵 178 人。彭山区民兵应急连拉动作为国防动员部检查的重要内容，拉动 5 次，到点率 90% 以上。在公园山进行为期 3 天的民兵军事训练，在项目进场、森林灭火等重大任务中出动民兵 5 次 100 人。

2020 年，按照民兵组织整顿工作要求，凤鸣街道民兵应急排预建了党小组，基干民兵连建了党支部，编齐配强了 30 人的民兵应急排，28 人的公路护路连，20 人的特种车辆维修排，8 人的法理斗争班，全年参加区级应急民兵拉动点验 5 次，到点率均在 80% 以上。组织民兵开展集训，在集训中突出抓政治教育、思想教育以及军事和专业技能等训练工作；组织开展训练、演练 6 次，参训、参演民兵 150 人次，街道办民兵应急排 30 名民兵参训率达 100%；出动民兵 12 次，551 人次，参与疫情防控、抗洪抢险、维稳处突等方面工作。通过民兵整组，民兵总人数 4160 人，其中基干民兵 160 人。1 月，组织民兵应急排在岷江大桥停车场组织应急拉动演练 1 次；4 月，组织民兵参加森林防火、防洪抢险演练 1 次，30 人次。疫情期间疫情防控出动民兵 70 人次。

群众团体

【工会】

眉山市彭山区凤鸣街道总工会是在区总工会和凤鸣街道党工委领导下的工会组织，依据《工会法》和《中国工会章程》独立自主开展工作。负责辖区内企事业单位组建工会、发展会员工作；依法维护职工合法权益，协调处理劳动争议；做好职工帮扶救济工作，指导基层工会推动职工福利事业的发展；负责辖区内工会经费和工会资产的管理、审查、审计工作，做好工会经费收缴工作；指导基层工会加强组织建设，职工之家建设，协管和培训基层工会干部；负责指导区域内职工文化体育活动，协助做好劳模先进的推荐评选工作。

凤鸣镇 1992 年前未建工会。2005 年 6 月 20 日，经彭山县总工会批准建立彭山县凤鸣镇总工会。灵石镇新建了总工会，召开了成立大会，选举产生第一届工会委员、主席，完善了工会组织。2006 年，凤鸣镇支持工会为会员办理了会员证，组织会员开展"比技能、比贡献"活动。

2010 年，凤鸣镇在工会组织中开展"岗位竞赛比贡献，争当一流展风采"主题活动。2011 年 4 月 26 日，召开辖区内各企业组建工会筹备会议，依据《工会章程》先后组建了凤鸣镇机关、学校、卫生院、企业、社区、农村联会等工会 34 个。2012 年，新建工会 18 个；组织协调全镇 118 个非公企业，其中规模企业 24 个与工会进行了工资集体协商。2013 年，对 93 个新增企业按县总工会要求分别单独建会和建立联合工会；全面完成企业工资集体协商任务，签订区域工资集体协商 8 个，包含企业 208 个，覆盖职工人数 1477 人，签订单独工资集体协商 31 个，包含企业 31 个，覆盖职工 3369 人；建立贫困职工档案 1028 人，生活救助 127 人，发放资金 6.65 万元，医疗救助 10 人，发放资金 2.2 万元，资助贫困职工子女上学 75 人，发放资金 4.5 万元。

2015 年，凤鸣镇完成辖区内 258 家企业的工资集体协商，覆盖职工 4306 人；新增农民工入会 706 人，协助区工会建立物业、物流、快递行业工会；完成区总工会困难帮扶救助任务，完成央财资金生活救助 48 人，医疗救助 15 人，区总工会资金生活救助 100 人。

2016 年 5 月 30 日，凤鸣镇总工会召开工会会议，选举岳群为凤鸣镇总工会副主席。是年 11 月，镇改街道更名为凤鸣街道总工会。凤鸣街道将工会工作纳入党建范畴，由街道党工委副书记兼任工会主席，配备专职副主席 1 名，设工会专干 1 名。吸纳了 721 名农民工入会，新增双漩区域基层联合工会、三鑫彩印包装工会、仁和源印务有限公司工会 3 个工会组织，新发展会员 96 人。工资集体协商 100 人以上企业单签 6 家，覆盖职工 1388 人，100 人以下企业单签 17 家，覆盖职工 616 人，区域工资集体协商覆盖企业 220 家，覆盖职工 1274 人。向上争取中央、省财政资金和区总工会资金共计 18.5 万元，为 178 名职工提供了医疗救助和生活救助。

2017 年，凤鸣街道工会签订工资集体协商协议 32 份，覆盖企业 243 个，覆盖职工 3498 人。其中 100 人以上企业单签 6 份、100 人以下企业单签 17 份、区域工资集体协商 9 份，覆盖企业 220 个。辖区内共有基层工会单位 32 个，其中企业单独建会 23 个，社区基层联合工会 9 个。

2018 年，凤鸣街道党工委给予工会经费补助 15.59 万元，用于弥补职工集体福利、职工活动等方面的支出。2019 年，开展工资集体协商，建会企业集体协商达 100%。开展春送岗位、夏送清凉、金秋助学、冬送温暖"四送"活动。2020 年，凤鸣街道党工委补助工会经费 20 万元，开展"四送"活动、职工维权、工资集体协商等常规性工会工作。

【共青团】

中国共产主义青年团眉山市彭山区凤鸣街道工作委员会（简称凤鸣街道团工委），是中国共产主义青年团彭山区委员会的派出机关，接受团区委和街道党工委的领导，主要负责指导和协调本区域团的工作。其主要职责是：做好青少年思想政治引领，宣传和贯彻党的各项方针政策，推荐优秀团员作为党的发展对象，为党培养社会主义建设者和接班人；掌握团员、青年的思想情况，开展思想政治教育工作；结合街道工作实际，制定团的工作计划和活动方案；负责团员发展、团组织关系转接、团内奖惩、团费收缴管理等工作；落实中长期青年发展规划实施工作，广泛联系青年，组织开展学习教育、创业就业、志愿服务、文化生活、维护权益等青年服务项目，服务青年需求、解决青年困难。

1992年—2020年，在"雷锋活动日""植树节""五四青年节""端午节""六一儿童节""重阳节""春节"等节假日期间，对留守儿童、贫困学生、孤寡老人、残疾人员开展关爱帮扶活动，开展"大手拉小手活动"，有效联系了青年。

1991年，凤鸣镇团委下辖团总支1个，团支部9个，有团员121人。

1992年，灵石镇团委在团员、青年中，开展"星火带头人"活动，组织团员开展文艺表演、"学雷锋树新风"等活动，年终评选出优秀团员16名，先进团支部1个。

1993年，召开中国共产主义青年团凤鸣镇第十一次代表大会，选举产生了第十一届委员会。此后，依"章程"分别召开团员代表大会，选举产生了十二届、十三届、十四届、十五届、十六届、十七届委员会。

1997年，凤鸣镇团委春节期间对县武警中队、敬老院进行慰问。3月，组织学雷锋志愿者活动，组织义务植树活动；"五四"青年节，组织创二星级文明卫生城市宣传队，深入街巷、院坝、居民户宣传创二星的意义；"七一"期间组织"迎回归庆七一"知识竞赛。灵石镇有8名优秀团员被吸收为预备党员，6名适龄青年应征入伍。

2000年，凤鸣镇团委开展"双争双创""学雷锋，树新风""计生帮扶""帮户助耕""农村技术实用培训"等活动，带动青年致富。灵石镇团委完成了换届选举。

2006年，凤鸣镇团委按照党建带团建的要求，顺利进行镇团委换届选举，举办培训青年入党积极分子3期130人次。

2008年—2010年，凤鸣镇有800名青年团员参加"312植树节""五四运动纪念日""关爱留守儿童""城乡环境综合治理"活动；为党组织培养和输送的48名优秀团干和"两新"组织优秀青年光荣地加入了中国共产党。

2011年，凤鸣镇团委优化村（社区）团委班子结构，团委成员中35岁以下的9名；配备女干部7名；开展"十百千活动"，统筹安排10个团支部，集结100名共青团员，定期关爱帮扶社会弱势群体1000人次。在16个村（社区）团支部中，有13名团干部和16名"两新"组织青年被推荐入党，其中10名加入了中国共产党。建立非公有制经济组织团支部9个，驻外团支部2个。

2012年6月1日，凤鸣镇团委开展"诵读弟子规，过特别的六一"活动。

2014年，凤鸣镇团委获县团委年度综合考评一等奖和"先进团队组织"称号。

2015年，凤鸣镇团委下设团支部17个，团员1472人，占全镇青年的35%。

2019年，凤鸣街道团工委开展以"争做新时代好队员"为主题的少先队活动，开展"青春学雷锋，建功新时代"主题活动，开展"青春心向党，建功新时代"纪念

"五四"运动100周年特别主题团日活动。

2020年，凤鸣街道团工委组织团员青年志愿者参与疫情防控。

【妇女联合会】

1950年，凤鸣镇组建妇女代表会，后更名彭山县城关镇妇女联合会。1981年，正式更名为彭山县凤鸣镇妇女联合会后，一直是凤鸣镇妇女组织的常设机构。2016年，更名为眉山市彭山区凤鸣街道妇女联合会（简称妇联），在街道党工委和上级妇联的领导下，依据《中华全国妇女联合会章程》开展工作，是街道党工委、办事处联系妇女群众的纽带。其职能是组织妇女、引导妇女、服务妇女、维护妇女合法权益；教育引导妇女树立自尊、自信、自立、自强的精神；组织开展文明家庭创建，支持服务家庭教育，树立良好家风。

1991年，凤鸣镇妇联有妇代会11个，妇代小组76个。

1992年，凤鸣镇共评选"五好家庭"（政治思想好、生产工作好，家庭和睦、尊敬老人好，教育子女、计划生育好，移风易俗、勤俭持家好，邻里团结、文明礼貌好）户3600户。

1993年，凤鸣镇开展以"家庭文化建设"为主要内容的"五好家庭"评选活动。评选出"遵纪守法户"8600户，"五好家庭户"3800户，"双文明户"1800户。开展"双学双赛"（学文化、学技术，赛成绩、赛贡献）和"巾帼建功"（岗位建功、岗位成才）活动。举办鸡、鸭、鹅、兔、节能型养猪等实用技术培训班8期，参加学习的妇女达620人次，参赛妇女人均增收120元。维护妇女儿童合法权益，组织学习《妇女权益保障法》，利用有线广播，开广播会4次，办专栏4期，大小标语120幅；配合有关部门，参与打击拐卖妇女儿童犯罪活动；加强维护妇女儿童合法权益，共处理来信来访4件。组织资金5000元，在县农技中心创办"凤鸣幼儿园"，共招收2个班，70名幼儿。评选先进妇代会6个、先进妇女干部8名。镇妇联被县妇联评为"三八红旗集体"，被县妇联评为"学赛标兵"1人、"五好家庭户"1户。灵石镇妇联开展"双学双赛"争当"三八红旗手"等活动，参赛户869户，评出"三八红旗手"48人。

1993年12月15日，凤鸣镇召开第六届妇女代表大会，镇妇联主席夏梅焰作了《全镇妇女团结起来，为振兴凤鸣经济而努力奋斗》的工作报告，依《中华全国妇女联合会章程》选举产生了凤鸣镇第六届妇女联合会和出席彭山县第九次妇女代表大会25名代表。对全镇24个妇代会进行了充实调整。此后，分别召开妇代会，依章程选举产生了凤鸣镇第七至十四届委员会。

1996年6月12日，凤鸣镇妇联召开表彰大会，评选表彰先进妇代会6个，先进妇女干部6个。

2000年，灵石镇妇联进一步深化"双学双赛"和"五好文明家庭"创建活动。

2004年4月，凤鸣镇召开第八届妇女代表大会。参会正式代表48名，其中，农村代表 21 名、社区 12 名、企业 5 名，机关、学校、医院 10 名，产生出席县第十一次妇女代表大会的代表 12 名。

2006 年，凤鸣镇妇联开展"双学双比"和"五好家庭"创建活动；在菱角村开展妇女儿童"两纲两法"试点实施，受到省、市表彰。4 月 19 日，市妇联和县妇联到新农村建设联系的凤鸣镇菱角村开展送技术、送服务活动。

2011 年，凤鸣镇妇联为有意创业的妇女落实小额担保贷款财政贴息政策；以"三八"妇女维权周"法制宣传日""科技三下乡"等宣传活动为契机，广泛开展普法宣传和维权服务；开展"妇女之家""中国志愿者服务活动"等妇联建设活动，推动妇联工作；开展"城乡环保综合治理进家庭""贫困母亲救助行动""基层组织建设工作""两纲工作""儿童工作"等创先争优活动，获县妇联年度目标考核一等奖。

2014 年 11 月 19 日，凤鸣镇城中社区巾帼志愿者到省妇联参加母亲课堂幸福家庭讲座培训。

2015 年，凤鸣镇妇联下辖 4 个妇女委员会、18 个妇女联合会。

2016 年，凤鸣街道开展农村妇女"两癌"免费筛查救助，救助 2 名乳腺癌、2 名宫颈癌患者。

2017 年 11 月 30 日，凤鸣街道召开妇联第一届换届选举工作大会，选举产生执行委员会委员 29 名，其中，主席 1 名、专职副主席 1 名、兼职副主席 8 名。开展"贫困母亲救助"行动，慰问贫困母亲 5 名，每人发放慰问金 600 元。

2018 年，凤鸣街道妇联开展家长学校建设。7 个社区建立家长学校，每年开展活动。慰问贫困母亲 6 名，每人发放慰问金 500 元。

2019 年，凤鸣街道妇联实施"关爱女性保障计划"，为妇女人才成长成才搭建平台。慰问贫困母亲 5 名，每人发放慰问金 500 元。开展职业技能培训和竞赛，提升女性就业能力；建立健全妇女人才库，完善妇女人才培养推荐制度。

【关心下一代工作委员会】

眉山市彭山区凤鸣街道关心下一代工作委员会（简称凤鸣街道关工委）是以热心关心下一代工作的离退休老同志为主体、党政有关部门和群团组织负责人参加的，以关心、教育、培养青少年健康成长为目的的群众性工作组织，是街道党工委和办事处联系青少年的桥梁和纽带。每年党委政府坚持召开 1~2 次专题会议，研究关心下一代工作。各村（社区）关工委有牌子、有办公地点、有兼职工作人员、有活动经费、有档案材料。

1992 年，凤鸣镇建立关工委，由镇团委牵头做关工委工作。

2009 年，凤鸣镇关工委获得眉山市 2009 年关心下一代工作先进单位称号。

2010 年，凤鸣镇关工委筹集落实资金 3 万元，先后帮扶残疾儿童 2 人，看望慰问贫困母亲 3 人；落实"五老"对象、机关和村（社区）干部"一对一"或"二帮一"结对帮扶留守儿童 70 人；组织开展保护妇女儿童法规宣教活动 5 场，免费组织未成年视力检查 394 人。获得 2010 年度眉山市关心下一代工作先进集体称号。

2011 年，凤鸣镇调整关工委领导小组。组建"五老"人员、团员青年 100 人组成的未成年志愿者帮扶队，帮扶困难学生 30 人；"五老"网吧监督队监督举报向未成年开放网吧、向未成年出售香烟等问题 10 起，共开展"绿色网吧"行动 18 次，劝导未成年人 36 人次。开展"关爱儿童进校园""珍惜生命、享受平安""学党史、颂党恩、跟党走"等活动 12 场，发放"陈志忠青少年成才基金" 7600 元，资助贫困学生 7 名。

2012 年，凤鸣镇开展"六好"（党政重视支持好、相关部门配合好、组织队伍建设好、服务青少年效果好、制度健全执行好、积极探索创新好）关工委创建工作，通过"六好"关工委验收。

2013 年，凤鸣镇被评为眉山市首批"六好"基层关工委。完成关工委专项基金募集，凤鸣镇捐款 1 万元，组织 18 名青少年参加夏令营活动，发放"陈志忠助学金" 4800 元，资助 5 人。

2019 年，彭山区关工委开展表扬好家风家庭活动，凤鸣街道获得好家风家庭 12 个。

2020 年，在教育部关心下一代工作委员会开展的"新时代好少年，美好生活劳动创造"主题教育读书活动中，彭山区第四小学获得先进集体称号，倪萍老师获得先进个人。

≪≪≪ 法 治 ≫≫≫

1992 年—2020 年，凤鸣镇（街道）围绕创建平安凤鸣，全方位推进社会矛盾化解和法治凤鸣建设。

司法所

【机构】

眉山市彭山区凤鸣街道司法所是区司法局在街道的派出机构，成立于 2006 年，位于凤鸣街道凯旋街 151 号，占地面积 400 平方米，设有社区矫正室、人民调解室、接待咨询室等。下设 6 个村级调解委员会，2 个社区调解委员会。

【工作职责】

司法所主要负责社区矫正对象管理、调解、法治宣传等工作。如：指导管理基层法律服务工作；指导开展人民调解工作；协调有关部门和单位开展对刑释人员的安置帮教工作；组织开展法治宣传教育工作；协助街道办事处处理社会矛盾纠纷；组织开展基层依法治理工作，为街道办事处依法行政、依法管理提供法律意见和建议；参与社会治安综合治理工作；完成上级司法行政机关和街道办事处交办的维护社会稳定的有关工作。

【安置帮教】

1996 年，凤鸣镇有帮教对象 30 人（不含城区），全部落实专人帮教。建帮教小组 30 个，帮教力量 81 人，刑释、解教人员无重新犯罪。

1998 年，灵石镇有帮教对象 46 人，"两劳"人员 9 名。

2003 年，凤鸣镇对 108 名帮教对象，落实了"三包一"的帮教小组。

2004 年，凤鸣镇对 12 名帮教对象"三包一"，帮教组织落实成员 24 名；灵石镇做好辖区内"两劳"释放人员的登记造册与过渡性的帮助、教育工作，尽力预防和减少"两劳"人员再次违法犯罪。

2006 年，凤鸣镇在全市率先进行社区矫正试点，担负对 18 名社会服刑人员的教育、监督和管理任务。

2009 年，凤鸣镇 40 名社区矫正对象全部无新犯罪记录，"两劳"释放人员 110 名，帮扶"两劳"释放人员实现就业 17 人。

2011 年，凤鸣镇帮教劳释解教人员 47 人次，帮教社区矫正人员 21 人次。

2013 年，凤鸣镇做好社区矫正工作，46 名监外服刑人员，102 名劳释解教人员，实现无新犯罪记录。

2014 年，凤鸣镇对辖区 60 名矫正对象进行管控、教育，没有出现脱管、漏管和重新犯罪的情况。

2015 年，凤鸣镇对辖区内 70 名社区服刑人员进行管控、教育。

2016 年，凤鸣街道成立后，每年开展常规性安置帮教工作，每月对辖区内社区服刑人员开展月点验工作，确保不出现脱管、漏管和重新犯罪的情况。

法治建设

【民主法制建设】

1992 年—2015 年，凤鸣镇建立和完善镇人大主席团，在镇人民代表大会闭会期间，主席团主席受主席团委托主持日常工作。2016 年，凤鸣街道成立后，加强人大工委建设和民主法制建设，不断提高公民民主法制能力。

1996 年，凤鸣镇党建工作目标明确提出"认真贯彻党的民主集中制原则，重大问题，必须集体决策"。灵石镇发扬民主，接受监督，共办理 36 件人民代表提出的批评、建议、意见和提案。

1999 年，凤鸣镇办理人民代表批评、建议和意见 28 件。

2002 年，凤鸣镇完成县级人民代表和县级党代表换届选举工作，选举县级党代表 18 人，县级人民代表 49 人。灵石镇办理代表提案 47 件、办结 30 件。

2003 年，凤鸣镇人大召开主席团例会 5 次，组织镇代表活动 3 次，开展专题视察 2 次，专项检查 3 次，听取和审议政府半年工作报告 1 次，专题汇报 3 次，民主评议政府部门工作 1 次，接待处理代表、群众来信来访 9 次，督促政府办理代表批评建议意见 34 件，补办 2 件，指导县代表小组活动 4 次。

2004 年，凤鸣镇人大主席团受理代表批评、建议、意见 14 件；依法接受县人大、镇人大主席团和人民代表的工作监督、法律监督，共受理人民群众信访 7 件，其中来访 6 件、来信 1 件。

2005 年，凤鸣镇政府向镇人大主席团报告工作 4 次，办理人民代表批评建议意见 16 件。灵石镇办理人民代表批评建议意见 28 件。

2007 年，凤鸣镇办理人民代表建议意见 17 条。

2009 年，凤鸣镇办理法律援助案件 5 件。

2012 年，凤鸣镇开展"法治凤鸣"活动。实施"法治文化亲民、法律服务为民、法治环境惠民"三大行动，建设"法治文化一流、法律服务一流、人民群众满意"的法治凤鸣。开展"法律六进"（进乡村、进社区、进学校、进机关、进企业、进单位）

和"一学三讲"(学法律、讲权利、讲义务、讲责任)活动,提高依法管理、依法办事能力。

2014年10月,眉山市政协副主席祝明洪带领普法视察组一行到彭山县凤鸣镇城中社区等地,分别对社区的法制文化和校园法制文化进行专题视察。

2015年,凤鸣镇"法律七进"工作代表彭山区接受眉山市司法局验收。

2016年,凤鸣镇开展3月法制宣传月、"3·15"消费者权益日、"6·26"国际禁毒日、"12·4"法制宣传日等法律法规纪念日活动,广泛普及法律知识。

2018年,凤鸣街道以"无黑恶、无毒害、无邪教、无命案、无重大安全事故、无群体性事件"为主要内容的"六无"平安村(社区)建设取得初步成效,石家村被眉山市政法委命名为市级"六无"平安村(社区)。

2019年,凤鸣街道制定法治政府建设工作要点。推进"七五普法""法律七进""依法治镇"工作。开展法治赶场、法治文艺演出、法治培训、法治夜校等活动100余次,发放宣传资料及用品5万份。全面推行法律顾问制度,聘请专职法律顾问,对招商引资、决策论证、规范性文件草拟、重大具体行政行为审查、合同审查、案件审查、信访接待等各类涉法、涉诉事务工作提出意见和建议,为街道的重大行政决策提供法律依据。创新"互联网+法律服务"工作模式,全面推行村(社区)法律顾问制度,各村(社区)普遍建立"法律顾问微信群",加强法律顾问与村(社区)干部、群众之间的联系。

【基层治理】

1992年,根据《四川省人民政府关于开展创建村民自治示范村的通知》(川府发〔1990〕128号)的精神,凤鸣镇进行村民自治示范工作,并达到"示范"标准。

1997年,灵石镇达到村民自治"示范"标准。

2001年,灵石镇完善村民自治和村民代表大会制度,做好镇、村、社务公开。

2002年,灵石镇对全镇村、组干部进行了村民自治业务培训。

2003年,凤鸣镇加强基层政权建设和自治组织建设,撤销9个居委会,建立4个社区党总支,下设13个社区支部;灵石镇被县政府命名为村民自治模范镇,文殊、石家、宝珠3个村被命名为村民自治模范村。

2008年,凤鸣镇制定《凤鸣镇创建省级村民自治模范镇实施方案》。

2012年,凤鸣镇印发《凤鸣镇村民代表议事制度》十七条,制定《村级事务流程化管理的实施意见》。

2019年,凤鸣街道建立党建引领下的小区治理模式,打造生化厂小区治理典范,并逐步在全区推广。

2020年,凤鸣街道结合实际提出了"一个中心引领、两类平台孵化、三项治理措施"基层治理工作模式。组建基层发展治理支持中心,在中心的引领下培育好小区

（片区）党组织和小区自治组织。通过"建机制、组队伍、抓共治"三项举措，解决了运行机制、队伍组建、自我管理三个方面的问题。协调解决楼道卫生差、地下车库渗水、公共设施修复、安装安全提示牌等小微问题 120 件，解决人车分流、违规搭建等治理难题 4 件，有效减轻了社区工作压力。指导成立小区业委会、居民自治小组，形成居民自我有效管理。

【法律服务】

2002 年，彭山县城关法律服务所成立，隶属凤鸣镇人民政府，事业单位性质，办公地点设在政府机关院内，由镇政府调出 60 平方米的房屋作为办公场所，工作人员全部实行聘任制。

2004 年，凤鸣镇设立法律援助中心工作点 5 个，镇司法所设立彭山县法律援助中心凤鸣镇工作点；4 个社区分别设立彭山县法律援助中心社区工作点 1 个，人员由各社区调委会主任、妇女主任及其相关人员组成，并确定了 1 名分管领导。

2018 年，按照村（社区）工作性质、职能划分，城中社区、城东社区、城西社区、南星社区聘用 1 名法律顾问，其余 12 个村社区按照工作量、服务职能聘用 4 名法律顾问。

2020 年，辖区内法律服务机构主要有眉山市彭山区法律援助中心，位于城中社区西街 98 号；四川法派律师事务所，位于彭祖大道北段 44 号；四川同序律师事务所，位于南街 60 号；四川贤济律师事务所，位于南街 60 号。

普法工作

1992 年—2020 年，凤鸣镇（街道）完成 6 次普法任务。

【"二五"普法】

1991 年开始，1995 年结束。凤鸣镇组织开展普法宣传、法制教育录像片放映等活动。主要进行《土地管理法》《义务教育法》《环境保护法》《行政诉讼法》《道路交通管理条例》《计划生育条例》以及全国人大常委会《关于加强社会治安综合治理的决定》等法律法规的学习和普及教育。

【"三五"普法】

1996 年开始，2000 年结束。凤鸣镇制定《关于开展"三五"普法的五年规划》和《"三五"普法实施方案》，成立"三五"普法领导小组。各村（街道）和镇属企事业均建立与普法工作相适应的普法领导小组，落实 3 名工作人员。从本单位自有资金中划出一定的普法经费，做到经费到位。"三五"普法的对象为机关全体干部、全镇党员、居委会干部、村干部、社干部、司法人员、行政执法人员、企事业单位负责人、青少年。通过在全镇公民中进行以《宪法》《行政法》《刑法》等为主要内容的宣传教育，增强全镇公民，特别是各级干部的法律意识和法制观念，从而提高各级干部依法办事、依法行政的能力。

【"四五"普法】

2001年开始，2005年结束。凤鸣镇制定《开展法制宣传教育第四个五年规划》。2002年，组织村（居）民开展"四五"普法宣传教育，公民的法制观念明显增强。2004年，组织公务员和各级干部参加普法考试，平均成绩在95分以上；开展"法律顾问进支部"活动。2005年，组织开展"四五"普法考试，合格率100%，通过市县验收。

【"五五"普法】

2006年开始，2010年结束。2006年凤鸣镇制定《凤鸣镇人民政府全面推进依法行政五年规划（2006—2010年）》。分三个阶段进行，即宣传发动阶段（2006年），各单位、部门、各村（社区）根据各自实际制定相应的五年普法实施意见，做好宣传、发动工作；组织学习实施阶段（2006年下半年至2010年），采取各种形式，认真组织学习，保证普法学习时间，做好普法学习记录；检查验收阶段（2010年年底），写出总结，由镇综治、法制办组织检查验收。

【"六五"普法】

2011年开始，2015年结束。主要任务是以学习宪法为中心，全面普及法律法理；深化"法治彭山"创建，提高法治化管理水平；弘扬法治精神，推进法治文化建设。工作步骤和安排为宣传动员阶段（2011年1月中旬前），各村（社区），各站、所、院、校，各企事业单位制定各自的《"六五"普法规划》；组织实施阶段（2011年11月—2015年7月），根据本规划确定的目标任务和要求，制订年度实施计划，认真分年度实施。2013年，接受市上和县上中期督导检查并受到表彰，2013年1月—2015年7月，根据中期督导进行查漏补缺、完成整改；2015年7月—12月完成检查验收。

菱角普法"三字经"（2012年）

普法律，人人学。莫忘记，不违规，不犯法。好公民，要争当。民诉法，认真学。办事情，要公平。身为官，要廉政，勤为民，方为清。民诉法，要牢记。调纠纷，不偏袒，当事人，心里欢。若不公，民难平。赡养法，有规定，尊老人，敬父母，是美德。虐老人，道德坏，法不容。对儿女，不宠惯，有错误，不护短，从小教，莫过错。对妇女，举止端，莫虐待。对女婴，勿摧残，莫歧视，要爱护，不偏见。邻里间，要互谦，严律己，待人宽。人有错，多规劝。少纠纷，多友善。戒赌博，酒莫贪。遇邪恶，挺身管。救人危，助力难。公共物，不私占。办喜事，要从俭。不迷信，破旧规。法纳税，多存款，为国家，多贡献。婚姻法，记心间，婚自主，不包办，索彩礼，旧习惯，不可取，要改变。新政策，多宣传，新法规，多学习。优生育，后代壮。快致富，奔小康。依法律，治国家。扬正气，治邪念。群歌颂，法无边。违法者，必惩办。

【"七五"普法】

2016年开始，2020年结束。凤鸣街道印发《眉山市彭山区凤鸣街道办事处法治宣传教育第七个五年规划（2016—2020年）》，开展"七五"普法，推进"法治凤鸣"建设。2016年—2020年，制订年度实施计划，分年度实施；2018年接受市上和区上中期督导检查；2020年7月—12月，落实依法治国基本方略，通过领导干部学法述法、"法治进小区""法治讲堂"、法律法规考试等形式，广泛开展普法教育。利用"三月法治宣传月""九月学校法制宣传周""12·4全国法治宣传日"等重要时段，开展形式多样的法治宣传教育活动，推动法治文化融入机关文化、企业文化、校园文化、乡村（社区）文化、网络文化等社会生活的各个层面、各个角落。积极组织开展法律"进集贸市场、进工地、进社会组织、进网吧、进公共场所"活动，送法到千家万户。

社会治安综合治理

【平安创建】

1996年，凤鸣镇与16个村（街道）和72个单位签订社会治安综合治理责任书；建立10支40人的民兵治安联防队，在复杂地段建立2个8人治安执勤点；在9个村建立治安巡逻队，按"定人、定责、定岗、定奖惩"健全落实了156个门卫和守楼护卫点，落实守护人员525人，新建完善171个自行车防盗棚；在农村建立324个院坝联防小组，对组长进行了集中培训。层层落实综合治理责任，落实了5000元经费，在1995年配备摩托车的基础上，配寻呼机1部。灵石镇保持了社会治安综合治理模范镇光荣称号。

1997年，灵石镇8个村建立了治安巡逻队。对村社价值1000元以上易盗的集体农用水电等设施，全部签订治安责任书。1999年，灵石镇10个安全文明小区通过验收。

2000年，灵石镇开展"创安""创模""企地共建安全文明社区"活动，建成8个共建单位，创县级安全文明单位、小区28个。

2001年，凤鸣镇制定处置突发预案6个，建立治安联防队25支，与17个村（居）委会和68个单位签订综合治理责任书，形成了片区联防、路段联防、院坝联防的群防群治网络。

2004年，凤鸣镇创造性地组建了一支由下岗失业人员和城镇低保人员组成的100人的社区治安巡逻队。

2005年，灵石镇创建13个单位为企地共建安全文明社区，通过共建为企业协调处理纠纷29件，辖区的50个单位中经过县镇两级的验收有28个单位达到县级安全文明单位、小区标准，其中在8个村（居）委会中已有5个达到县级标准，达到镇级安全文明（单位）小区的40个。

2006 年，凤鸣镇有治保会、调委会各 13 个，配备专兼职工作人员 39 人。开展"平安创建"达标活动，制定"平安村""平安社区""平安学校""平安小区""平安家庭"创建标准。

2007 年，在灵石镇显眼地段粉刷"打黑除恶""平安创建"等大型墙体标语 60 条、布标 30 幅，出动宣传车 36 台次，发放平安创建宣传资料 1 万份，铁路护路宣传资料 6000 份。开展"平安村、平安社区、平安企业、平安单位"创建活动，申报命名"平安家庭"10 户，平安单位、学校等 33 个，遵纪守法户 3291 户，创市级平安单位 3 个、"五无"铁路村 2 个。

2009 年，凤鸣镇对村（社区）、企事业单位分别签订社会治安综合治理目标责任书；建立治安、司法、信访、安办、群众联防"五位一体"综合治理网络，积极配合公安机关开展了"严打"斗争；组织铁路沿线村（社区）开展社会治安专项治理。

2013 年，凤鸣镇安全工作代表眉山市接受国务院安全检查组检查并受到肯定和表扬。

2019 年，凤鸣街道推进平安家庭、平安单位、平安学校、平安医院、平安边界等基层平安创建活动，确保以"小安促大安"。

【稳定工作】

1996 年，凤鸣镇调整了维护社会稳定小组和社会治安综合治理领导小组，制定《关于处置影响社会稳定突发事件的预案》。及时处置了新南街蔬菜市场的搬迁、玻璃厂的劳资纠纷、黎埝砖厂和彭平塑料厂的厂社纠纷等突发事件。

1997 年，灵石镇解决了川棉 11 分厂破产、缫丝厂偿还和开发区欠农民土地款利息等问题，缓解了容易引发的突发事件；协调了城区单位出现的集资偿还纠纷。

1999 年，凤鸣镇建立健全了维护社会稳定和社会治安综合治理领导小组，先后制定预案 8 个，有效处置了农村合作基金会、玻璃厂、清收历年欠款引发的群众性闹事苗头，参与处理了个协基金会、商会基金会等非法集资的矛盾，维护城区三轮车换证等社会稳定工作。

2002 年，凤鸣镇坚持"打防结合，预防为主"的方针，建立了 9 支 55 人的农村民兵治安联防队，在 7 个居委会中建立社区联防巡逻队 16 个，城市治安巡逻队 5 个；每月进行两次纠纷和不安定因素排查，制定各种预案 12 件，处置不稳定因素 16 件次。灵石镇排除安全隐患 20 起，整治河道打砂船 10 只。

2003 年，凤鸣镇建立 5 人组成的镇治安巡逻队，在 4 个社区中建立了社区联防巡逻队 30 个，实行整体联动。

2004 年，灵石镇与各村（居）委会、单位签订《社会治安综合治理责任目标书》，组建执勤组、民兵应急分队，建立了 9 个治安联防巡逻队和 1 个铁路联防巡逻队，每月至少巡逻 4 次，全年共计执勤和治安巡逻 120 人次，及时处理辖区的突发事件 4 件。

2005 年，灵石镇建立了 9 个治安联防巡逻队和 1 个铁路联防巡逻队，组建了执勤组民兵应急分队，及时处理辖区突发事件 5 件。

2006 年，凤鸣镇与 4 个社区、9 个村、4 个镇属部门、3 个重点企业签订综治目标责任书；研究分析综治、维稳工作 11 次，召开镇村（社区）干部会议布置综治、维稳工作 4 次；有城乡治安巡逻队 23 支，在册队员 165 人；组织 105 名下岗职工、城镇低保对象成立治安巡逻队，昼夜维护城镇社会治安，经验在全县推广。灵石镇组织开展整体治安联动防范活动 20 次，夜间治安巡逻 100 次。

2008 年，凤鸣镇成立联防队 16 支，低保巡逻队 1 支，有队员 200 人。

2009 年，凤鸣镇成立低保巡逻队 4 支，队员 50 人，开展夜间治安巡逻 200 次。

2011 年，凤鸣镇稳妥处置突发事件 2 起，排查安全隐患 25 例，及时整治 23 例，向弱势人群提供法律援助 4 例。

2013 年，凤鸣镇成立以党委书记、镇长为组长的安保维稳工作领导小组。化解干群纠纷 1 起、环境污染纠纷 2 起，处置城镇拆迁户安置过渡费诉求 3 批。

2016 年，凤鸣镇坚持领导接访、干部下访和矛盾纠纷排查调处机制，确保"国庆"庆典，全国"两会"，省、市、区重要会议和重大活动期间，实现安全稳定的目标。

2017 年，凤鸣街道妥善解决 20 世纪 90 年代末未分配大中专毕业生、瀑电移民、涉众型经济案件利益受损人员等群体问题，逐一落实责任清单。

2018 年，凤鸣街道为保障全国"两会"顺利召开，确保中央巡视组在眉山期间社会稳定、信访可控、特殊群体稳控，实现了敏感时期安全意识上不能发生麻痹思想、安全制度上不能发生有制度无执行现象、安全检查上不能发生漏检现象、门卫岗位上不能发生缺位现象、设施设备上不能发生设施到位却无人会用现象、安全应急上不能发生有方案却无实效现象、园内园外不能发生一起责任事故"七个不发生"的目标。

2019 年，新中国成立 70 周年、党的十九届四中全会等重要时段，凤鸣街道未发生群体性事件、到省进京集体非访和负面舆情事件。

2020 年，凤鸣街道围绕拆迁安置、房地产、民工工资、"两委"换届选举等领域进行拉网式、无死角、全覆盖摸排，最大限度把问题解决在基层；开展消防、食药等公共安全隐患排查，加强对危爆物品等重点治安要素源头管控，强化背街小巷、城中村、农产村等夜间巡逻，最大限度降低治安事件的发生概率。

【专项治理】

1993 年，为巩固和稳定农村社会治安，凤鸣镇、灵石镇对暂寄住人口、流动人口、出租房、路边店、废旧收购点、旅店业和文化娱乐场所进行清理整顿。凤鸣镇共清查登记了 2826 人（户），发现和打击了一批犯罪分子，改善了城区治安状况。

2005 年，灵石镇协助基层政府处理社会矛盾、纠纷 12 件，参与"严打"整治及专项治理 120 人次。

2006 年，凤鸣镇配合公安机关"夜鹰"行动，对出租房屋开展了集中清理整治，夜间出动 500 人次，加强重点地段、场所的检查整治。

2011 年，凤鸣镇排查安全隐患 25 起，及时整治 23 起。

2015 年，凤鸣镇开展治安"联户联防"综合治理，以居住相对集中 10～30 户为基本单元，推举有公益心，掌握一定治安防范技能的住户为治安中心户长。建立"联户联防"综合治理平台，平台由移动公司投资，群众免费使用（群组内拨打、接听电话免费）。

2017 年 1 月—3 月，凤鸣街道开展社会治安"大排查、大整治、大巡防"工作。对重点地区、重点领域行业、重点场所、重点人群，全面加强涉稳问题的排查化解，开展国家安全、反恐防暴、两抢两盗、网络安全、禁毒防艾、电信诈骗、打击传销等集中整治，加强道路交通安全和消防安全监管，加强对吸毒人员、肇事肇祸精神病人、社区矫正人员、刑释人员、重点青少年、邪教重点人员、流动人口七类特殊人群的排查管控工作，集中开展危爆物品和寄递物流清理整顿及化解专项行动，加强单位内部、要害部位安全防控和大型活动的安全管理，加强社会治安大巡防。

2018 年，凤鸣街道开展"扫黑除恶"专项斗争，成立扫黑除恶专项斗争领导小组。以坚持党的领导、依法依规、聚焦问题、标本兼治、群众路线、精准把握为原则，整治工作从 2018 年 3 月开始，用时 3 年。工作推进按照排查摸底、确定对象，集中整治、严厉打击，总结验收、巩固提升三个阶段进行。

2020 年是扫黑除恶收官之年，凤鸣街道持续强化政治责任、政治担当，继续抓继续排，发现问题线索及时移交，做到宣传到位、打击到位，净化政治环境。

【信访】

1997 年，灵石镇查办信访案件 39 件，查结率 100%。

1999 年，凤鸣镇收到信访 12 件，办结率 100%。灵石镇接待来信来访 37 件次，调查处理 4 起案件中，全部属农村财务问题，其中村干部 2 人，社干部 2 人，违规金额 2.3 万元，受免职 3 人，批评教育 1 人。

2000 年，凤鸣镇群众来信来访 18 件，对 4 名正式党员进行党纪处分，其余 14 件都作了信访结案。

2002 年，凤鸣镇查处各类信访案件 138 件。灵石镇建立镇党委书记、镇长定期接待日制度，受理来信来访 13 件次。

2003 年，灵石镇接待群众来信来访 50 件次，解决了一批群众关注的热点难点和遗留问题。

2004 年，凤鸣镇受理来信来访 9 件，处理 9 件，协查违法上访 1 件。灵石镇接待来信来访 37 人次。

2005 年，凤鸣镇坚持直面上访和主动下访的工作举措，受理来信来访 8 件。灵石镇推行司法、信访接待室规范化建设，直接受理各种民间纠纷 30 件次，接待群众来信来访 15 件次，办理县长信箱事项 5 件。

2006 年，凤鸣镇受理信访案件 17 件，办结 16 起；灵石镇接待来信来访与上级交办的信访案件 150 件。

2007 年，凤鸣镇信访办解决 51 件信访、走访以及上级交办的信访案件；灵石镇办结矛盾纠纷及信访案件 106 件。

2011 年，凤鸣镇息诉息访案件 12 件，稳控上访人员 11 人。

2012 年，凤鸣镇开展党政领导轮流值班接待群众来访工作。1 月开始，每天安排 1 名党政领导到镇综治维稳安管中心接待来访群众（节假日在值班室接访）。整合镇"两办三中心"服务资源，组成一支 50 人综合服务队，以"下基层、转作风、强管理、优服务"要求，每天轮流到村（社区）综合服务站，与村（社区）干部一道面对面为群众提供服务。全年共接待服务群众 1.3 万人次，办理来函、来人、来电信访问题 120 件，落实县"两办"交办事项 60 件，调处各类纠纷 150 件，积极稳妥地处置了 2 起突发事件，30 次群访事件。

2013 年，凤鸣镇接待群众来访 98 人次，答复解决反映问题 45 项，承诺办理 40 项；化解历史遗留问题 12 个，排查稳控重点对象 10 人次。

2014 年，凤鸣镇受理上级交办案件 45 起，办结 42 起，化解 4 件历史遗留的老问题。

2015 年，凤鸣镇受理各级交办案件 56 起，办结率 96%，化解 7 件历史遗留的老问题，达到"零进京、零到省、不出事"的工作目标。

2016 年，凤鸣街道纪工委受理信访 18 件，办结 18 件；政法受理信访 75 件，办结 74 件。

2018 年，凤鸣街道办结中央巡视组信访件 5 件、四川省网上信访系统案件 26 件、人民网领导信箱留言 42 件，协调国土、房管、住建等区级部门推进鼎源二期安置人员办理房产证业务、碱厂片区安置等遗留问题的处理。

2019 年，四川省网上信访信息系统共接收涉及凤鸣街道信访件 13 件，按程序办结 10 件；人民网地方领导留言板受理涉及凤鸣街道信访件 7 件，处理答复 7 件；区长信箱受理涉及凤鸣街道信访件 21 件，办理答复 12 件。

2020 年，凤鸣街道落实专班负责信访工作，按"控增量、去存量"的思路，加大对历史遗留问题的化解力度，加大对新增项目的风险评估力度，在重点时段加大对重点人员的稳控力度。

调解工作

【机构】

2001 年，"凤鸣镇司法调解中心"成立。2003 年，凤鸣镇成立乡镇人民调解委员会，人员由乡镇司法助理员，辖区内的村、居调解委员会主任、企事业单位的调解主任，辖区内懂法律、有专长、热心人民调解工作的社会志愿人员组成。2009年，建立"大调解"中心，设在凤鸣镇司法所调解室，负责日常具体工作和组织协调。2012年2月，制定《关于健全完善"大调解"工作体系的实施意见》，成立以镇党委书记为组长的大调解工作领导小组。2020年，凤鸣街道社会治理办公室（应急管理和安全生产监督管理办公室、综合行政执法办公室）负责矛盾纠纷多元调处化解和人民调解工作。历任大调解中心专职副主任有尹继宁（2009年10月—2012年6月）、雷梁春（2012年12月—2019年12月）、雷建（2020年5月任）。

【人民调解】

1996年，凤鸣镇发生民间纠纷51件，受理51件，调解51件；灵石镇受理民事纠纷122件。

1997年—1998年，灵石镇受理民事纠纷分别为106件、96件。

1999年，灵石镇加强司法调解工作，受理案件30件。

2000年，凤鸣镇化解企业和地方群众矛盾7件，其中重点解决好了岷江磷肥厂、水电局安装分局污染问题。灵石镇加强司法调解，受理民事纠纷32件。

2003年，灵石镇司法所接待法律咨询、群众来访60人，直接受理，调解民间纠纷32件，协助村（居）调委调处民间纠纷10件，调解成功31件。

2004年，凤鸣镇组织开展民间纠纷专项治理活动，调解处理民间纠纷27件。灵石镇司法所调解各类纠纷35件。

2005年，灵石镇司法所集中组织法制、道德宣讲20场次，受教育人数1万人，直接受理调解各类纠纷30件。

2006年，凤鸣镇受理民间纠纷30件，调解成功率100%；灵石镇受理各类民间纠纷48件，调处48件。

2007年，灵石镇司法所受理调处民间纠纷108件。

2010年，凤鸣镇调处矛盾纠纷185件，33名重点人员无一脱控。

2011年，凤鸣镇化解民事纠纷122件，稳妥处置突发事件2起。2012年，开展干部进村入户排忧解难化解矛盾纠纷活动。

2013年，凤鸣镇调处民事纠纷85件。

2014年，凤鸣镇发挥辖区8个司法工作站的作用，完成人民调解案件125件、法律咨询155件。

2015年，凤鸣镇新建平乐社区司法工作站发挥10个司法工作站的作用，完成人民调解案件135件、法律咨询326件，排查矛盾纠纷185起，成功调处167起。

2019年，凤鸣派出所开设人民调解室，非警情、警务内适宜调解的民事纠纷，也可在派出所就地调解，"公调对接"工作在凤鸣派出所试点。

公安工作

【眉山市公安局彭山区分局凤鸣派出所】

凤鸣派出所办公地点位于凤鸣街道翰林路205号。1994年，全面开展派出所达标创优活动，经省、市公安机关考核验收，凤鸣派出所创一级达标优秀派出所。主要职责包括维护辖区内社会政治稳定，打击犯罪活动和查处违法活动，人口管理，社区防范，为民服务，受理人民群众求助救急，参与辖区社会治安综合治理，完成党委、政府和上级公安机关交办的公安保卫任务等。

【打击犯罪】

1994年，凤鸣镇查处治安案件300起，保证了社会稳定。

1996年，凤鸣镇发生刑事案件179件，发生治安案件302件，受治安处罚以上违法犯罪人员34人；灵石镇发生刑事案件132件，侦破101件，发生治安案件96件，查处92件，被县政府授予"严打"先进集体称号。

1997年，灵石镇开展"严打"斗争，巩固综治模范镇成果，发生刑事案件90件，侦破48件，发生治安案件106件，查处88件。

1998年，灵石镇发生刑事案件56件，其中特大刑事案件26件，发生治安案件111件。

1999年，凤鸣镇发生刑事案件87件，破获刑事案件78件，其中重特大案件22件，发生治安案件301件，查处278件，抓获逃犯5人；灵石镇开展了严打斗争，共发生刑案件35件，重特大刑事案件5件，治安案件99件。

2000年，灵石镇发生刑事案件35件，重特大案件1起，发生治安案件109件。

2001年，凤鸣镇发生刑事案件217件，侦破89件，发生治安案件202件，查处166件。

2003年，灵石镇发生刑事案件42件，侦破13件，发生治安案件122件，查处113件，治安处罚160人。

2004年，凤鸣镇发生刑事案件42件，侦破13件，发生治安案件122件，查处113件，治安处罚160人；灵石镇发生刑事案23件，侦破14件，判刑7人，发生治安案件71件，查处69件。

2005年，灵石镇辖区发生刑事案件38件，侦破27件，发生治安案件65件，查处61件。

2006年，灵石镇发生刑事案件30件，侦破13件，发生治安案件47件，查处46件。

2007年4月，凤鸣镇开展为期100天的"春雷"社会治安专项行动；灵石镇发生刑事案件 45 件，侦破 7 件，发生治安案件 68 件。

2008 年，凤鸣镇发生刑事案件 50 件，发生治安案件 87 件。

2009 年—2011 年，凤鸣镇刑事案件立案数分别为 32 件、35 件、41 件。

2018 年—2020 年，凤鸣街道扎实推进"扫黑除恶"专项斗争工作。

禁毒防艾

【禁毒】

凤鸣街道每年"6·26"国际禁毒日期间，由派出所、综治办牵头，广泛开展禁毒宣传和毒品打击工作，有效遏制毒品蔓延。按照无新滋生的吸毒人员，现有吸毒人员或戒毒巩固 3 年以上，无制毒、贩毒活动，无非法生产、经营、使用、储存、运输制毒化学品活动，无非法种植毒品植物活动的标准，常态化开展"无毒社区"建设。

2006 年，凤鸣镇开展"远离毒品"专项宣传教育活动。

2009 年，凤鸣镇采取"一帮一""二对一"等形式，帮教吸毒人员 120 名。

2011 年，凤鸣镇开展社区戒毒（康复）工作，成立彭山县凤鸣镇社区戒毒工作领导小组，建立健全社区戒毒（康复）工作组织机构、工作机制，每个村（社区）建立戒毒工作领导小组并由专人负责从事社区戒毒（康复）工作。

2019 年，凤鸣街道开展"全民禁毒集中宣传月"活动，召开专题会议研究禁毒工作方案，加强对吸毒人员的管控，开展禁毒宣传和毒品预防教育工作，单独建立禁毒经费账户，确保禁毒经费专款专用。

2020 年，凤鸣街道采取摸清底数现状、开展精准关爱、推动部门履职、营造禁吸氛围等措施，开展吸毒人员"平安关爱"行动。社区戒毒社区康复人员的见面率和吸毒检测率达到 100%，有复吸嫌疑人员的见面率和吸毒检测率达到 100%，对戒断 3 年未复吸人员进行科学评估，采取抽样调查等方式报告当地戒断率，对其他有吸毒史人员全面关爱帮扶，见面率不低于 60%。11 月，开展禁毒宣传、禁毒专项培训、常态化摸排巡查等禁毒专项整治工作。

【禁毒公约】

积极争创"无毒村社、无毒家庭"，积极学习和宣传党的方针、政策以及国家颁布的禁毒法律法规，珍爱生命，远离毒品，勇于检举毒品违法犯罪的人和事，做到不吸毒、不贩毒、不种毒，教育好自己的子女、亲属不涉毒，主动协助禁毒部门做好家庭吸毒人员戒毒脱瘾的教育工作，防止出现复吸现象。

【防艾】

2015 年，凤鸣镇根据《艾滋病防治条例》，制定艾滋病防治（简称"防艾"）实施方案。开展"防艾"知识、法规政策、宣传培训。各村（社区）卫生站设置"防艾"

宣传栏，张贴宣传挂图和刷写宣传标语。对辖区内的卫生服务人员开展"防艾"和艾滋病病毒职业暴露防护知识培训。对中学学生开展"防艾"知识课程，每学期不少于3学时。

2016年，凤鸣街道悬挂宣传展板17幅，发放"防艾"宣传资料2000份，受教育群众2.2万人次。动员不配合治疗20人次，动员艾滋病患者家属体检30人次。

2017年，凤鸣街道悬挂宣传展板3幅，发放"防艾"宣传资料3550份，张贴标语500幅，受教育群众2万人次，累计发放安全套3万只。

2019年，凤鸣街道悬挂宣传展板17幅，动员艾滋病患者家属体检30人次。

《《《 经 济 》》》

1991 年，凤鸣镇社会商品零售总额为 7013 万元，占全县社会商品零售总额的 35.74%。镇属工业 7 家，产值 1403 万元。农业比较落后，只有蔬菜村种有少量蔬菜。1992 年—2020 年，凤鸣镇（街道）坚持以经济建设为中心，不断优化产业结构，加快经济转型、调整，经济呈现持续快速增长的趋势，人民收入逐步提高，社会稳定。

经济发展

【国内生产总值】

1996 年，灵石镇工农业总产值 1.58 亿元。

1998 年，灵石镇工农业总产值 7.06 亿元。

1999 年，凤鸣镇工农业总产值完成 5.2 亿元；灵石镇工农业总产值 1.46 亿元。

2000 年，灵石镇工农业生产总值完成 1.47 亿元。

2003 年，凤鸣镇人均国民生产总值 5728 元，销售收入完成 6 亿元；灵石镇人均国民生产总值 2.37 万元。

2004 年，灵石镇人均国民生产总值 1.84 万元。

2005 年，灵石镇人均国民生产总值 2.14 万元，第一、第二、第三产业在国民生产总值的比重分别为 5.6%、66.85%、27.55%，第二、第三产业占国内生产总值的比重达 94.4%。

2000 年—2015 年国内生产总值统计表

年份	镇	国内生产总值（万元）			
		合计	第一产业	第二产业	第三产业
2000	凤鸣镇	27300	—	—	—
2001	凤鸣镇	29900	—	—	—
2002	凤鸣镇	35174	2831	9104	23239
2003	凤鸣镇	38461	2985	10268	25208
	灵石镇	26000	—	—	—
2004	凤鸣镇	49471	3695	13165	32611
	灵石镇	20800	—	—	—

年份	镇	国内生产总值（万元）			
		合计	第一产业	第二产业	第三产业
2005	凤鸣镇	59329	4043	19857	35429
	灵石镇	40300	—	—	—
2006	凤鸣镇	68931	4202	25264	39465
2007	凤鸣镇	78124	4938	26653	46533
	灵石镇	37627	2451	22910	12266
2008	凤鸣镇	465440	—	—	—
2009	凤鸣镇	157662	8064	74017	75581
2010	凤鸣镇	175006	8364	83792	82850
2011	凤鸣镇	195915	10153	86532	99230
2012	凤鸣镇	222100	—	—	—
2013	凤鸣镇	519509	16757	172510	330242
2014	凤鸣镇	273785	12089	115320	146376
2015	凤鸣镇	302840	12306	124487	166047

2018 年—2019 年，凤鸣街道国内生产总值分别为 41.25 亿元、46.2 亿元。

【工业经济】

1993 年，凤鸣镇工业总产值 3.41 亿元。

1995 年，凤鸣镇工业总产值 10.34 亿元。

1996 年，灵石镇工业总产值 1.25. 亿元。

1998 年，凤鸣镇工业总产值 2.3 亿元；灵石镇工业总产值 1.03 亿元，企业总产值 2.6 亿元，营业收入 2.3 亿元，利润 316 万元。

1999 年，凤鸣镇工业总产值 2.4 亿元；灵石镇工业总产值 1.29 亿元。

2000 年，灵石镇工业总产值 1.27 亿元。

2001 年，凤鸣镇工业总产值 3.9 亿元；灵石镇工业总产值 1.6 亿元。

2002 年，凤鸣镇工业总产值 4.39 亿元，工业增加值 9939 万元；灵石镇工业总产值 4.65 亿元。

2003 年，凤鸣镇工业总产值 5.6 亿元，工业增加值 1.61 亿元。灵石镇工业总产值 6.2 亿元，新上项目 13 个，工业增加值 1.27 亿元，工业生产性投入 9266 万元；规模以上企业总产值 2.09 亿元，工业增加值 6482 万元，销售收入 6.28 亿元，新增工业性固定资产投入 1.04 亿元；在全市 50 个重点乡镇中，工业总产值和增加值均排位第九，工业性投入排位第七，综合指标排位第十。

2004 年，凤鸣镇把工业强镇确立为一号工程，完成工业增加值 1.56 亿元，销售收入 6.35 亿元，利润 4380 万元。灵石镇工业总产值 5.89 亿元，工业增加值 1.83 亿元，销售收入 5.11 亿元，工业企业利润总额 1867 万元，入库税金 1110 万元。

2005 年，凤鸣镇完成工业增加值 1.53 亿元，销售收入 4.38 亿元。灵石镇工业总产值 8.62 亿元，其中规模以上工业 5.56 亿元；工业增加值 2.59 亿元，其中规模以上企业工业增加值 1.73 亿元；销售收入 8.62 亿元，工业企业利润总额 3572 万元，入库税金 2265 万元。

2006 年，凤鸣镇工业增加值 1.9 亿元，其中规模以上企业工业增加值 1.77 亿元；灵石镇工业销售收入 4.35 亿元，规模以上工业增加值 2.15 亿元，工业生产性投入 2.67 亿元，入库税金 1500 万元，基础设施建设投入 5000 万元。

2007 年，凤鸣镇完成工业投入 1.67 亿元，工业销售收入 6.5 亿元，新增企业 1 户；灵石镇销售收入 4.61 亿元，工业增加值 1.29 亿元。

2008 年，凤鸣镇实现工业产值 1.64 亿元，工业增加值 3.02 亿元。

2009 年，凤鸣镇完成技改投入 16.5 亿元，规模企业达到 15 户，总产值实现 13.1 亿元，企业利润 2500 万元，节约标煤 5800 吨。

2010 年，凤鸣镇完成技改投入 3.8 亿元，规模企业 18 户，总产值 17 亿元，工业增加值 14.5 亿元，企业利润 5000 万元。

2011 年，凤鸣镇有规模以上企业 8 户，综合经济实力全县第三，全市第七。

2012 年，凤鸣镇完成工业性技改 3 亿元，新增小微企业 15 户。规模以上企业 16 户，总产值 34 亿元，工业增加值 10.2 亿元，产品销售收入 33 亿元，利润 3.3 亿元。

2013 年，凤鸣镇完成技改投入 2.6 亿元，工业总产值 9.27 亿元，16 户规模以上工业企业（5 月新吉鸿破产后为 15 户）总产值 4.63 亿元。

2014 年，凤鸣镇投入 2 亿元进行工业性技改。

2014 年—2018 年，凤鸣镇（街道）工业总产值分别为 10.57 亿元、19.55 亿元、24.95 亿元、25.13 亿元、25.13 亿元；其中规模以上工业企业分别实现产值 5.08 亿元、19.5 亿元、20.65 亿元、21.06 亿元、20.83 亿元。

2018 年，凤鸣街道投入 1.75 亿元进行工业投资和工业技改。

【固定资产投入与投资】

1993 年—1999 年，凤鸣镇固定资产投入分别为 2800 万元、3580 万元、2227 万元、2178 万元、1665 万元、3505 万元、2000 万元；2001 年—2007 年凤鸣镇固定资产投入分别为 2100 万元、4000 万元、12000 万元、41200 万元、12000 万元、16100 万元、39100 万元。

1992 年—2007 年，灵石镇固定资产投入分别为 250 万元、1066 万元、1335 万元、1594 万元、2578 万元、1505 万元、1587 万元、1600 万元、1500 万元、3000 万元、6220 万元、10400 万元、17500 万元、23600 万元、26700 万元、41300 万元。

2008 年，凤鸣镇工业性固定资产投入 1.4 亿元。2010 年，工业性固定资产投入 5.3 亿元。2013 年—2016 年工业性固定资产投入分别为 16.5 亿元、20.5 亿元、3 亿元、3.71 亿元。2018 年，凤鸣街道工业性固定资产投入 2.56 亿元。

2008 年—2012 年，凤鸣镇固定资产投资完成额分别为 95000 万元、89904 万元、101591 万元、123862 万元、143656 万元，其中农林牧渔业投资 2145 万元、1980 万元、1530 万元、1480 万元、1596 万元。

【乡镇企业产值】

1992 年—2001 年，凤鸣镇、灵石镇重点发展乡镇企业，乡镇企业产值逐年递增。

1992 年—2001 年乡镇企业产值统计表

单位：万元

年份	凤鸣镇			灵石镇		
	总产值	工业产值	利润	总产值	工业产值	利润
1992	21396	6278	201	3100	—	41
1993	45922	17897	2205	6926	1166	88
1994	68001	30831	2005	12600	2855	103
1995	62316	25270	2000	21900	7146	230
1996	92230	40516	2130	35400	12500	580
1997	47806	23898	280	29500	10400	290
1998	47150	24919	250	26000	10300	316
1999	52502	25300	210	30500	12900	356
2000	60400	26400	150	34500	12700	265
2001	86400	34000	260	—	—	—

【农业经济】

1992 年—1999 年，凤鸣镇农村经济总收入分别为 3267 万元（按 1990 年不变价计算）、8758 万元、12669 万元、13259 万元、18636 万元、15691 万元、16478 万元、34909 万元。

1992 年—2007 年农业经济数据统计表

年份	农业生产总值（万元）		农民人均纯收入（元）	
	凤鸣镇	灵石镇	凤鸣镇	灵石镇
1992	2923	—	762	—
1993	4000	—	865	857
1994	—	—	1150	953
1995	5400	—	1408	1131

年份	农业生产总值（万元）		农民人均纯收入（元）	
	凤鸣镇	灵石镇	凤鸣镇	灵石镇
1996	5800	3260	2020	1820
1997	6500	2196	2281	2137
1998	6600	2240	2700	2300
1999	6700	1630	2408	2351
2000	1855	1837	2510	2465
2001	7000	1727	2586	2750
2002	—	1993	2734	2680
2003	5980	2546	3030	3010
2004	5870	2837	3465	3447
2005	6565	3280	3794	3787
2006	7286	3673	4089	4096
2007	8670	4545	4655	4267

2008 年—2015 年凤鸣镇农业经济数据统计表

年份	农业生产总值（万元）						农民人均纯收入（元）
	合计	农业	林业	牧业	渔业	服务业	
2008	—	—	45	—	—	—	5011
2009	13182	5617	279	5516	1586	184	5664
2010	14032	5838	296	5882	1825	191	6520
2011	16611	6339	321	7708	2035	208	8028
2012	22560	9121	314	7843	1919	3363	9545
2013	16757	14539	188	507	1112	411	10975
2014	20460	7220	359	8800	3632	449	11670
2015	21919	7607	367	9417	4049	479	12378

2016 年，凤鸣街道农民人均纯收入 14062 元。

2018 年，凤鸣街道农业总产值 2 亿元，农民人均纯收入 19500 元。

2019 年，凤鸣街道农民人均纯收入 21072 元，农业总产值 24102 万元，其中农业 10600 万元，林业 533 万元，牧业 6284 万元，渔业 6029 万元，服务业 656 万元。

【可支配收入】

2010 年，凤鸣镇城镇居民可支配收入 12000 元。

2014 年—2016 年，凤鸣镇城镇居民可支配收入分别为 23643 元、25889 元、27001 元。

2015 年，凤鸣镇农村居民可支配收入 14685 元。

2018 年—2020 年，凤鸣街道农村居民可支配收入分别为 14496 元、21072 元、22114 元。

【村社集体经济】

1992 年，凤鸣镇村社集体经济以发展桑蚕、建材、加工服务为主，农工并举。灵石镇集体经济收入 17.5 万元，人均 16.50 元；集体经济收入达 1 万元的村 4 个，5 万元的村 3 个，10 万元的村 1 个。

1993 年，凤鸣镇消灭了集体经济纯收入在 1000 元以下的空白村，有 6 个村集体经济纯收入达 1 万元以上；农民人均集体经济净收入 35 元。灵石镇集体经济纯收入 37.8 万元，人均 19.93 元；8 个村中，集体经济纯收入达到 1 万元的村 2 个，5 万元的村 1 个；51 个农业社中，达到 5000 元以上的社 24 个，其余社均在 1000 元以上。

1994 年，凤鸣镇村办企业不断发展，集体经济可支配纯收入人均增长 45 元。灵石镇集体经济可支配纯收入 31.99 万元，人均 29.5 元；8 个村中，集体经济纯收入达到 1 万元的村 7 个，5 万元的村 1 个；51 个农业社中，22 个农业社集体经济纯收入在 5000 元以下，其余 29 个农业社均在 1 万元以上。

1995 年，凤鸣镇、灵石镇村社集体经济人均纯收入分别为 52 元、43.7 元。

1996 年，凤鸣镇村社集体经济人均收入 78 元；灵石镇集体经济纯收入 71.8 万元。

1997 年，凤鸣镇南星村社会总产值达 1 亿元，村集体经济 96.3 万元；10 个村集体经济总计为 104.51 万元。灵石镇村社集体经济纯收入 94 万元，人均 83 元。

1998 年，凤鸣镇村社集体经济可支配收入 55 万元，亿元村 1 个。灵石镇村社集体经济人均收入 75 元。

1999 年，凤鸣镇村社集体经济人均 90 元，纯收入达 90 万元的村 1 个，2 万元以上的村 2 个、1 万元以上的村 4 个，居委会经济也得到了发展，纯收入在 5000 元以上的居委会 7 个。灵石镇村社集体经济人均收入 80 元。

2000 年，凤鸣镇村级集体经济纯收入达 70 万元以上的村 1 个、2 万元以上的村 2 个、1 万元以上的村 6 个。灵石镇村社集体经济人均收入 90 元。

2001 年，凤鸣镇村社集体经济人均收入 98 元。

2002 年，凤鸣镇、灵石镇村社集体经济人均纯收入分别为 148 元、30 元。

【农村合作基金会】

1992 年，凤鸣镇集资 193 万元。灵石镇集资 140 万元，资金投放额 126 万元。

1993 年，凤鸣镇集资 541 万元，其中集体股金 61 万元。灵石镇集资 291 万元，完成股金 194 万元，其中集体股金 135 万元，资金投放总额 260 万元，基金会融资收入 30 万元。

1994 年，凤鸣镇集资 1352.6 万元，其中股金和集体股金 1240 万元。灵石镇集资

415 万元，股金 343 万元，其中集体股金 65 万元，资金投放额 960 万元，回收资金额 570 万元，基金会融资收入 82 万元。

1995 年，凤鸣镇集资 1600 万元，其中股金和集体股金 1576 万元。灵石镇集资 427 万元，其中股金 354 万元，集体股金 63 万元，专项资金收入 52 万元。

1996 年，凤鸣镇集资 2200 万元，其中股金 1143 万元。灵石镇集资 670 万元，其中股金 560 万元，实现红利 3 万元。

1997 年 6 月，凤鸣镇农村合作基金发生兑付风潮，取款者居高不下，镇政府按中央精神清盘，部分股金划转凤鸣信用社，余下股金镇基金会承诺 5 年内付清股民。灵石镇整治基金会，集资 670 万元，完成股金 560 万元，资金投放总额 416 万元，实现红利 3 万元。

1999 年，由于管理体制不健全，逾期借款不能收回的问题突出，加之有的业务人员从中贪污、挪用、吃回扣等，农村合作基金会相继出现到期股金本息无法兑现的严重状况。县派农村工作团协助凤鸣镇催收农村合作基金会借款和农民历年欠款，追回农村合作基金会借款 130 万元，清收农民历年欠款 180 万元，完成了合作基金会首期兑付工作。

2000 年，凤鸣镇完成农村合作基金会个人股金 1100 万元的全部兑付工作。灵石镇依法清收欠款，多方筹措资金，确保基金会个人股金 225 万元的全部兑付。

财税

【财政收支】

凤鸣镇（街道）财政工作由财政所负责管理。

1991 年，县对镇实行"核定基数，逐年递增，超收分成，短收扣支，收支上解，支出下拨，一定 3 年"的财政管理体制。凤鸣镇财政收入 134.50 万元，支出 12.32 万元，上缴金额 104.19 万元，财政结余 17.99 万元。

1992 年，灵石镇财政收入 60 万元。

1993 年，凤鸣镇、灵石镇财政收入分别为 482 万元、89.8 万元。

1994 年，灵石镇财政收入 130.6 万元。

1996 年，灵石镇财政收入 241.9 万元。

1997 年，凤鸣镇财政收入 430 万元，支出 59 万元。灵石镇财政收入 234.8 万元。

1998 年，凤鸣镇、灵石镇财政收入分别为 680 万元、268.31 万元。

1999 年，灵石镇财政收入 259 万元，其中，农业税 22.2 万元，农业特产税 2.5 万元，生猪税 25.6 万元。

2000 年，灵石镇财政收入 312.86 万元。

2002 年，凤鸣镇、灵石镇财政收入分别为 490 万元（新口径）、199.08 万元。

2003 年，凤鸣镇财政收入 801 万元，支出 716 万元。灵石镇财政收入 335 万元，支出 281 万元。

2004 年，凤鸣镇、灵石镇扣除农业税减免后财政收入分别为 815 万元、384 万元。

2005 年，凤鸣镇财政收入 826 万元，支出 171 万元。灵石镇财政收入 492 万元。

2008 年—2020 年凤鸣镇（街道）财政收支统计表

单位：万元

	2008 年	2009 年	2010 年	2011 年	2012 年	2013 年	2014 年
财政收入	907	819	886	2229	1946	1377	1228
财政支出	907	819	886	1078	1270	1377	1213
	2015 年	2016 年	2017 年	2018 年	2019 年	2020 年	
财政收入	2374	2548.3	2839	2839	5229.8	36173.3	
财政支出	2374	1567.1	1648	1648	5229.8	36173.3	

【财政税收】

1992 年，凤鸣镇全面完成财政收入、国库券及岷江大桥的筹资任务。

1993 年，凤鸣镇完成工商税 349.6 万元，农业税 85.51 万元。灵石镇完成工商税 71 万元，农业税 18.3 万元，农林特产税 0.5 万元。

1994 年，凤鸣镇完成工商税 485 万元，农业税 115 万元。灵石镇完成工商税 102 万元，农业税 26 万元，农林特产税 2.6 万元。

1995 年，凤鸣镇完成工商税 581 万元，农业税 118.5 万元。灵石镇完成工商税 135.26 万元，农业税 23.7 万元，农业特产税 4.9 万元。

1996 年，凤鸣镇完成工商税 592 万元，农业税 78 万元。灵石镇完成工商税 215 万元，农业税 24 万元，农林特产税 2.9 万元，收回提留款 76 万元，粮油入库 390 吨。

1997 年，实行分税制改革，彭山县把乡镇企业税收、生猪税收、集贸市场税收、个体经营户及临时经营户税收直接下到乡镇，实行"划分税种，比例分成"的收入管理体制，实行与县 5∶5 比例分税。落实征管责任，堵塞"跑、冒、滴、漏"。凤鸣镇完成工商税 592 万元，农业税 78 万元。灵石镇工商税收 199 万元（地方税收 122 万元），农业税 30.2 万元，农业特产税 2.3 万元，耕地占用税 0.3 万元，契税 3 万元。

1998 年，凤鸣镇对重点企业、行业加强税收征管和培植重点税源，完成工商税收 680 万元，农业特产税完成 2.4 万元。灵石镇完成工商税 234.6 万元；农业特产税 2.48 万元；完成契税 6 万元。

1999 年，凤鸣镇工商税收 724 万元，其中地方收入 413 万元；农业税完成 58.91 万元。灵石镇完成工商税 259 万元，农业税 22.2 万元，农业特产税 2.58 万元，生猪税 25.6 万元。

2000 年，凤鸣镇完成工商税 792 万元，其中地方收入 454 万元，农业税 61.3 万元，财政超收分成 46 万元。灵石镇完成工商税 294 万元，其中国税 112 万元，地税 182 万元，农业税 17.2 万元，农业特产税 2.86 万元，生猪税 31.5 万元，乡镇企业入库税金 287 万元。

2001 年，凤鸣镇完成工商税 330 万元，农业税 65 万元，其中生猪税 30 万元，农业特产税 3 万元，消化负债 35 万元。灵石镇完成工商税 162.8 万元，农业税 12.3 万元，农业特产税 2.6 万元，契税 1.3 万元。

2002 年，凤鸣镇制定《农村税费改革实施方案》，完成工商税 372 万元（其中生猪税 26.9 万元），开展农税改革，按照新的计税方法和税率，农业税为 79.09 万元，农业税附加为 15.82 万元，人均负担 63.61 元，农村税费改革后，人均负担比 2001 年减少 39.55 元，实现利税 660 万元。灵石镇完成工商税 182.28 万元（国家税收 24.4 万元，地方税收 157.88 万元），农业特产税（经过预算调整后）0.5 万元，农业税（农村税费改革调整后）16.8 万元，生猪税 32.1 万元。

2003 年，凤鸣镇完成工商税收 460.2 万元，农业税（含附加）完成 86.13 万元，生猪税完成 20 万元。灵石镇成立了核算支付中心。

2004 年，凤鸣镇完成工商税 590 万元，农业税 49.8 万元，生猪税 70.9 万元，服务业税收增长 45 万元。灵石镇完成工商税 287 万元，农业税 10 万元，生猪税 43 万元，化解债务 391 万元，归还县财政垫借基金会款 2 万元。

2005 年，农税实行免征。灵石镇完成工商税收 405 万元，化解债务 10 万元。

2008 年—2017 年，凤鸣镇（街道）企业实缴税金分别为 4370 万元、4720 万元、5244 万元、5592 万元、5648 万元、7654 万元、1028 万元、1285 万元、27222 万元、32639 万元。

2015 年，凤鸣镇培植纳税大户 11 户，其中纳税额在 800 万元以上的企业 3 户，500 万~800 万元的 2 户，300 万~500 万元的 6 户，扩大了税源。

【财务管理】

1999 年 7 月 12 日—8 月 31 日，凤鸣镇进行 42 天的财务清理工作。清理 1995 年以来的村、社财务收支，包括镇村往来、村社往来、农户往来。

2002 年，灵石镇加强农村财务管理。建立农村财务管理领导小组，健全农村财务管理机构和民主理财监督机构，健全村社两级财务管理机构。建立村社民主理财小组，村级 5~7 人组成，社级 3~5 人组成。建立现金管理、资产管理、财务开支审批、财务集体办公、财务公开、民主监督、财务档案管理等财务管理制度。

2006 年，凤鸣镇集中开展农村财务清理工作，成立农村财务清理工作领导小组。清理范围为 2005 年 1 月 1 日起至 2006 年 4 月 30 日止期间的村、社财务收支。清理内容包括集体固定资产、库存物资、现金存款，各项收入、支出、债权、债务，集体果园、水库、鱼塘、菜园、桑园、机动地承包经营情况等。清理工作从 2006 年 5 月 10 日起至 2006 年 6 月 30 日止，按照宣传动员、部署工作，村、社自查，核查三个阶段进行。

2011 年，凤鸣镇整合镇财政所、三资办、审计站、统计站，组建财务管理中心，对镇机关各部门、村（社区）的所有账目实行分类管理，运用电算化软件规范财务管理，财务直接核算到项目、村组、农户，在保持"三权"不变的前提下，实行村（社区）"三资""双代理"，定期公示。

2012 年，凤鸣镇制定推进农村集体资金、资产、资源网络化管理工作的实施方案，加强农村集体资金、资产、资源的管理。

2015 年 12 月 21 日，凤鸣镇党委按上级纪检部门的通知，对各村（社区）与居民组的账务按"三资"管理进行全面检查，检查结果纳入村（社区）"两委"工作考评。镇村（社区）"三资"管理人员全程参与区级部门组织的培训，自行组织了 3 次村（社区）干部财务管理培训，按照新的"三资"管理要求，新组建"三资"管理领导小组和"三资"管理办公室，专人负责具体工作，每月在村（社区）财务公开栏逐笔公示资金收支情况，接受群众监督。

【涉农专项资金】

涉农专项资金包括粮种补贴、粮食综合直补、耕地地力保护支持补贴、退耕还林补贴、省级小农水项目等。2010 年，兑现粮食直补和综合直补 87 万元，兑现家电补贴 57 万元。2014 年—2016 年，退耕还林补贴每年涉及农户 1002 户，拨付到位资金每年 15.13 万元。2014 年，粮种补贴拨付到位资金 42.32 万元，涉及农户 5488 户；粮食综合直补涉及农户 5616 户，拨付到位资金 247.92 万元。2015 年，耕地地力保护支持补贴涉及农户 5479 户，拨付到位资金 243.35 万元。2016 年，耕地地力保护支持补贴涉及农户 5490 户，拨付到位资金 249.35 万元；省级小农水项目涉及农户 487 户，拨付到位资金 80.75 万元。

经济普查

【第一次全国经济普查】

2004 年，凤鸣镇开展第一次全国经济普查。10 月 20 日起，经济普查工作正式全面展开，2005 年 4 月 30 日前完成。制定了经济普查市级综合试点方案，组建了经济普查市级综合试点工作领导小组办公室，内设综合组、宣传组、业务组、后勤组。将城区划分为 25 个普查小区、农村划分为 9 个普查小区。试点范围包括辖区范围内所有从事第二、第三产业活动的全部法人单位和产业活动单位和个体经营户。

【第二次全国经济普查】

2008 年，凤鸣镇开展第二次全国经济普查。经济普查的标准时点为 2008 年 12 月

31 日，时期资料为 2008 年度。普查对象为辖区范围内第二产业和第三产业的全部法人单位、产业活动单位和个体经营户。普查范围包括采矿业、制造业、电力、燃气及水的生产和供应业、建筑业、交通运输、仓储和邮政业、信息传输、计算机服务和软件业、批发和零售业、住宿和餐饮业、金融业、房地产业、租赁和商业服务业、科学研究、技术服务和地质勘查业、水利、环境和公共设施管理业、居民服务和其他服务、教育、卫生、社会保障和社会福利业、文化、体育和娱乐业，以及公共管理和社会组织等。普查内容包含单位基本属性、从业人员、财务状况、生产经营情况、生产能力、能源消耗、科技活动情况等。

【第三次全国经济普查】

2013 年，凤鸣镇开展第三次全国经济普查工作，制定《关于开展第三次全国经济普查工作的实施意见》。普查标准时点为 2013 年 12 月 31 日，时期资料为 2013 年度。2013 年年底前，落实普查机构、人员、经费、措施和责任，开展名录库、普查区划分与绘图工作，选聘和培训好普查员及普查指导员，并做好普查物资准备和宣传动员工作。2014 年 1 月—5 月，完成普查登记、审核及资料整理工作；6 月—12 月，完成普查报告、专题分析、课题研究、资料汇编、经济普查数据库和社会经济地理信息系统建设等各项工作。获得 2014 年眉山市级经济普查先进单位称号。

【第四次全国经济普查】

2018 年，凤鸣街道开展第四次全国经济普查工作，制定普查工作方案。普查对象和范围包括凤鸣街道辖区范围内所有从事第二产业和第三产业的法人单位、产业活动单位和抽中的个体经营户。普查标准时点为 2018 年 12 月 31 日，普查时期为 2018 年度。普查的内容包括所有普查对象的名称、行业、地址、营业状态、组织机构等基本属性指标；全部法人单位、产业活动单位生产的产品种类、实物量和服务活动等状况；"四下"企业、其他单位和个体经营户的从业人员、工资、资产负债等情况。经查，凤鸣街道法人单位 762 个（占比 28.45%），产业活动单位 877 个（占比 28.95%）；法人单位从业人员 20285 人（占比 29.15%），其中女性 6251 人。

≪≪≪ 工 业 ≫≫≫

1992年前，凤鸣镇工业薄弱。1992年—2001年，重点发展乡镇企业；2002年—2020年，随着改革开放的深入，乡镇企业和工业企业的改制转制，坚定工业化进程，重点发展私营企业和股份制等非公有制企业，改善投资环境，加大招商引资力度，工业发展不断上台阶。

企业

【乡镇企业】

1991年—1999年，灵石镇先后投入固定资产1.01亿元，乡镇企业年产值由1991年的2092万元增至1999年的3.05亿元；常年从事建筑、商贸、餐饮、服务等行业的人员有1500人。

1992年10月，凤鸣镇新创办的仁慈二砖厂、黎埝砖厂、永红瓷厂、八八八饲料厂等联办或私营企业竣工；11月17日，由针棉织厂和台湾合资兴办的蓉台印染有限公司举行奠基仪式。在灵石镇建成南兴皮革制品厂、长江汽修厂、城南木器加工厂等，新办余店加油站。

1993年，凤鸣镇投入500万元扩大东风水泥厂的生产规模，产量由4万吨增至6万吨。投入400万元，玻璃厂新上了自动化制瓶生产线。投入400万元，帮助电器厂实施技改工程。同时，对轧钢厂、塑编厂等亏损企业实行了清产核资和扭亏增盈工作。

1994年，凤鸣镇抓好东风水泥厂、玻璃厂、一建司、二建司、电器厂、川江厂、邮政包装箱厂、南方日用化工厂、黄纸板厂、敦利瓷砖厂和塑料编织袋厂11家骨干企业的发展。工业小区新进场企业3家，竣工投产3家。

1996年，凤鸣镇重点抓彭山玻璃厂、彭山电器厂、彭平塑编厂、江渔四砖厂等企业技改；引进资金1200万元，新办彭山机械印刷厂、空心砖厂等6家企业；实现乡镇企业转制5户。灵石镇新发展企业10家。

1997年，凤鸣镇重点抓川江电器厂、江渔砖厂、二建司等企业，实现生产性投入1070万元，新办企业3家。灵石镇新建企业13家。

1998年，凤鸣镇实现生产性投入2000万元，抓了彭山玻璃厂的转制，盘活企业4家。

1999年，彭山电器厂完成了转制任务。

2000年，凤鸣镇有地属以上企业5家、县属企业6家、镇办企业10家、村办企业45家、私营企业4家、个体企业2246家；镇直属企业彭山县第二建筑工程公司顺利实施了转制，玻璃厂的破产工作进入尾声。灵石镇实施"以工带商，以工补农"的措施，新发展企业1家。

2001年，灵石镇建立企业发展统计月报和领导联系企业、服务企业制度，镇领导联系8个重点项目，普通干部联系17户企业。新上项目3个，技改项目2个。

2002年，彭山县撤销乡镇企业局，乡镇企业归入县发展改革委，统称工业企业。灵石镇技改扩建项目6个，储备项目3个。

【工业企业】

1999年，凤鸣镇形成化工、建材、加工、酒类、食品、医药、运输为主的工业体系。

2001年，灵石镇主要骨干企业有川西制药有限公司、派普塑橡有限公司、吉鸿纸厂、水电七局金属构件、机械公司、凤鸣纺织印染厂、蓉台印染公司等。

2002年8月，凤鸣镇各级树立"凤鸣要跨越，强工第一位"的思想，制定《关于跨越式发展目标和工作思路》，发展营销专业大户13户。灵石镇发展营销专业大户10户。

2003年，凤鸣镇新引进企业8家，经营大户累计达到25户。灵石镇建立了企业服务领导小组，下设5个服务组，先后为新吉鸿纸业、锦泰荣饲料厂协调解决企业货运，为水电七局安装分局解决高压线路电杆栽插等问题，为企业办实事40件。

2004年，凤鸣镇建成精米加工规模企业2家，年加工能力50万吨，建脱水蔬菜企业、食品加工企业各1家。36小时引进昌大米业，5天完成11户农户搬迁和32亩土地征用；盘活八八八饲料厂闲置资产，引进成都三鑫工贸有限公司；依靠成乐高速公路出口的便利交通条件和区位优势，引进投资4000万元的成都仁吉食品厂。

2005年，凤鸣镇启动城西工业集中区的规划、设计，凤鸣镇、灵石镇进入全市工业重点乡镇50强。灵石镇新引进宏发金属制品有限公司、鑫源金属制品有限公司、彭山县耐磨材料厂、云南滇达图书文献有限公司、污水处理厂5家企业；盘活原蛟龙肉联厂，恢复生猪屠宰生产线；完成新吉鸿纸业公司5万吨制浆、华西德顿、川西制药、锦荣公司等技改扩建项目。

2006年，凤鸣镇有工业企业54家，其中规模以上工业企业8家，年产值亿元企业2家，涉及化工、建材、机电、纺织、食品、药品等行业；境内有以成乐高速公路出口（市级）为中心的城西工业集中区，规模1.8平方千米，一期投入600万元，建设骨干道路420米，集中区投产企业9家，在建企业4家。

2007年，仁吉面粉和保鲜面条生产线完成投入3500万元；思念速冻食品生产线投入 7600 万元，完成厂房、设备建设，实现销售收入 2600 万元。犍为凤生纸业有限责任公司投入 3 亿元，对灵石镇新吉鸿纸业有限责任公司的兼并，实现资产重组，组建上市公司；彭山包装材料厂投资 1200 万元，基建工程完成，10 月投产；光达钢结构建筑有限公司钢结构厂房项目投资 1600 万元。

2008 年—2012 年，凤鸣镇企业分别有 217 家、217 家、224 家、231 家、231 家；2016 年—2017 年，凤鸣街道企业分别有 90 家、118 家。2008 年—2012 年，凤鸣镇企业从业人员分别有 12430 人、13170 人、14140 人、14210 人、14151 人；2016 年—2017 年，凤鸣街道企业从业人员分别有 5930 人、6325 人。

2008 年—2020 年，凤鸣镇（街道）工业企业分别有 90 家、90 家、92 家、95 家、95 家、94 家、115 家、140 家、35 家、38 家、38 家、34 家、34 家。2008 年—2015 年，凤鸣镇工业企业从业人员分别有 4833 人、5073 人、5121 人、5169 人、5238 人、5422 人、5631 人、5868 人。

2010 年—2020 年，凤鸣镇（街道）规模以上企业分别有 43 家、45 家、45 家、16 家、14 家、14 家、11 家、11 家、12 家、7 家、12 家。

2013 年—2020 年，凤鸣镇（街道）建筑业企业分别有 8 家、7 家、8 家、8 家、8 家、8 家、7 家、12 家；2013 年—2018 年，凤鸣镇（街道）建筑业总产值分别为 5.56 亿元、7.23 亿元、15.35 亿元、19.19 亿元、22.89 亿元、22.89 亿元；2013 年—2015 年，凤鸣镇建筑业从业人员分别有 4613 人、5172 人、5798 人。

2020 年凤鸣街道辖区内主要企业有：中国水利水电夹江水工机械有限公司眉山分公司，位于灵石西路 56 号；新华文轩出版传媒股份有限公司彭山分公司，位于建设路 241 号；四川省冶金地质勘查局六〇五队，凤鸣大道二段 77 号；成都铁路局彭山铁路技术开发总公司，位于城西社区；彭山区凤鸣土地流转服务有限公司，位于彭祖大道三段 288 号；四川八百寿酒业有限公司，位于凤鸣大道三段 76 号；彭山区泰吉矿山工程有限公司，位于易埝社区 4 组；四川曜诚无损检测技术有限公司，位于新南下街 209 号；四川省小马网络科技有限公司，位于凤鸣中路 108 号属区；四川新泰康农业开发有限公司，位于彭山区凤鸣镇小东街 75 号；四川禹王防水建材有限公司，位于成眉石化园区；四川省创鑫服装有限责任公司，位于兴隆路 77 号；四川思念食品有限公司，位于易埝社区；四川省南方印务有限公司，位于凤鸣大道三段 538 号；福一大酒店，位于彭祖大道三段 346 号；四川省彭山仁吉食品有限公司，位于易埝社区 4 组。

【招商引资】

1992 年，凤鸣镇引进资金 1070 万元。

1993 年，凤鸣镇拆借、引进资金 2500 万元。

1994 年，灵石镇新引进企业 11 个，引进投入资金 3887 万元。

1996 年，凤鸣镇引进资金 1260 万元。灵石镇引进水电七局五处、九处和吉鸿纸厂等 20 个项目；与上海松江县李塔汇镇结成友好乡镇，派遣 1 名副镇长到该镇学习企业管理，组织 7 人去参观考察，并派出 4 人到深圳招商引资。

1997 年，灵石镇工业小区引进项目 8 个，进场 5 个，出让土地 40 亩，较大型的项目有蛟龙肉联厂、园林发展公司等。

1998 年，凤鸣镇政府被县委、县政府评为 1998 年度对外开放工作先进集体。灵石镇引进项目 11 个，总投资 1.8 亿元。

1999 年，凤鸣镇引资 800 万元，引进林达贸易公司落户仁慈村。灵石镇引进投资千万元以上企业 2 家。

2000 年，凤鸣镇招商引资 800 万元，使固定资产达 200 万元的永红瓷砖厂起死回生。灵石镇招商引资项目 8 个，技改、扩建项目 2 个，到位资金 2600 万元；重点企业有水电七局金属构件厂、川西制药有限公司、吉鸿纸厂、蛟龙肉制品厂、凤鸣纺织印染厂、华西德顿塑管厂、彭祖玻瓶厂等。优势产品有大型金属构件、药品、优质打印纸、塑料管材管件等。

2001 年，凤鸣镇引进县外资金 400 万元。

2002 年，凤鸣镇成立招商引资领导小组，下设招商办公室；制定鼓励投资政策及奖励办法；通过联合引企、以企引企、资产重组引企和租赁盘活等方式，招商引资 4390 万元，引进企业 7 家。灵石镇成立了工业经济发展领导小组，建立工业经济办公室，组建了 4 支工业企业排忧解难服务队；按照"依托两区，强工促农，发展三产，富民强镇"的工作思路，重点围绕医药、造纸、建材、纺织印染及机械加工 5 个支柱产业开展招商引资。

2003 年，凤鸣镇工业招商引资完成 1.32 亿元；农业招商引进业主 6 个，引进资金 300 万元。灵石镇引进资金 9516 万元，其中吉鸿纸厂投入 5300 万元，川西制药投入 900 万元，玉马元明粉厂重组投入 446 万元等；宝珠村引进米邦塔绿色仙人掌种植项目 1 个，投资 1800 万元。

2004 年，凤鸣镇依托铁路、公路大通道，大力开展资源招商、项目招商、环境招商、闲置资产招商、友情招商、以商招商，新引进企业 8 家，招商引资总额 1.8 亿元。灵石镇完成招商引资 1.43 亿元，其中吉鸿纸厂 5500 万元，彭山县第一实验学校 2000 万元，水电七局机械厂 1900 万元等。

2005 年，凤鸣镇新引进规模投资企业 2 家，实现招商引资 2.1 亿元。凤鸣镇商会副会长冯祥投资 1100 万元拍得灵石片区旧城改造项目，灵石镇商会副会长陈永跃以 2800 万元拍得彭祖广场二期工程改造项目。灵石镇完成招商引资项目 11 个，投资总额 2.14 亿元；农业招商引进投资 200 万元以上和开发土地 2000 亩以上的单位 1 个。

2006 年，凤鸣镇打造以成乐高速公路出口为中心的城西工业集中区 1.8 平方千米，投产企业 99 家，招商引资 2.7 亿元，引进项目 15 个，其中工业项目 12 个、第三产业基础设施项目 2 个、农业项目 1 个。灵石镇招商引资 3.56 亿元，其中眉山市威亮实业有限公司 4000 万元、水电七局工程机械公司 2300 万元、彭山光大钢结构建筑有限公司 1600 万元、水电七局成都工程公司 600 万元、嘉星房地产有限公司 3600 万元、四川升华集团有限公司 6000 万元、彭山荣鑫彩瓦厂 1200 万元、彭山富康动物标识厂 2000 万元、兴文监狱搬迁项目 3100 万元、四川恒辰房地产有限公司 4000 万元、山东菏泽巨鑫源食品有限公司 2000 万、新吉鸿纸业有限公司 4000 万元、南方印务有限公司 1200 万元。

2007 年，凤鸣镇新引进企业 2 家；招商引资 2.79 亿元，其中龙腾印染、永康机电、露香园、泰吉矿山、一鸣制釉、川江实业、金泰包装、川江芽菜、上层豪庭、灵石路片区改造、仁吉食品、思念集团到位资金分别为 1200 万元、1400 万元、200 万元、3100 万元、1400 万元、1100 万元、1400 万元、900 万元、3700 万元、2400 万元、3500 万元、7600 万元。灵石镇招商引资 2.34 亿元，其中工业招商 1.46 亿元。

2008 年，凤鸣镇招商引资 4.9 亿元。

2012 年，凤鸣镇招商引资 16.6 亿元。

2014 年—2016 年，凤鸣镇（街道）招商引资分别为 15 亿元、13 亿元、12.67 亿元。

2018 年，凤鸣街道招商引资 5.8 亿元，其中省外到位资金 4.5 亿元。

企业选介

【四川八百寿酒业有限公司】

公司位于凤鸣大道三段 76 号，注册资金 1120 万元，现有资产 5000 万元，职工 300 人，占地面积 3 万平方米，"彭祖""八百寿"系列酒年生产能力 1 万吨，原中商部商业教科书中有"彭祖美酒香飘神州"之述载。彭山酿酒历史悠久，1973 年，在县城附近蔡家山出土的东汉时期"汉砖酿酒图"系国家馆藏一级文物，现存于中国历史博物馆，是彭山酿酒史的最好见证。据此推测，西汉时期，彭山酿酒业已经形成。四川八百寿酒业有限公司前身是地方国营彭山县酒厂，由清朝末期 6 家私人酿酒作坊逐步发展而成。祖辈传下来的酿酒老窖池距今已有 200 多年历史，其酿酒老窖池一直使用至今，现列入眉山市市级重点文物保护单位。1956 年，公私合营组建成地方国营彭山县酒厂，1994 年，更名为四川八百寿酒业有限公司。1995 年，由全民所有制改制为股份制企业。2000 年，改制组建。2003 年，公司取得了企业自主经营进出口权资格。主要经营白酒、曲酒、配制酒，销售农副产品（不含粮食、棉花、蚕茧、烟叶）、日用杂品、建筑材料、化工产品（不含危险化工品），仓储服务（不含危险品），进出口贸易等，拥有 2 名国家级品酒师，是四川省白酒制造业"二十佳"成长型企业。八百寿酒为浓香型白酒，1986 年和 1991 年先后两次被四川省人民政府授予四川省名酒称号。公司主要有

"彭祖""八百寿"两个商标，2001年和2002年分别被认定为四川省著名商标；2006年"彭祖"品牌被认定为四川老字号；2008年，"八百寿"被授予中国驰名商标称号。2011年，"彭祖"商标被商务部认定为"中华老字号"。2015年，养生白酒"彭祖珍醇"和"八百寿特醇"荣获布鲁塞尔国际烈性酒大赛金奖。2020年，"彭祖八百寿系列酒"在四川特色旅游商品评选活动中获旅游酒类铜奖。彭祖八百寿系列产品30个品种100个规格，酒精度35°~62°。成功开发出"彭祖八百寿养身白酒"，选用药食两用的黄精、茯苓、葛根、山药等传统食材，采用现代科技，提取、浓缩药材活性成分，经特殊工艺融入优质浓香型白酒而成。

【四川新泰康农业开发有限公司】

公司位于凤鸣街道小东街75号，成立于2013年3月，注册资金1000万元。经营范围有水果种植与销售，目前种植面积1360亩，先后投资6000万元，产品分别有"阳光玫瑰葡萄"360亩，年产量120万斤；"三红蜜柚"600亩，年产量360万斤；柑橘类（爱媛、大雅柑、粑粑柑、阳光蜜柚）水果400亩，年产量120万斤。注册商标有"兰岭秋华""川美人""怡中香""怡中红"。公司系四川农业大学合作单位，并提供技术支持，为"四川农业大学"教学科研实习基地，每年为高校提供800人次科研、实习场所。共同开展重点科研项目"晚熟杂柑果园生草栽培技术应用及优质安全果品生产综合技术集成"。是"科学技术部、教育部、四川农业大学新农村发展研究院"特色水果科技创新示范基地，眉山市第八批农业产业化重点龙头企业。被中国质量监督协会授予"全国绿色生态种植示范企业""优质诚信示范单位"，被四川省农业农村厅授予"家庭农场省级示范场"，被眉山市彭山区委授予"热心社会公益事业十佳企业"、关心下一代工作"爱心企业"、彭山果业商会"会长单位"。在公司主导下先后成立"眉山市彭山区杜月家庭农场""眉山市彭山区共创家庭农场""眉山市彭山区怡中家庭农场""眉山市彭山区益友家庭农场"及农业合作社。为农村就业人员提供就业岗位300个，为农户提供稳定租金收入和劳动就业收入。

【四川省南方印务有限公司】

公司注册地位于彭祖大道南段开发区，成立于1999年5月17日，占地30亩。主要经营书、报、刊、商标、广告印刷，销售印刷机械、印刷原材料、文化用品等。属眉山市彭山区"规上"企业，固定资产投资5000万元，其中各类设备投入占比60%；年产值4000万元以上；公司拥有员工118人。是眉山市范围内经四川省新闻出版局批准、国家新闻出版总署备案的公开出版物准印企业，获得中华人民共和国生态环境部授权的"中国环境标志产品认证"的绿色印刷企业。2007年，公司被眉山市政府授予"百企联百村"示范企业称号。2013年，被眉山市委宣传部确立为"市级文化产业示范基地"，成为眉山市文化产业核心龙头企业。是眉山市刑释人员安置帮教基地。多次向贫困山区学校及"农家书屋"捐款捐物，截至2019年，公司的各项捐助已折合人民币269万元。

为丰富地方文化，公司自行购买 27 万元图书捐助眉山市图书馆。公司免费赞助承印由眉山市彭山区文化广播电视和旅游局主办的《彭祖山文学》杂志。自成立以来一直重视并多次自发开展对残疾人、贫困学生的扶残助学活动，获得眉山市残疾人工作协调委员会颁发的"眉山市扶残助残先进集体"、四川省扶贫基金会爱心助学办公室颁发的"爱心助学单位"等荣誉。

【四川省创鑫服装有限责任公司】

公司注册地位于凤鸣街道兴隆路 77 号，成立于 2014 年 5 月 4 日，注册资金 654.4 万元。占地 350 亩，标准厂房总面积 2.3 万平方米，下设 4 个服装缝制车间、2 个电子产品车间；另外配置技术中心、劳动技能指导中心、技术教育中心为服装和线圈项目提供专业化服务，完全拥有从服装 GST 分析、样衣试制、CAD 出图、模具模板制作、工艺流程编制、工艺指导等服务服装全流程生产的技术和能力。常年从事线圈、服装生产人员分别为 600 人、1800 人，年产线圈 1.2 亿个，年产服装 650 万件、套。自有设备 72 种 2600 台，生产设备自有率 100%，其中 98% 为智能设备。主要经营服装生产、加工与销售，劳动保护用品生产、加工与销售等。以服装加工为主、电子元器件加工为辅，主要有职业装、休闲装、棉衣、羽绒服、时尚时装等系列产品。公司具备高档针、梭织服装产品生产承接能力，并与国内多家知名企业缔结战略合作伙伴关系。2015 年、2019 年、2022 年，连续通过安全生产二级达标认证；2019 年、2022 年，连续通过质量管理、环境管理、职业健康安全体系认证；1 项 QC 成果获国优奖励，3 项获省优奖励；单件流排车软件获得国家专利 1 项；2018 年，荣获四川省服装行业"优质制造企业""产品销售收入、利润率"20 强企业；2019 年，通过"省级安全文化建设示范企业"验收；2020 年、2021 年，荣获四川省服装（服饰）行业优质制造企业；探索"'双模'+柔性单件流"生产组织模式属国内行业首创；连续 12 年荣获省局绩效考核一等奖。

【四川思念食品有限公司】

公司位于凤鸣街道易墱社区，成立于 2006 年 12 月 29 日，注册资金 1000 万美元，占地 240 亩，是郑州思念食品有限公司在四川建立的大型生产基地。2007 年 1 月，正式投产，有 2 个生产车间，拥有全国领先的速冻食品自动化生产线，年产量 9 万吨。主要经营速冻食品生产、加工、销售，相关原材料的购销等。主要招女工，为凤鸣妇女就地从业提供了便利条件。有一线员工 1000 人，管理人员 170 人。2019 年，公司实现产值 8.2 亿元，上缴税收 2027 万元；2020 年，公司实现产值 11.6 亿元，上缴税收 1882 万元。主要产品有速冻汤圆、水饺、面点和粽子等，有超过 200 个花色品种。产品覆盖 47 个国家和地区，在国内市场占有率 20% 以上。

【福一大酒店】

福一大酒店位于彭山区凤鸣街道彭祖大道三段 346 号，是四川福一酒店投资管理有限公司按国际四星级兴建的旅游涉外商务型会议酒店。酒店楼高 14 层，建筑面积 1.6

万平方米，集住宿、餐饮、商务服务为一体。拥有各类客房 147 间（套）；有各具特色的中、西餐厅，多功能宴会厅和餐饮包厢。宴会厅可供 1200 人同时进餐，年接待宴会 380 场次，散客 3500 桌次，客房入住日均 80% 以上。

商贸服务业

【服务业】

1996 年，凤鸣镇加强对村办、社办企业的指导，大力发展第三产业，积极支持个体私营经济的发展。

1998 年，凤鸣镇个体工商户发展到 2031 户，私营企业发展到 179 家。灵石镇新办企业 11 家。

1999 年，凤鸣镇个体工商户发展到 2100 户，私营企业发展到 190 家。灵石镇引导群众发展第三产业，利用铺面出租或经商，或拉三轮车等，提高农民收入。

2000 年，以菱角村"万家乐"、仁慈村"升禧园"、易埝村"金林花园"为代表的"农家乐园"，加快了观光服务业的发展步伐。

2004 年，凤鸣镇社会消费品零售额实现 1.75 亿元，集市贸易额 2.15 亿元，服务业投入 1900 万元，新增 385 户，实现增加值 3.4 亿元。灵石镇新增服务业 126 户，投入 105 万元，税收 186 万元，实现增加值 6930 万元。

2005 年，灵石镇新增服务业户数 120 户，服务业投入 256 万元，税收 210 万元，服务业增加值 1.09 亿元。

2006 年，凤鸣镇新发展服务业 430 户，服务业税收增长 400 万元，服务业投入 5100 万元，实现增加值 4.2 亿元。灵石镇新发展服务业 80 户，服务业投入 294 万元，税收增长 231 万元，实现增加值 1.08 亿元。

2007 年，凤鸣镇新发展服务业 450 户，实现增加值 4.68 亿元，税收 378.8 万元；灵石镇实现服务业增加值 1.15 亿元，税收 269 万元。

2008 年，凤鸣镇新增服务业 410 户，第三产业实现增加值 4.42 亿元。

2009 年，凤鸣镇提供小额贷款担保 15 户，新增 300 家个体工商户，发展私营企业 15 家。

2010 年，凤鸣镇第三产业企业发展到 4300 家，从业人数 2.67 万人。社会消费品零售总额 5.3 亿元，实现利税 3000 万元。

2011 年，社会消费品实现利税 1.6 亿元；培育物流、加工、文化、商贸、房地产等第三产业，实现增加值 10.7 亿元。

2012 年，凤鸣镇促进文化、旅游、金融、物流、住宿餐饮等第三产业发展，实现增加值 11.24 亿元。

2014 年，凤鸣镇第三产业生产总值 19.5 亿元。

2015 年，凤鸣镇有商贸企业和个体工商户 6000 家，大型农贸市场 3 个，各类服务商家 300 户。

2012 年—2017 年，凤鸣镇（街道）社会消费品零售总额分别为 123849 万元、142426 万元、158647 万元、206588 万元、235048 万元、264180 万元。

2016 年—2017 年，凤鸣街道商品交易市场交易额分别为 120000 万元、130860 万元。

2012 年—2020 年，凤鸣镇（街道）分别有市场 5 个、6 个、6 个、6 个、3 个、3 个、3 个、3 个、3 个；营业面积 50 平方米以上综合商店或超市分别有 12 个、12 个、14 个、17 个、18 个、38 个、38 个、38 个、72 个。

2013 年—2020 年，凤鸣镇（街道）分别有住宿餐饮企业 18 个、23 个、30 个、47 个、47 个、47 个、47 个、47 个。2016 年—2018 年，凤鸣街道住宿与餐饮企业营业收入分别为 2820 万元、3328 万元、3328 万元。

2016 年，凤鸣街道住宿业法人企业 23 个，星级饭店 2 个，客房 690 间（星级饭店客房 130 间）；旅行社 3 个。

2017 年，凤鸣街道住宿业法人企业 33 个，星级饭店 2 个，客房 730 间（星级饭店客房 130 间）；旅行社 3 个。

【金融业】

凤鸣街道位于彭山区城区，金融业发展迅速。20 世纪 90 代末开始有银行自动存取款机。

2007 年 11 月，彭山县农村信用社与彭山县城市信用社合并为彭山县农村信用合作联社。

2008 年 4 月 21 日，中国邮政储蓄银行彭山支行成立。

2011 年 4 月 20 日，彭山珠江村镇银行股份有限公司成立，简称"彭山珠江村镇银行"。

2011 年 11 月 29 日，中国银行股份有限公司眉山彭山支行成立，简称"中国银行彭山支行"。

2014 年 1 月 21 日，成都银行股份有限公司眉山彭山支行成立，简称"成都银行彭山支行"。

1999 年—2011 年，凤鸣镇年末居民储蓄余额分别为 37674 万元、87560 万元、97960 万元、86277 万元、87054 万元、89008 万元、89580 万元、90160 万元、90421 万元、112030 万元、117330 万元、134436 万元、143846 万元。

2008 年—2012 年，凤鸣镇有储蓄所 17 家。

2013 年—2019 年，凤鸣镇（街道）有金融机构服务网点 17 家；2020 年，凤鸣街道有金融机构服务网点 19 家。

【银行网点名录】

2020 年凤鸣街道辖区内银行网点主要有：中国银行股份有限公司眉山彭山支行，位于彭祖大道北段；中国邮政储蓄银行股份有限公司眉山市彭祖大道支行，位于彭祖大道北段 294 号；成都银行股份有限公司眉山彭山支行，位于彭祖大道三段 111 号；中国工商银行股份有限公司彭山支行，位于紫薇路 61 号；中国工商银行股份有限公司彭山北街支行，位于北街 40 号；中国建设银行股份有限公司彭山支行，位于凤鸣大道二段483 号、485 号、487 号、489 号、491 号、493 号、495 号、497 号、499 号、501 号；中国建设银行股份有限公司彭山彭祖大道支行，位于凤鸣街道古城北路 250 号、252号、254 号、256 号、258 号；中国建设银行股份有限公司彭山建设路支行，位于建设路 24~30 号；眉山市彭山区农村信用合作联社，位于彭祖大道三段 246 号；眉山市彭山区农村信用合作联社城区信用社，位于彭祖大道三段 246 号；眉山市彭山区农村信用合作联社凤鸣分社，位于彭祖大道二段 578 号、580 号；眉山市彭山区农村信用合作联社灵石分社，位于南街 161~163 号；眉山市彭山区农村信用合作联社东街分社，位于东街 46 号；中国农业银行股份有限公司眉山彭山支行，位于建设路 181 号；中国农业银行股份有限公司彭山北街支行，位于北街 122 号；中国农业股份有限公司彭山东街分理处，位于长寿广场望月楼 4~6 号；中国农业银行股份有限公司彭山彭祖分理处，位于彭祖大道三段 154 号；彭山珠江村镇银行股份有限公司，位于蔡山东路 223 号；彭山珠江村镇银行股份有限公司城南支行，位于古城南路 63 号、65 号、67 号。

安全生产

2002 年始，凤鸣镇成立安全生产委员会，各村（居）委会、企事业单位组建安全生产领导小组，企业有安全生产监督机构，确保安全生产"层层有人抓""事事有人管"。

【安全生产宣传】

2002 年，灵石镇认真学习宣传《安全生产法》，发放宣传册 600 份。

2003 年，凤鸣镇利用报刊、电台、广播站和召开会议的机会，开展安全生产法规宣传活动，对农民重点进行用电、防火、安全教育，对居民进行用电、液化气、天然气等方面的安全教育。

2007 年，凤鸣镇以板报、标语、印发宣传资料等形式，以巡回播放安全生产警示片、制发安全生产图文展板、安全生产文艺宣传活动为载体，开展"安全生产月"主题宣传教育活动，被省安全委《安全生产简报》采用信息 1 条；被县安办采用信息3 条。

2014 年，凤鸣镇发放安全宣传资料 1.1 万份。

2019 年，凤鸣街道开展安全宣传"七进"（进企业、进校园、进机关、进社区、进农村、进家庭、进公共场所）活动。

2020 年，凤鸣街道印发《安全宣传"五进"工作实施方案》，在辖区开展"进企业、进农村、进社区、进学校、进家庭"安全宣传活动。

【安全生产工作】

2002 年，灵石镇与企业签订《安全生产责任书》50 份。

2003 年，凤鸣镇制定安全生产工作的意见，成立"交通安全年"活动领导小组，组织交通安全培训 2 期 180 人次。

2004 年，灵石镇投入 1 万元资金用于安全生产制度建设，用于安全生产检查、隐患整治、宣传、教育培训等工作；签订安全生产责任书 280 份，组织辖区内企业负责人参加安全生产培训会 2 次 82 人次。

2007 年，凤鸣镇做到了重点时期安全生产工作有具体的安排和措施，被评为"彭山县安全生产先进集体"。

2008 年 6 月，凤鸣镇开展"安全生产月"活动。以治理隐患、防范事故为活动主题，活动内容包括"安全生产进万家"、灾后隐患排查治理执法监察、安全生产温馨提示、安全生产监管规范化建设等。

2014 年，凤鸣镇通过省级安全社区建设验收，成为彭山区第一个"省级安全社区"；组织各种安全培训 125 次，参训人员 6200 人次。

2015 年，按照全国安全生产电视电话会议精神，凤鸣镇集中开展安全生产领域"打非治违"专项行动。

2016 年 6 月 1 日—30 日，凤鸣街道在辖区内开展"安全生产月"活动。包括开展一次大规模的安全生产专题会、安全生产宣传咨询日、消防应急演练、安全生产专题培训、"2016 年安全之星，眉山榜样"评选、安全生产专项检查等活动。

2017 年，凤鸣街道印发《关于切实做好冬季安全生产工作的通知》，重点做好消防、道路交通、森林防火、烟花爆竹监管、工矿企业安全生产、食品安全监管等方面的安全隐患排查，并加大整治力度。

2018 年 6 月 4 日—30 日，凤鸣街道在辖区内开展"安全生产月"活动。包括"坚持安全发展"主题宣讲、安全生产领域标准化管理"大学习、大交流、大提升"、安全生产宣传咨询日、"城市安全我建议"主题意见征集、"我要安全、我会安全"集中宣誓、企业安全风险分级管控和隐患排查治理、安全生产警示教育、安全生产应急演练、安全文艺演出"七进"等活动。宣传贯彻《安全生产法》，强化危险化学品、烟花爆竹、道路交通、学校、人口密集场所、消防、汛期安全、食品等重点行业、重点领域安全生产大检查，实行隐患排查整治常态化管理，强化村（社区）安全生产工作督察考核。

2019 年 6 月 1 日—30 日，凤鸣街道开展"安全生产月"活动。活动包括开展安全宣传、安全生产宣传咨询日、安全文化创建、安全风险防范、应急演练、"保平安迎大庆"专项执法等活动。

2020年，凤鸣街道对辖区重点企业、重点行业、重点场所、重要时段常态化开展安全生产检查。

【百日安全生产活动】

2002年2月1日—5月11日，凤鸣镇开展"春季百日安全生产活动"，成立"百安活动"领导小组，开展道路和水上交通、爆炸物品及烟化爆竹、公众聚集场所消防安全、危险化学品及重大危险源、农用车、摩托车非法载客、铁路及交叉道口、锅炉压力容器及特种设备、建筑施工场地等的安全检查，未发生重特大事故安全事故。

2008年12月22日—2009年3月31日，凤鸣镇开展以贯彻法规、落实责任、治理隐患、遏制事故为主题的"百日安全生产活动"。通过制定方案、宣传启动，排查隐患、实施整改，查漏补缺、总结提高三个阶段，开展道路交通、水上交通、消防及公共安全、危化品、民爆物品和烟花爆竹、建筑及城市公用设施六个方面的安全生产专项整治活动。

2010年，在"百日安全生产活动"活动期间，凤鸣镇排查出事故隐患36处。

2010年12月20日—2011年3月31日，凤鸣镇开展以强化监管、落实责任、突出预防、保障平安为主题的"百日安全生产活动"。突出抓好"两个重点、三个关键"（重点行业、重点场所、关键企业、关键部门、关键岗位），巩固道路及水上交通、非煤矿山、危险化学品、烟花爆竹、消防、民爆器材、冶金等重点行业领域专项整治成果，强化对重点企业的监管。

2013年12月22日—2014年3月31日，凤鸣镇开展以查隐患、严执法、压事故、保平安为主题的"百日安全生产活动"，确保"两节""两会"期间安全生产形势稳定。

【安全检查与隐患整治】

2002年，灵石镇出动工作人员300人次，对企业、机关、学校、河道、道路运输进行检查，排除安全隐患30起。

2003年，凤鸣镇召开安全生产工作委员会例会12次，组织大小检查30次。灵石镇开展企业生产设备安全隐患检查、特种作业人员持证上岗自查等专项安全整治工作，排除安全隐患3起。

2004年，灵石镇进行安全大检查4次，一般检查8次，出动车辆18台次，人员62人次，针对辖区内各社区、村委会、铁路、公路沿线，岷江河灵石渡口，自用船只使用，岷江河堤、河道安全，厂矿、企业、学校、加油站、危化品贮用、烟花爆竹销售摊点、文化娱乐场所、辖区内火三轮、拖拉机、危旧房屋等进行安全检查。

2007年，凤鸣镇排查整治安全隐患298起，开展安全生产常规性排查整治活动39次，开展重点时间专项整治活动21次，对11个重点单位企业进行不定期的明察暗访，发出安全隐患限期整改通知 7 份。

2009 年，凤鸣镇开展交通安全、危化品、民爆物品以及烟花爆竹安全、公众聚集场所消防安全、建筑施工、电力、教育、水利、旅游、农机、特种设备等行业（领域）安全生产专项整治。

2011 年，凤鸣镇排查出事故隐患 600 处。对能及时进行整治的，限期进行整治；对不能及时整改的，制定整改措施，设置警示标志；对属于镇政府负责的，落实经费，落实专人，落实整治时间如期进行整改。

2012 年，凤鸣镇制定集中开展安全生产领域"打非治违"专项行动实施方案。排查安全隐患 115 处，整治安全隐患 102 处。

2013 年，凤鸣镇发现安全隐患 82 处，整治落实 82 处。

2014 年，凤鸣镇排查出隐患 365 起，整改 365 起，累计投入整改建设资金 1.3 亿元。

2015 年，凤鸣镇围绕危化品、烟花爆竹、人口密集场所、学校等重点领域和关键环节，开展日常监督 100 次，专项检查 30 次，排查隐患 260 处。抓隐患整治，争取上级排危资金 50 万元，实施高速路涵洞、江渔堤桥、江渔村天然气管道、部分村道等事故隐患整治。开展劳动密集型企业消防安全专项治理，对同一时间容纳 30 人以上的制鞋、制衣、玩具、肉食、蔬菜、水果六类加工场所和员工集体宿舍，进行为期 3 个月的整治。

2015 年 3 月—2017 年 9 月，凤鸣镇（街道）开展油气输送管道隐患整治攻坚战，成立隐患整治领导小组，领导小组对油气输送管道领域安全隐患整治开展暗查暗访，村（社区）每季度组织不少于 1 次专项检查。

2016 年 12 月 1 日—31 日，凤鸣街道开展岁末年初安全生产大检查。

2017 年 3 月—4 月，凤鸣街道开展安全生产大检查、问题整治集中攻坚行动。针对烟花爆竹、水陆交通、食药品、燃气、非煤矿山、危化品、人员密集场所、在建工地项目施工、无证采矿、私挖盗采、越层越界开采、砂石开采、危旧房屋、农贸市场、废旧回收、学校、幼儿园、KTV 等重点行业、重点领域进行安全检查。

2017 年 4 月—2019 年 11 月，凤鸣街道开展危化品安全综合治理。

2017 年 8 月—2020 年 4 月，凤鸣街道按照动员部署、自查自纠、集中整治、建章立制四个阶段开展电气火灾防范专项整治。

2018 年 5 月—12 月，通过及时部署、广泛动员（5 月），全面排查、集中整治（6 月—11 月），巩固提高、总结考核（12 月）三个阶段，凤鸣街道开展交通运输、建筑施工、危化品和烟花爆竹、城乡公共、消防、工贸行业、特种设备、人员密集场所、娱乐行业、学校、农机、沼气工程、森林防火等安全生产专项整治行动。

2018 年 7 月—2019 年 2 月，凤鸣街道集中开展为期 9 个月的电动自行车消防安全综合治理工作。

2019 年，凤鸣街道开展安全隐患大排查大整治工作，排查隐患 86 处，完成整改 83

处。对辖区内 760 家"三小"（小食品店、小作坊、小经营店）行业、"三防"（防蝇、防尘、防鼠）设施进行整改。

2020 年 7 月—12 月，凤鸣街道开展危化品和易燃易爆物品、交通运输、建筑施工、消防、工贸、特种设备、学校、铁路外环境、防汛、地质灾害、文化和旅游等领域安全生产"排险除患"集中整治工作。

【食品药品安全】

2010 年，凤鸣镇印发《食品安全法》和食品安全宣传资料 820 份，办黑板报 16 期，教育培训 1.6 万人次，培训农村流动厨师 48 人次，与各社区、村、企事业单位签订安全责任书 120 份。

2011 年，凤鸣镇开展食品药品安全教育培训 1.82 万人次，培训农村流动厨师 46 人次，签订安全责任书 126 份。

2013 年 5 月 1 日—7 月 20 日，凤鸣镇开展农产品质量、生产加工食品质量、肉禽质量等安全专项整治"百日行动"。

2017 年 6 月 27 日—9 月 15 日，凤鸣镇开展食品生产加工、食品流通销售、餐饮服务等环节夏季食品安全大检查。

2019 年，凤鸣街道推进食品药品安全监管，开展"三小"行业、"三防"设施专项改造行动，辖区内"三小"总数 743 家，需要改造 598 家，申请改造 420 家，完成验收 420 家，因拆迁等原因缓改 178 家。"三防"设施改造工程费用共计 93.24 万元，申报奖励 41.93 万元。组织开展餐饮、食品经营店、小摊点、食品企业、药店、按摩场所检查，共计检查 982 户，小摊点 42 户，超市 58 家次，食品企业 15 家次，药店诊所 32 户，食品仓储 6 户。联合食药监局、市场管理局联合执法 12 次，出动巡查车辆 50 次，检查发现隐患 59 处，查处非法生产经营窝点 4 处，现场整治 52 处，对剩余 7 处，6 处上报食药监所、1 处立即关门停业。出动执法人员 300 人次，检查餐饮服务单位 185 家，学校食堂 14 户，企业单位 16 家，下发监督意见 35 份，责令整改 3 份。开展食品安全专题培训会 4 次，发放宣传单 1.5 万份。

2020 年，凤鸣街道组织开展餐饮、食品小作坊、小经营店及摊贩、食品企业等场所检查 1146 家次，小摊贩 32 户，超市 45 家次，食品企业 5 家次。开展食品安全专题培训会 4 次，对村（社区）食品安全信息员、食品生产经营重点企业负责人、流动厨师进行业务培训，培训 500 人次。出动执法人员 380 人次，检查餐饮服务单位 180 家，食品生产企业 20 次，学校、幼儿园食堂 30 次。引导食品"三小"经营单位主动积极参与升级改造，排查规范食品"三小"经营单位 473 家，其中需升级改造 185 家，全部完成整改验收。

【防洪防汛】

1996 年，凤鸣镇政府与城建局组建"凤鸣镇防汛指挥部"，统一指挥防汛排涝工作。指挥部下设 1 室 6 队，即 1 个办公室、6 个防洪排涝抢险大队。

1999 年，灵石镇实行"三定"（定领导、定地段、定责任范围）责任制，5 月 10 日—9 月 30 日，实行 24 小时值班，沿堤各村分别组织民兵抢险和预备队伍。

2002 年，凤鸣镇制定防洪工作预案，组建防汛指挥部，下设 1 室 7 大队，即 1 个办公室、7 个防洪排涝抢险大队。

2003 年，凤鸣镇防汛工作实行首长负责制，各村对区域内的水利、防洪设施进行全面检查，准备了防洪防汛物资。

2011 年，凤鸣镇组建由镇长任指挥长的防汛指挥部，下设 1 室 8 大队。5 月 1 日—9 月 30 日，实行 24 小时值班制。

2012 年，凤鸣镇建立救灾应急预案，坚持汛期 24 小时值班，及时查灾、核灾、救灾。

2018 年，凤鸣街道制定防汛抗旱减灾预案，按照预案部署安排工作，开展地质灾害巡查，准备好应急物资。7 月，暴雨极端天气频繁，街道各级各部门备齐防汛物资、完善防汛预案、落实防汛人员，各驻村工作组对辖区内地质灾害点、内涝点、危房进行排查，全体机关干部实行 24 小时值班制，手机保持 24 小时畅通。

2020 年，凤鸣街道印发防汛工作应急预案。落实编织袋 7450 条、柴油 200 公斤、砂石 3000 立方米、船 4 只、车辆 10 辆、防水布 5000 米、竹子、树棒等防汛物资。

农林牧渔业

1992 年前，凤鸣镇基本无农业可言，只有蔬菜村种有少量蔬菜。1992 年—2020 年，乡镇合并后凤鸣镇（街道）开始发展农业，按照"稳粮调结构，增收奔小康"的要求，发展优质高效农业。围绕建立"岷江农业现代园区"目标，积极推进农林牧渔业发展，农业经济显著提升。

农业

【产业结构调整】

1992 年，灵石镇 8 个村均建立农村综合服务站，在各村形成配套的服务网络。

1994 年，凤鸣镇深化农村改革和结构调整步伐，完成 5000 亩种植面积结构调整任务，优质水稻、优质蔬菜、瘦肉型猪、良种鹅鸭、集约化养鱼、特种水产养殖六大商品基地建设初见成效。

1998 年，凤鸣镇围绕"决不放松粮食生产，积极发展多种经营"的方针，促进农业生产。

1999 年，凤鸣镇在菱角村建成 500 亩制种基地，在金烛村、黎埝村建成 300 亩泽泻基地，易埝村建成 50 亩苗木花卉基地，高集村建成 50 亩优质水果基地；灵石镇组成了农村产业结构调整领导小组，在文殊村建了大棚蔬菜种植示范试点，成立了"灵石镇渔业协会"指导服务全镇养鱼户，带动渔业发展。

2001 年，灵石镇立足镇情，促进农村剩余劳动力转化，对于产粮村，在稳定粮食生产的同时，引导群众发展畜禽养殖业，对于城郊接合部的村，引导群众发展短途运输、房屋出租和餐饮娱乐等第三产业。

2002 年，凤鸣镇制定关于全面推进农业和农村经济跨越式发展的意见。灵石镇经济作物面积 6500 亩，粮经作物比例为 49.8∶50.2。

2003 年，凤鸣镇建成无公害农产品基地 5000 亩，其中示范基地 50 亩，多经作物面积 14940 亩，粮经作物比例从 70.01∶29.99 提高到 65.1∶34.9。灵石镇粮经作物比例由 49.8∶50.2 调整为 48.9∶51.1，形成"一村一品"格局。

2004 年，凤鸣镇以工稳农，以城带乡，引进培育龙头企业；灵石镇成立种养业协会和猪业、鸭业、渔业、食用菌 4 个专业协会，建成 1 个全县最大的肉鸭养殖基地。

2005 年，凤鸣镇以助农增收为核心，坚持"多予少取放活"的方针，开展传统农业的改造，奶牛、生猪、种养场发展到 30 个，畜禽、蔬菜、水果、种养专业户、重点户达到 500 户。

2006 年，凤鸣镇形成无公害绿色农产品基地 5000 亩。

2007 年，凤鸣镇易埝村优质稻完成 2700 亩，金烛村泽泻完成 2200 亩，江渔村芽村基地完成 1300 亩，发展优质竹木产业 720 亩。灵石镇将双漩村建成"一村一品"专业村，蔬菜种植面积 1050 亩，年产值 650 万元。

2009 年，凤鸣镇抓"一村一品"，发展泽泻、川芎等中药材 7700 亩，在菱角村发展冈优 428 优质稻 2000 亩，新发展龙头企业 1 家，农机、渔业养殖专业合作社 2 个。

2010 年，凤鸣镇制定特色效益农业建设工作方案，将成乐高速路凤鸣镇 4 千米过境段两侧 800 米内的耕地，统一规划为凤鸣镇特色效益农业产业带，覆盖石家、宝珠、金烛、江渔、易埝、菱角 6 个村 20 个农业社。

2011 年，凤鸣镇抓住新农村建设步伐、基本农田保护、"金土地"整理等机遇，利用鼓励土地流转政策，发展规模、高效产业，建成蔬菜、中药材、淡水鱼、粮油、畜禽、水稻制种"六大"支柱产业。

2013 年，凤鸣镇有种植大户 7 户，畜禽养殖大户 5 户。全面启动农业示范带建设，在成乐高速公路两侧，完成 600 亩蔬菜基地建设，稳固发展蔬菜、中药材、淡水鱼、粮油、畜禽、水稻制种特色规模农业。

2014 年，凤鸣镇有种植大户 14 户，畜禽养殖大户 8 户。经 5 个村村民代表大会讨论通过，一致同意打造宝珠、石家、金烛 3 个村为现代农业发展项目的核心区，田型调整 4000 亩，地力培肥 1 万亩，衬砌排灌沟渠 42.9 千米，田间生产路 20.6 千米，高产创建 1 万亩。发动农民投劳筹资，其中村民筹资 117 万元，投劳折资 363 万元，社会集资 442 万元，项目实施过程中占用青苗、土地等 78 万元，保质保量、按期完成田型调整、渠道疏浚、夯实路基及开沟排湿等工程。

2015 年，凤鸣镇建立专业合作社、家庭农场 35 家。

2016 年，凤鸣街道有种植大户 16 户，畜禽养殖大户 6 户，家庭农场 57 户。

2017 年，凤鸣街道有种植大户 28 户，家庭农场 65 户。

2018 年，凤鸣街道有种植大户 28 户，家庭（林牧渔）场 35 户。

2019 年—2020 年，凤鸣街道农业企业分别有 13 家、10 家，家庭农场分别有 84 个、86 个。

【农村劳动力】

1992 年，凤鸣镇有农村劳动力 19310 人。劳动力中有本科 356 人、专科 536 人、中专 1468 人、高中 3178 人、初中 1482 人、小学 14028 人。随着改革开放的深入和城镇化的发展，常年外出和出省打工人数增多，农村劳动力也随之发生变化。

2012 年—2020 年劳动力情况统计表

单位：人

年份	合计	其中			常年外出劳动力	转移出省劳动力
		农业从业人员	男	女		
2012	13143	6764	6771	6372	6376	825
2013	11091	6071	5698	5293	6731	972
2014	12768	5547	6519	6249	7014	990
2015	13729	6885	7014	6715	7335	951
2016	13721	4993	7011	6710	7571	942
2017	13325	6645	6721	6604	4472	626
2018	13141	3327	—	—	7755	615
2019	12709	3514	—	—	6963	821
2020	12421	8010	—	—	6803	954

【耕地面积】

1992 年—2020 年，凤鸣镇（街道）在发展过程中，虽然经历乡镇合并、农业产业结构调整、农业人口变化、土地流转等政策调整，但耕地面积整体变化不大。

1992 年—2020 年凤鸣镇（街道）年末实有耕地面积统计表

单位：亩

	1992 年	1993 年	1994 年	1995 年	1996 年	1997 年	1998 年	1999 年	2000 年	2001 年
面积	34140	34140	34140	33478	18975	18975	18975	18975	18972	18739
	2002 年	2003 年	2004 年	2005 年	2006 年	2007 年	2008 年	2009 年	2010 年	2011 年
面积	18552	17760	17655	17400	17430	17490	20520	20910	22095	22095
	2012 年	2013 年	2014 年	2015 年	2016 年	2017 年	2018 年	2019 年	2020 年	
面积	20845	20845	22095	27552	20850	20850	20100	23762	25832	

1995 年，灵石镇有耕地 6447 亩，其中田 4537 亩，地 1910 亩。

2000 年，灵石镇有耕地 5724 亩，其中田 4172 亩，地 1552 亩。

2001 年，灵石镇有耕地 5626 亩，其中田 3895 亩，地 1731 亩。

2002 年，灵石镇有耕地 5610 亩，其中田 4006 亩，地 1604 亩。

2003 年，灵石镇有耕地 5550 亩。

2007 年，灵石镇有耕地 4995 亩。

2008 年—2020 年，凤鸣镇（街道）有效灌溉面积分别为 15150 亩、17310 亩、16650 亩、16650 亩、16650 亩、19740 亩、20850 亩、20850 亩、20850 亩、20850 亩、20850 亩、21101 亩、25599 亩。

2012 年—2017 年，凤鸣镇（街道）耕地流转面积分别为 3300 亩、3495 亩、9495

亩、10740 亩、10740 亩、12000 亩。

【农田建设】

1992 年，灵石镇抓三级示范田，其中镇级 100 亩，村级 300 亩，社级 440 亩。

2007 年，凤鸣镇实施"金土地"工程，完成整治土地 3871 亩，实现新增耕地 531 亩，基本农田面积 2170 亩。

2008 年，凤鸣镇 1400 亩基本农田得到有效保护，实施"金土地"项目完成土地整理 30 亩。

2009 年，凤鸣镇实施"金土地"项目，整理土地 4800 亩，新增耕地 480 亩，建设高产农田 1000 亩。

2010 年，凤鸣镇完成"金土地"整理 5300 亩。

2011 年，凤鸣镇启动实施基本农田保护"双挂钩"（建设用地增减挂钩、城镇建设用地增加与农村建设用地减少相挂钩）工程，计划搬迁安置农户 1200 户。

2012 年，凤鸣镇新建高标准农田 5000 亩。

2014 年，凤鸣镇创建高标准示范农田 1000 亩。

2015 年，凤鸣镇投入资金 815 万元，完成 1200 亩高标准农田建设。

2018 年—2020 年，凤鸣街道高标准农田面积分别为 2000 亩、21101 亩、22851 亩。

【农业机械化】

1992 年—2020 年，凤鸣街道始终把农业机械化作为实现传统农业向现代农业转变的根本手段，在农机推广、农机培训、农机管理、农机服务上下功夫，推动了农业机械化工作的向前发展。

2004 年，灵石镇确定平乐村、红星村为"农机安全生产示范村"。

2006 年，凤鸣镇开展"平安农机村创建工作"，利用集市开展宣传 6 次，印发宣传资料 3400 份。

2006 年—2008 年，凤鸣镇农机站与拖拉机驾驶员、村委会签订农机安全责任书。

2008 年，凤鸣镇小麦、水稻机收面积为 2.12 万亩。

2008 年—2012 年，农业用电总量分别为 810 万千瓦时、891 万千瓦时、891 万千瓦时、953 万千瓦时、981 万千瓦时。2010 年，凤鸣镇兑现农机补贴 43 万元。

2014 年，凤鸣镇农业机收、机播 1.9 万亩，机耕面积 9000 亩；加快金烛村农机化示范工程项目农机作业便道建设，为全镇提供农机服务；实现农机总动力 3.54 万千瓦，主要农作物耕、种、收机械化水平达到 63%；宝珠村获得彭山县"农机安全生产示范村"。

2015 年，凤鸣镇农业机收、机播 1.2 万亩，机耕面积 5000 亩；完成农机购机补贴金额 40 万元，农机总动力 3.55 万千瓦，主要农作物耕、种、收机械化水平实现 65.5%。

2019 年，凤鸣街道开展"平安农机"创建和拖拉机道路交通安全综合整治。

【农业普查】

1996 年，凤鸣镇开展第一次全国农业普查。普查标准时点为 1996 年 12 月 31 日，时期资料为 1996 年度。成立凤鸣镇第一次全国农业普查领导小组，下设办公室、业务组、宣传组、后勤组。

2006 年，凤鸣镇进行第二次全国农业普查。普查标准时点为 2006 年 12 月 31 日，时期资料为 2006 年度。涵盖农业、农村和农民的基本信息，普查对象为全镇境内所有从事第一产业活动的单位和农户，所有农村村社。普查包括从事第一产业活动单位和农户的生产经营情况、村及社区环境情况、农业土地利用情况、农业和农村固定资产投资情况、农村劳动力就业及流动情况、农民生活质量情况六个方面的内容。

2016 年，凤鸣街道开展第三次全国农业普查。普查标准时点为 2016 年 12 月 31 日，时期资料为 2016 年度资料。普查对象为辖区范围内的农村住户，包括农村生产经营户和其他住户、城镇农业生产经营户、农业生产经营单位、村民委员会、乡镇人民政府。普查范围包括农作物种植业、林业、畜牧业、渔业和农林牧渔服务业。普查包括农业从业者基本情况，农业土地利用与流转情况，农业生产与结构情况，新型农业经营主体与农业规模化、产业化发展情况，新农村建设情况，农村人居环境与农民生活方式变化情况等内容。

种植业

凤鸣镇（街道）以种植水稻、小麦、玉米、油菜为主，主要经济作物有泽泻、川芎、杂交水稻制种、果蔬等。灵石镇粮食主产水稻、小麦、玉米；经济作物主产甘蔗、油菜籽、蔬菜、花生、烟叶等。2013 年后，为建设凤鸣版的都市近郊型现代农业"都市后花园"需要，粮食作物大大减少，小麦、玉米、薯类等不再是重要粮食生产。

【播种面积】

乡镇合并，城镇化进程加快，农作物播种面积整体趋势是粮食作物播种面积减少，经济作物播种面积增大。

1999 年—2020 年凤鸣镇（街道）播种面积统计表

单位：亩

年份	农作物播种面积	粮食作物播种面积	年份	农作物播种面积	粮食作物播种面积
1999	41985	34440	2010	63285	38385
2000	39180	31815	2011	63285	39300
2001	39180	31815	2012	60597	36941
2002	42270	31815	2013	60258	36825

续表

年份	农作物 播种面积	粮食作物 播种面积	年份	农作物 播种面积	粮食作物 播种面积
2003	42690	32040	2014	59118	37440
2004	43875	32385	2015	59240	37393
2005	46425	33690	2016	59074	36902
2006	47490	33765	2017	57680	36178
2007	47400	33450	2018	33345	16828
2008	56955	39855	2019	32467	16006
2009	60930	38925	2020	32597	18069

【粮食总产量】

1992 年—2020 年，凤鸣镇（街道）粮食总产量随着播种面积的变化而变化，保持在正常水平。

1992 年—2007 年粮食总产量统计表

单位：万公斤

	1992 年	1993 年	1994 年	1995 年	1996 年	1997 年	1998 年	1999 年
凤鸣镇	2224.4	2256	2250	2250	1376	1389	1386.8	1395.3
灵石镇	435.9	364.11	347.67	336.4	325.7	311	314	309.8
	2000 年	2001 年	2002 年	2003 年	2004 年	2005 年	2006 年	2007 年
凤鸣镇	1383.4	1265.9	1348.9	1361.2	1384.6	1410.1	1406.3	1450
灵石镇	310.5	265.8	270.6	259.9	272.6	281.2	274.8	225

2008 年—2020 年凤鸣镇（街道）粮食总产量统计表

单位：万公斤

	2008 年	2009 年	2010 年	2011 年	2012 年	2013 年	2014 年
粮食总产量	1607.3	1650.3	1665.8	1675.2	1532.3	1577	1583.6
	2015 年	2016 年	2017 年	2018 年	2019 年	2020 年	
粮食总产量	1623.9	1615	1583.4	892.8	870	988	

【水稻制种】

1996 年，凤鸣镇在菱角、金烛、易埝 3 个村发展杂交水稻制种 1000 亩。2000 年，凤鸣镇菱角村、金烛村建成 800 亩水稻制种基地。2001 年，凤鸣镇水稻制种 2800 亩；2003 年，凤鸣镇水稻制种 1050 亩；2004 年，凤鸣镇水稻制种 800 亩。2005 年，凤鸣镇巩固扩大水稻制种基地 2 个。2006 年，凤鸣镇水稻制种 1050 亩。2007 年，凤鸣镇水稻制种 1200 亩。2010 年，凤鸣镇水稻制种 2300 亩。

【水稻】

1992 年，灵石镇水稻种植 5300 亩。1993 年，灵石镇水稻种植 4800 亩，规范化栽培达 90%。1999 年，灵石镇水稻亩产 551 公斤。2000 年，灵石镇水稻种植 4204 亩，总产 232 万公斤，亩产 552 公斤。2001 年，灵石镇水稻种植 4015 亩，总产 192.8 万公斤。2002 年，凤鸣镇发展优质稻 1.1 万亩；灵石镇水稻种植 3543 亩，总产 193.1 万公斤，亩产 550 公斤。2003 年，凤鸣镇发展优质稻 1.51 万亩。2004 年—2007 年灵石镇发展优质稻分别为 3000 亩、3000 亩、3100 亩、3000 亩。2007 年，凤鸣镇优质稻种植 1.6 万亩。

1992 年—2002 年凤鸣镇水稻种植面积、产量统计表

	1992 年	1993 年	1994 年	1995 年	1996 年	1997 年
面积（亩）	31975	31662	49280	18310	18310	17871
单产（公斤）	507	505	504	511	518	529
总产（万公斤）	1621.58	1599.69	2485.48	936.39	948.51	947.05

	1998 年	1999 年	2000 年	2001 年	2002 年
面积（亩）	17827	17792	17751	17514	16817
单产（公斤）	530	531	549	480	549
总产（万公斤）	945.8	946.17	974.4	839.8	922.5

2008 年—2020 年凤鸣镇（街道）水稻种植面积、产量统计表

	2008 年	2009 年	2010 年	2011 年	2012 年	2013 年	2014 年
面积（亩）	19534	19801	19699	19699	19982	19729	19707
单产（公斤）	541	555	568	570	562	573	569
总产（万公斤）	1056.5	1099.1	1118.1	1122.7	1123.7	1131.3	1121.4

	2015 年	2016 年	2017 年	2018 年	2019 年	2020 年
面积（亩）	19853	19593	19380	15204	15204	15568
单产（公斤）	580	586	578	554	572	571
总产（万公斤）	1151.1	1149	1119.4	842.8	869.7	888.9

【小麦】

1992 年，灵石镇种植小麦 3700 万亩。1993 年，灵石镇种植小麦 3000 亩。2000 年，灵石镇种植小麦 2231 亩，总产量 64.6 万公斤。2001 年，灵石镇种植小麦 2172 亩，总产量 60.2 万公斤。2002 年，灵石镇种植小麦 1995 亩，总产量 57.8 万公斤。

1992 年—2002 年凤鸣镇小麦种植面积、产量统计表

	1992 年	1993 年	1994 年	1995 年	1996 年	1997 年
面积（亩）	17115	18951	30668	11705	11721	11800
单产（公斤）	295	295	297	310	314	315
总产（万公斤）	523.32	559.02	914.07	363.62	368.88	371.53
	1998 年	1999 年	2000 年	2001 年	2002 年	
面积（亩）	11813	11817	11565	11557	11351	
单产（公斤）	314	319	310	309	312	
总产（万公斤）	371.7	377.28	360.9	357.3	354.1	

2008 年—2020 年凤鸣镇（街道）小麦种植面积、产量统计表

	2008 年	2009 年	2010 年	2011 年	2012 年	2013 年	2014 年
面积（亩）	13305	13305	13278	13578	12367	12542	12719
单产（公斤）	326	323	326	308	258	264	264
总产（万公斤）	433.1	429.2	433.3	418	319.1	331	335.4
	2015 年	2016 年	2017 年	2018 年	2019 年	2020 年	
面积（亩）	12451	12341	11984	130	185	25	
单产（公斤）	279	266	267	269	308	320	
总产（万公斤）	347.3	328.4	319.7	3.5	5.7	0.8	

【玉米】

2000 年—2002 年，凤鸣镇种植玉米分别为 213 亩、209 亩、241 亩，总产量分别为 3.9 万公斤、3.7 万公斤、5.2 万公斤；灵石镇种植玉米分别为 193 亩、185 亩、288 亩，总产量分别为 5.6 万公斤、4.9 万公斤、6.6 万公斤。

2008 年—2020 年凤鸣镇（街道）玉米种植面积、产量统计表

	2008 年	2009 年	2010 年	2011 年	2012 年	2013 年	2014 年
面积（亩）	526	526	430	430	430	425	441
单产（公斤）	306	291	364	364	342	395	397
总产（万公斤）	16.1	15.3	15.7	15.7	14.7	16.8	17.5
	2015 年	2016 年	2017 年	2018 年	2019 年	2020 年	
面积（亩）	428	415	566	491	491	1892	
单产（公斤）	416	422	353	418	426	436	
总产（万公斤）	17.8	17.5	20	20.5	20.9	82.5	

【豆类】

2000 年—2002 年，凤鸣镇豆类种植分别为 186 亩、216 亩、213 亩，总产量分别为 8.8 万公斤、7.4 万公斤、7.4 万公斤；灵石镇豆类种植分别为 113 亩、102 亩、107 亩，

总产量分别为 1.9 万公斤、2 万公斤、1.7 万公斤。

2009 年—2020 年凤鸣镇（街道）豆类种植面积、产量统计表

	2009 年	2010 年	2011 年	2012 年	2013 年	2014 年
面积（亩）	149	295	295	256	286	328
单产（公斤）	371	210	210	172	150	134
总产（万公斤）	5.5	6.2	6.2	4.4	4.3	4.4
	2015 年	2016 年	2017 年	2018 年	2019 年	2020 年
面积（亩）	329	331	315	211	226	272
单产（公斤）	140	142	149	152	159	180
总产（万公斤）	4.6	4.7	4.7	3.2	3.6	4.9

【薯类】

2000 年—2002 年，凤鸣镇种植薯类分别为 2083 亩、3536 亩、3132 亩，总产量分别为 34.8 万公斤、56.9 万公斤、58.7 万公斤；灵石镇种植薯类分别为 316 亩、319 亩、352 亩，总产量分别为 6.4 万公斤、6 万公斤、11.4 万公斤。

2008 年—2020 年凤鸣镇（街道）薯类种植面积、产量统计表

	2008 年	2009 年	2010 年	2011 年	2012 年	2013 年	2014 年
面积（亩）	4965	5132	4668	4483	3980	3818	4245
单产（公斤）	223	199	197	250	206	240	247
总产（万公斤）	110.7	102.2	91.9	112	81.9	91.6	104.9
	2015 年	2016 年	2017 年	2018 年	2019 年	2020 年	
面积（亩）	4332	4222	3933	792	882	353	
单产（公斤）	238	273	304	288	287	309	
总产（万公斤）	103.1	115.4	119.5	22.8	25.3	10.9	

【油料】

1992 年，灵石镇种植油菜 1100 亩。1993 年，灵石镇种植油菜 993 亩。2000 年，灵石镇油菜亩产 109 公斤。2001 年，凤鸣镇粮油亩产 132 公斤。2002 年，凤鸣镇油菜总产量 38.74 万公斤，灵石镇油菜亩产 130 公斤。2003 年，凤鸣镇油料总产量 36 万公斤，花生产量 1.6 万公斤；灵石镇油料总产量 17.9 万公斤，花生产量 1.4 万公斤。2004 年，灵石镇发展优质粮油 1500 亩。

1992 年—1999 年凤鸣镇油菜产量统计表

年份	面积 （亩）	单产 （公斤）	总产 （万公斤）	年份	面积 （亩）	单产 （公斤）	总产 （万公斤）
1992	3165	127	40.06	1996	3462	126	43.78
1993	5968	131	77.96	1997	2898	135	38.99
1994	5939	128	76.03	1998	2889	115	33.2
1995	6434	127	81.8	1999	2786	103	28.66

2008 年—2020 年凤鸣镇（街道）油料产量统计表

年份	油料面积 （亩）	油菜			花生		
		面积 （亩）	单产 （公斤）	总产 （万公斤）	面积 （亩）	单产 （公斤）	总产 （万公斤）
2008	3812	3355	139	46.6	457	223	10.2
2009	4074	3617	135	48.7	457	199	9.1
2010	4005	3578	137	49	427	193	8.3
2011	3942	3512	135	47.4	430	193	8.3
2012	3932	3505	135	47.2	427	194	8.3
2013	3702	3274	140	45.8	428	194	8.3
2014	3777	3659	140	51.1	118	195	2.3
2015	3806	3689	159	58.8	117	197	2.3
2016	3806	3687	164	60.6	119	193	2.3
2017	4064	3739	164	61.3	325	188	6.1
2018	3912	3721	158	58.8	191	178	3.4
2019	3522	3331	159	53	191	194	3.7
2020	2578	2492	158	39.4	86	209	1.8

【蔬菜】

2000 年，灵石镇建立蔬菜示范片面积 100 亩，蔬菜种植 2000 亩，发展大棚栽蔬菜 250 亩，种植春秋洋芋 1100 亩。2001 年，凤鸣镇优质蔬菜种植 3500 亩。2002 年，灵石镇发展蔬菜基地 1000 亩。2003 年，凤鸣镇蔬菜总产量 390 万公斤，总面积 5200 亩，其中春秋洋芋 1700 亩，海椒 231 亩。灵石镇发展优质蔬菜 2500 亩，其中大棚蔬菜 300 亩，总产量 173.4 万公斤；在文殊村试验稻田种蘑菇，推广种植蘑菇 200 亩，创产值 100 万元。2004 年，凤鸣镇种植蔬菜 3500 亩，稻田蘑菇 50 亩；灵石镇蔬菜总面积 8000 亩，其中优质蔬菜面积 4800 亩，无公害蔬菜 3000 亩。2005 年，灵石镇确定以文殊村为辐射点，带动石家村、宝珠村蘑菇种植，发展蘑菇种植 200 亩。2007 年，凤鸣镇种植大棚蔬菜 2100 亩，新发展芽菜 1300 亩，稻田蘑菇 1000 亩。2009 年，发展早青椒、秋莴笋、秋萝卜等蔬菜面积 420 亩。2010 年 9 月，编制《凤鸣镇人民政府蔬菜产业发展规划（2011—2013）》，打造无公害蔬菜产业基地面积1万亩，无公害蔬菜种植2000亩，大棚果蔬3100亩。2011年，蔬菜产业发展建成基地3500亩，实现年产量1470万公斤，年产值2352万元。发展大棚水果蔬菜1400亩，增收1400万元。2012年，新增蔬菜基地1000亩，基地扩展成7200亩，实现产量3024万公斤，产值4838万元。2013年，蔬菜产业基地扩展成1万亩，年产量4200万公斤，创产值6720万元。

【花卉水果】

1996年，凤鸣镇以高集村成片种植100亩优质水果为基础，成片开发汪家山1000亩优质水果，形成汪家山优质水果基地。1999年，凤鸣镇建成50亩苗木花卉基地，水果产量46.2万公斤。2000年，凤鸣镇在易埝村、菱角村、仁慈村建成150亩苗木花卉基地；灵石镇发展园林苗圃80亩。2001年，凤鸣镇发展优质果树250亩，花卉苗木300亩。2002年，凤鸣镇通过农业招商，引进业主开发成片发展"巨峰""红提""黑提"等优质葡萄280亩、优质丰水梨120亩，栽种笋用竹660亩，发展花卉300亩。灵石镇发展园林花卉120亩。2003年，凤鸣镇水果总产量46万公斤，总面积510亩；灵石镇水果总产量5.2万公斤，发展园林花卉50亩。2004年，凤鸣镇种植水果1.2万亩；灵石镇发展优质水果260亩，水果总产量2万公斤，花卉150亩。2005年，灵石镇水果总产3万公斤，其中发展优质水果260亩。2006年，凤鸣镇种植优质水果5100亩，花卉苗木种植300亩。2015年，凤鸣镇水果种植16382亩。

【中药材】

1999年，凤鸣镇建成300亩泽泻基地。2000年，凤鸣镇在金烛村、黎埝村建成800亩泽泻基地。2001年，凤鸣镇种植药材1500亩。2002年，凤鸣镇发展泽泻1800亩。2003年，凤鸣镇无公害泽泻种植4000亩。2004年，凤鸣镇种植泽泻4100亩。2005年，凤鸣镇泽泻基地辐射到5个村，种植面积达到4000亩。2006年，凤鸣镇泽泻种植4500亩。2007年，凤鸣镇泽泻种植增加4600亩，川芎种植增至800亩。2010年，种植泽泻7800亩、川芎3300亩。2011年，种植泽泻、川芎等中药材7000亩，增收上千万元。2012年种植泽泻、川芎等中药材7000亩。

林业

凤鸣镇（街道）有原生性林业和开发性林业。林盘竹木和丘陵野生林属原生性林业；种植的樱花、大量柑橘属开发性林业。

【种类】

从竹木来划分，凤鸣林业可分为竹类和木类。竹类又可分为慈竹、斑竹、楠竹和簧竹；木类可分为用材林、经济林和观赏林等。凤鸣竹类中有大量慈竹，木类中经济林、用材林、观赏林也在不断发展中。用材林中的水杉、桉树、千丈、香樟、麻柳、桤木和

竹类中的斑竹、楠竹、簧竹都在逐步减少甚至灭迹。

【分布】

凤鸣境内林木分为集中成片分布和散居分散分布。其中用材林主要分布在江渔村的汪家山和王沱山一带丘陵，有1200亩；观赏林樱花主要分布在岷江河堤下西侧，以柑橘为主的经济林集中分布在金烛、江渔、菱角、石家等村。原生性竹林主要散居于全镇各林盘。石家村有"帅家林""季家林""吴家林"，惠灵村有"黎家扁""汪家扁""熊家扁""伍家扁""史家扁""张家扁""吕家扁""徐家扁"等众多林盘分布着原生性竹木。1994年，灵石镇有竹林20537笼，面积700亩。2020年，凤鸣街道有林盘竹木总面积2000亩。

【植树造林】

1992年，凤鸣镇完成凤鸣公园种植草坪6000平方米，栽有30种不同品种的乔、灌、竹木1万株；灵石镇植树3万株，聘请专业护林员1人，成立了12人的护林队。

1993年，灵石镇植树2.3万株，成立护林队1个，限制砍伐率100%。

1995年，凤鸣镇四旁植树3.38万株，森林覆盖率14.45%；灵石镇投资8500万元，植树1.2万株，绿化河堤、公路2千米。

1996年，灵石镇成片造林470亩。

2001年，凤鸣镇种植经济林500亩，完成成片造林110亩，封山育林0.15万亩。

2002年，凤鸣镇育苗155亩，经济林200亩，植树5.41万株，退耕还林种巨桉330亩，封山育林2000亩。

2003年，凤鸣镇植树26万株，低效竹林改造种笋用竹120亩，速丰竹120亩，发展花卉园林100亩，退耕还林2300亩，退耕还竹1400亩，育苗120亩。

2007年，凤鸣镇实施天保工程，森林管护2500亩，巩固退耕还林2500亩。

2008年，凤鸣镇完成退耕还林2500亩，完成各类造林400亩，栽植各类苗木10万株，其中发展经济林100亩，培育成片速生林200亩，疏残林补植100亩，各类育苗150亩。

2009年，凤鸣镇完成森林管护2000亩。

2013年，凤鸣镇完成各种造林500亩，栽种各种苗木6万株，其中发展经济林600亩，培育成片速生林100亩，疏残林补植150亩，四旁植树10万棵，各种育苗200亩。

2015年，凤鸣镇林地覆盖率15.2%。

2019年—2020年，凤鸣街道森林覆盖率分别为37.6%、37.87%。

【绿化】

1992年，灵石镇绿化公路3千米，绿化覆盖率6.78%，绿化率98.55%。

1995年，凤鸣镇绿化率19.9%。

1996年，灵石镇绿化谢青路、蓉兴路等6千米，植树1.16万株；绿化新街、镇政府门前和院坝、中小学等 2250 平方米，镇中心小学被县教育局评为"学校绿化先进单位"，绿化覆盖率 24%，绿化率 98.2%。

1998 年，凤鸣镇绿化造林经省政府工作组检查，实现了全面绿化达标。

1999 年，凤鸣镇绿化道路 7.3 千米。

2000 年，灵石镇道路绿化 5 千米。

2001 年，凤鸣镇道路绿化 5 千米，四旁植树 3 万株，其中全民植树 1.5 万株。

2003 年，凤鸣镇公共绿化面积达到 525 亩。

2007 年，凤鸣镇城区绿化覆盖率达到 34%。

2014 年，根据彭山县县委、县政府"绿海明珠"大会战，大力推进生态文明建设要求，凤鸣镇制定《关于印发〈凤鸣镇 2014 年"绿海明珠"建设实施方案〉》。以春季植树造林战役、夏季抗旱保苗战役、秋季补植补造战役"三大工程"为载体，以绿色基地、绿色庭院、绿色学校、绿色医院"四大行动"为重点，确保全镇森林覆盖率达到 36%，绿化覆盖率达到 44%。

2015 年，凤鸣镇制定《凤鸣镇"花漾彭山"绿化建设方案》。实施范围包括在城区主要街道（滨江路、岷江路、省道 103 线、东街、西街、南街、北街、一环北路、一环南路、彭祖大道、建设路、紫薇路、柏华路、李密路、紫薇下街、灵石路、锁江路、渡江路）重要节点，大型公共建筑物，所有屋顶、阳台、围墙，单位办公区和居民小区、省道 103 线、新彭谢路。实施内容包含开展立体绿化、栽植三角梅等。

2020 年，凤鸣街道对江渔村石回路进行绿化和景观打造，绿化道路 1.8 千米，打造景点 2 处，房屋风貌改造 50 家，美化墙体 3 万平方米，利用闲置土地组织开展植树造林等村庄绿化活动，植树种草 200 亩，建设绿色生态村庄。

【创森工作】

2008 年，凤鸣镇省级森林城市创建通过省级验收。2018 年，凤鸣街道开展创建国家森林城市工作（简称创森工作），成立创森工作领导小组。发放创森倡议书 6 万份、宣传创森小册子 6.4 万份，小区绿化 1000 平方米，完成毛河流域景观修复种植绿化面积 11 亩。通过植树和绿堤建设，在毛河石灰桥打造生态节点 1 处，植树 500 株，接待市级和区级领导检查 10 次以上。在湄洲河文殊院打造生态节点 1 处，植树 1000 株，培植草坪 4000 平方米。

【森林防火】

凤鸣镇成立森林防火领导小组，与村（居）委会、企事业单位签订《森林防火责任书》，落实森林防火责任。加强防火队伍建设，在各村成立护林防火应急分队；加强防火宣传，在林区和进出山路口印刷固定标语、悬挂横幅和设立防火警示牌，在中小学开展森林防火宣传教育；将森林防火工作纳入村规民约管理。

2003 年，凤鸣镇无森林火灾和病虫害发生，查处林政案件 3 件。

2014 年，凤鸣镇获得"眉山市森林防火示范乡镇"。

2018 年，凤鸣街道印发森林防火应急预案。

2019 年，凤鸣街道开展森林防火演练 1 次。

2020 年，凤鸣街道印发森林防灭火专项整治实施方案，整治工作从 2020 年 5 月起至 2021 年 5 月结束，为期 1 年。按照学习动员（2020 年 5 月—6 月上旬）、问题排查（2020 年 6 月中旬—8 月底）、整改提升（2020 年 9 月—2021 年 1 月底）、评估检查（2021 年 2 月—5 月）四个阶段开展专项整治。经过专项整治，提高了辖区内村（居）民的森林防火意识，主动参与森林防火工作，无森林火灾发生。

养殖业

【生猪】

1994 年—1998 年，凤鸣镇出栏生猪分别为 2.57 万头、2.81 万头、1.45 万头、1.2 万头、1.2 万头；1996 年—1998 年，灵石镇出栏生猪分别为 6600 头、8100 头、7500 头。

1999 年，凤鸣镇引进 DLY 原种母猪 20 头，繁育二杂母猪 31 头，出栏生猪 1.21 万头；存栏 0.74 万头，猪肉产量 84.1 万公斤，占全镇肉类产量的 54%。灵石镇出栏瘦肉型猪 4800 头。

2000 年，凤鸣镇引进 DLY 原种母猪 30 头，繁育二杂母猪 56 头，出栏生猪 1.14 万头，猪肉产量 115.4 万公斤。灵石镇出栏生猪 4700 头，出栏 DLY 三元杂交猪 194 头，优质仔猪 460 头，推广饲养二杂母猪 15 头，出栏生猪 30 头以上的专业户 4 户。

2001 年，凤鸣镇出栏生猪 1.22 万头，其中三元杂交猪 3000 头；有年出栏生猪 100 头的专业户 4 户。灵石镇出栏生猪 5800 头。

2002 年，凤鸣镇出栏生猪 1.3 万头，产 DLY 仔猪 2400 头，出栏 DLY 生猪 2005 头。

2003 年，凤鸣镇出栏生猪 1.25 万头，其中年出栏 500 头以上的专业大户 1 户，年出栏 100 头以上的专业户 12 户；灵石镇有养猪专业户 22 户，年出栏肥猪 100 头以上的专业户 16 户。

2004 年，凤鸣镇出栏生猪 1.4 万头，其中三杂商品猪 7000 头，出栏三杂仔猪 7000 头；年出栏 500 头以上的专业大户 5 户，年出栏 100 头以上的专业大户 15 户。灵石镇出栏商品猪 6100 头。

2005 年，凤鸣镇产猪肉 153.4 万公斤；灵石镇出栏商品猪 7300 头，其中 DLY 生猪 2500 头，产 DLY 仔猪 2000 头。

2006 年，凤鸣镇出栏优质商品猪 2.44 万头，其中，DLY 生猪 1.52 万头；灵石镇出栏优质商品猪 8500 头，其中 DLY 生猪 5300 头。

2007 年，凤鸣镇出栏商品猪 2.15 万头，其中 DLY 生猪 1.43 万头；灵石镇出栏商品猪 7300 头，其中 DLY 生猪 4900 头。

2009 年，凤鸣镇出栏生猪 3.26 万头，其中 DLY 生猪 2.51 万头。

2010 年，凤鸣镇出栏生猪 3.56 万头。

2012 年，凤鸣镇建起了畜禽养殖产业基地，出栏生猪 5 万头。

2013 年，凤鸣镇出栏生猪 17660 头。

2015 年，凤鸣镇有 10% 的农户养猪，养殖专业户和养猪大户 43 户，全年出栏生猪 11988 头。

2009 年—2020 年凤鸣镇（街道）生猪养殖统计表

单位：头

年份	年末总头数	能繁母猪	出售和自宰的肥猪	年份	年末总头数	能繁母猪	出售和自宰的肥猪
2009	13313	1212	23783	2015	9342	780	11459
2010	8494	973	24266	2016	8967	805	10289
2011	7928	1021	23296	2017	8638	805	9969
2012	10390	732	20151	2018	5982	447	4906
2013	9904	767	20130	2019	3995	172	3059
2014	10067	717	11648	2020	3776	358	2319

【牛、羊】

牛曾经是乡镇合并前原余店乡、灵石镇农家养的"宝"，养水牛主要用于耕田，养黄牛大多用于拉车。1999 年，凤鸣镇大牲畜牛年末存栏数 275 头。2003 年，凤鸣镇引进奶业业主 2 个，建成兴和奶牛场、阳光乳业 2 个小区，奶牛成栏 239 头，种草面积 2000 亩。灵石镇在平乐、红星引进奶牛业主 2 个，发展奶牛 16 头，建立了 2 个奶牛养殖小区。2004 年，凤鸣镇有奶牛养殖场 2 个；灵石镇存栏奶牛 18 头。2007 年，凤鸣镇出栏肉牛 378 头；灵石镇出栏肉牛 136 头。随着农村机耕面积增大和耕牛有传染炭疽病、败血病和血吸虫病，危害人体健康，全县决定淘汰耕牛，进行了有组织灭除。2013 年后，除有少数农户喂菜牛外，全镇基本无耕牛。

羊是凤鸣镇原农村的家畜，1999 年年末，羊存栏数为 1210 头，4 户人养有 1 头羊。2000 年以后，羊不再是凤鸣农村农家重要养殖业了。2004 年，凤鸣镇有波尔羊场 1 个，灵石镇出栏肉羊 1500 只。2007 年，凤鸣镇、灵石镇出栏羊分别为 4500 头、3600 头。

2009 年—2020 年牛、羊养殖统计表

单位：头

年份	牛			羊	
	年末总头数	能繁母牛	仔牛	出售和自宰的肉羊	年末数
2009	334	266	78	3976	2159
2010	1028	651	78	3232	377
2011	1251	798	156	3224	423
2012	135	78	23	2574	1930
2013	128	86	44	2590	2039
2014	71	48	43	1297	2049
2015	71	48	43	1407	2066
2016	71	48	43	1675	992
2017	28	13	9	1495	1971
2018	158	40	36	628	1199
2019	128	13	13	606	1175
2020	—	—	—	446	1419

【小家禽】

凤鸣镇合并前的农户都有养鸡、鸭、鹅小家禽的好习惯。原灵石镇农户养兔历史较长，曾饲养过"青丝兰""立克斯""日本大耳白兔""安哥拉长毛兔"。

1995 年，凤鸣镇出栏小家禽 45 万只，禽蛋产量 36 万公斤。

1996 年，凤鸣镇出栏小家禽 25 万只，禽畜产量 20 万公斤；灵石镇出栏小家禽 8.3 万只。

1997 年，凤鸣镇出栏小家禽 19 万只，产禽蛋 22.5 万公斤；灵石镇出栏小家禽 19 万只。

1998 年，凤鸣镇、灵石镇出栏小家禽分别为 15 万只、16.2 万只。

1999 年，凤鸣镇、灵石镇出栏小家禽分别为 25 万只、21.4 万只。

2000 年，凤鸣镇、灵石镇出栏小家禽分别为 48 万只、19.2 万只。灵石镇出栏小家禽 300 只以上专业户 45 户，文殊村有养鸡专业户 10 户，养鸽专业户 6 户，每户年均纯收入达 1.5 万元。

2001 年，凤鸣镇、灵石镇出栏小家禽分别为 47 万只、24.45 万只；凤鸣镇年出栏小家禽 300 只以上的专业户 75 户。

2002 年，凤鸣镇、灵石镇出栏小家禽分别为 62 万只、29.59 万只，凤鸣镇出栏小家禽 300 只以上专业户 210 户。

2003 年，凤鸣镇出栏小家禽 55.7 万只，灵石镇户出栏小家禽 5000 只以上的养殖大户 12 户。

2004 年，凤鸣镇、灵石镇出栏小家禽分别为 57 万只、36 万只。

2006 年，灵石镇出栏小家禽 65.1 万只。

2007 年，凤鸣镇、灵石镇出栏小家禽分别为 69 万只、47.49 万只。

2009 年—2020 年小家禽养殖统计表

年份	鸡（只）		鸭（只）		鹅（只）		兔（只）	
	年末数	出栏数	年末数	出栏数	年末数	出栏数	年末数	出栏数
2009	46596	253308	33888	146950	7549	9174	72102	229163
2010	38244	243061	30483	127629	6842	4531	116313	215000
2011	39596	204477	27293	85016	6864	3710	73433	200294
2012	31389	143044	7245	24260	4670	12037	73619	214394
2013	24976	82179	12603	9259	1338	17563	76430	222541
2014	23276	88900	12623	11500	1281	2500	72900	202900
2015	—	97037	—	12041	1278	2580	72792	204556
2016	—	122037	—	12641	—	—	—	225500
2017	—	98666	—	—	—	—	—	20745
2018	—	59699	—	—	—	—	—	28527
2019	22346	132851	—	—	—	—	12792	24082
2020	—	101281	—	13004	—	3368	—	19724

【渔业】

凤鸣街道渔业以鱼塘、水库、流水养鱼为主。

1994 年，凤鸣镇成鱼产量 6.5 万公斤；灵石镇养鱼专业户发展到 100 户，年产成鱼 21.6 万公斤，总收入 133.5 万元。

1995 年，凤鸣镇产成鱼 30 万公斤。

1996 年，凤鸣镇、灵石镇产成鱼分别为 25 万公斤、59.6 万公斤。

1997 年，凤鸣镇、灵石镇产成鱼分别为 20 万公斤、57 万公斤。

1998 年，凤鸣镇集约化养鱼产量 10 万公斤；灵石镇集约化养鱼面积 576 亩、产成鱼 80 万公斤。

1999 年，灵石镇产成鱼 90 万公斤。

2000 年，灵石镇双漩村养鱼专业户在渔业协会帮助指导下，引进优质鱼苗叉尾鮰 13 万尾，形成规范化养殖，该村年产成鱼 50 万公斤，产值达 301 万元。

2001 年，凤鸣镇产成鱼 10 万公斤，特种水产养殖 180 亩，产成鱼 5.1 万公斤；灵石镇河坝村，引进了云斑、大口鲶、叉尾等 5 个品种，形成规模化、基地化养殖，年产成鱼 60 万公斤，产值 300 万元。

2002 年，凤鸣镇集约化养鱼 1000 亩，特种养殖 200 亩；灵石镇发展特种水产养殖 1000 亩。

2003 年，凤鸣镇特种水产养殖 225 亩，经营大户 25 户；灵石镇成鱼产值达 500 万元。

2004 年，灵石镇特种水产养殖 800 亩。

2006 年，凤鸣镇集约化养鱼 1000 亩，灵石镇特种水产 1009 亩，年产值 490 万元；凤鸣镇、灵石镇产成鱼分别为 88 万公斤、60 万公斤。

2007 年，凤鸣镇水产养殖 700 亩；灵石镇水产养殖 1000 亩，成鱼总产 110 万公斤。

2011 年，凤鸣镇发展淡水鱼 2000 亩，产销成鱼 600 万公斤。

2012 年，凤鸣镇产销成鱼 107.2 万公斤。

【蜂蜜、禽蛋、肉类产量】

1992 年—2020 年，凤鸣镇（街道）通过发展养蜂、养鸡、养鸭、养鹅、养猪等农副产业，提高了农民经济收益，改善了农村经济面貌。

2008 年—2020 年蜂蜜、禽蛋、肉类产量统计表

单位：万公斤

年份	蜂蜜产量	禽蛋产量	肉类总产量	年份	蜂蜜产量	禽蛋产量	肉类总产量
2008	—	—	274.1	2015	17.9	29.1	130.9
2009	20	35.5	279.5	2016	17.9	30.1	129.1
2010	12.6	72.8	280.5	2017	17.9	28.7	117.4
2011	28.2	63.9	299.3	2018	4.8	33.6	52.1
2012	28.3	49.6	187.6	2019	11.2	33.6	53.6
2013	17.9	50.6	186.8	2020	16.4	31.3	60.5
2014	17.9	28.7	117.6				

城乡建设

1992 年—2020 年，通过乡镇合并调整，以及全国卫生城市、森林城市、文明城市的创建，凤鸣镇（街道）的城乡建设由粗放式向精细化、科学化过渡，城市面貌大大改观，人居环境大为改善。

小城镇建设

【小康镇建设】

1996 年 3 月 25 日，凤鸣镇印发《中共凤鸣镇委员会、凤鸣镇人民政府关于实施争创"小康镇"的规划》，把小康工程列入党委、政府重要日程，成立由镇党委书记为组长的"小康工程建设领导小组"，组织召开 4 次党政联席会议，专门研究小康工程工作。1997 年 3 月，经县委、县政府验收，南星、金烛、高集、江渔、易埝、菱角、仁慈、石集、惠灵、黎埝 10 个村创建成"小康村"；1997 年 6 月，经市委、市政府检查组验收，实现了"小康镇"目标。灵石镇 8 个村全部达到标准并顺利通过验收，被眉山地区行署授予"小康镇"称号。1998 年，凤鸣镇农民生活质量显著提高，被眉山地委、行署命名为"小康镇"。

1998 年乡镇小康指标验收达标表

项目			镇	
			凤鸣镇	灵石镇
基本情况	户数		4949	1897
	人口		16715	6239
核心指标	农民人均纯收入（元）		2700	2290
	集体经济	人均固定资产（元）	782	408
		村可支配资产（万元）	11.2	1.5
	住房状况	人均面积（平方米）	33.1	30
		砖木砖混比重（%）	93.3	80
	人均粮食产量（公斤）		615	639

续表

项目			镇	
			凤鸣镇	灵石镇
保证指标	小康比重户（%）		100	100
	教育	适龄儿童入学率（%）	100	100
		义务教育普及率（%）	98	97
		青壮劳力文盲数	达标	达标
	计划生育	计划生育率（%）	98	95
		"两无"情况	达标	达标
	社会治安		良好	良好
考察指标	享受社会"五保"人口比重（%）		100	100
	电视机普及率（%）		95	80
	通公路村比重（%）		100	100
	安全卫生水普及率（%）		96.6	90
	用电户比重（%）		99	100
	人均预期寿命（岁）		70	70

【"寿乡新村"建设】

1999年，凤鸣镇按"12345"工程的具体要求加快"寿乡新村"建设。"1"是增收，农民人均纯收入在2005年达到3000元以上；"2"是基础，即高产稳产的农田基础和安居住房基础；"3"是畅通，即道路通、电话通、有线电视通；"4"是改造，即改水、改厨、改厕、改圈；"5"是5个好，即基层组织建设好、民主政治机制好、精神文明建设好、社会环境秩序好和村容村貌建设好。凤鸣镇在石集村抓"寿乡新村"建设的试点，建设富裕文明村4个。灵石镇启动了"寿乡新村"建设工作，试点的文殊村做好了前期论证、方案设计和选址。

2000年，凤鸣镇"寿乡新村"建设向纵深发展，在石集村试点的基础上增加江渔村、易埝村、菱角村，有32个农业社2203户农户7605人参与了试点。落实了试点社4个、重点示范户22户，通过点面带动全镇"寿乡新村"建设。有3个村通有线电视，户数1123户；有8个村通电话，户数551户；菱角村实现村道、社道全部水泥路（7.5千米）。"寿乡新村"建设推动了凤鸣镇农业产业结构调整，完成100亩优质丰水梨、优质枇杷等水果系列，2000亩优质早熟高产冬瓜、辣椒、四季豆、茄子、豆芽、莴笋、白菜、莲藕等系列大棚和反季蔬菜；1500亩药材，引进推广原种母猪23头、二代母猪100头、DLY杂交肉猪500头。金烛村、菱角村发展水稻制种800亩，菱角村种植优质稻600亩，易埝村、菱角村发展花卉苗木100亩。灵石镇确定了各村的规划点，扩大了建设规模，重点抓宝珠村"丁字路放射型"新村示范建设，制定了具有特色的"三通四改五统一"方案,确定了文殊、宝珠两个新村建设重点村;新建改造住房 38 户,硬化路面完成 3 千米,通有线电视村 8 个,通电话村 7 个。

2001 年,凤鸣镇新村建设重点村 6 个、重点组 46 个、重点农户 4000 户,重点户人均增收 120 元;新建和改造住房农户 200 户,"四改"户 525 户,新修水泥路 5.1 千米,新村建设新增投入 1100 万元。灵石镇将平乐居委会 4 组 40 户列为新村建设试点。

2002 年,凤鸣镇落实重点村 6 个、重点社 46 个、重点农户 2984 户;新建和改造住房 192 户,新修水泥路 2.2 千米、碎石路 0.2 千米,完成"四改"户 231 户。灵石镇落实了"寿乡新村"建设重点村 6 个、重点社 40 个、重点农户 2375 户;有 32 户通过了镇"寿乡新村"建设领导小组验收。新修水泥路 2.9 千米、泥碎石路 5.5 千米、机耕道 3.6 千米,接通了宝珠、文殊"断头路";新建和改造住房 153 户,"四改"户 260 户;安装闭路电视 210 户,电话 260 部;农村电网改造 1991 户,总投入 22.69 万元;新增投资 430 万元。

2003 年,凤鸣镇农户新建楼房 90 户,旧房"四改"90 户。灵石镇投入 55 万元,完成硬化水泥路面 2 千米;安装闭路电视 230 户,新开通电话 80 户;平乐村、宝珠村两个示范点通过了镇"寿乡新村"建设领导小组验收。

2004 年,灵石镇新建楼房 70 户,改造住房 70 户,新修水泥路 5.1 千米。

【城镇规划】

1992 年,凤鸣镇强化城市规划建设,实施住房制度改革,结合旧城改造进行房地产开发。

1993 年,凤鸣镇本着"立足当前、考虑发展、合理布局、综合开发"的原则,完善了城西"八五"新区总体规划。

1994 年,凤鸣镇开展《城市规划法》《测绘法》宣传。

1995 年,凤鸣镇完成了蔡山小区道路和东西街、小北街道路改造规划。

1996 年,凤鸣镇完成了盐关河堤改造区域、成乐高速公路与彭祖大道北段"中国长寿城"牌坊区域、彭祖大道中段区域详细规划。

1997 年,凤鸣镇编制完成了城北新区彭祖大道北延伸段及其两侧的开发建设规划和生态环境示范区建设总体规划。

1998 年,凤鸣镇总规完成。围绕彭祖大道进行了小区规划和实施规划,编制完成《岷江小区居安工程规划》《彭山县市场规划》《彭山县城市容灯饰广告牌设置规划》《东后街拓展改造详细规划》。

2000 年,凤鸣镇完成了二环路北段、西段和圣寿路、仁慈路、蔡山东路、南巷街的规划设计;完成了凤鸣公园西路改造规划和县老年活动中心规划方案修订工作;规划设计了人民商场、工商银行附近区域旧城改造及小东街延伸段改造方案;完成了省道103 线城区过境段道路横断面、排水、人行道、街灯和绿化设计及东后街道路、酒厂规

划工作。

2001年，凤鸣镇编制了北外街旧城改造规划、县城十字口旧城改造规划、岷江公园广场规划、小东街延伸段改造规划和省道103线城区过境段沿街景观规划。

2002年，凤鸣镇编制了《公园东路市场改造详细规划》《永达商城景观及道路施工图设计》。

2003年，凤鸣镇完成了彭山县二小片区、东街片区、血防医院片区旧城改造控制性详细规划编制。

2004年，凤鸣镇完成了滨江路规划设计，该道路从长寿广场到岷江大桥，全长2.3千米，宽20米，架设桥梁一座，建设文化娱乐广场、生态游园、城市景观、长寿广场4个景点。

2005年，凤鸣镇完成蔡山东路、蔡山新区二环西路、渡江路等道路工程设计；完成城南广场地址、彭祖大道公交车站台规划；完成二环北路东段道路设计、城西工业园区规划和道路断面等设计，完成县城区街道绿化、"一欣和"药业旧城改造等规划。

2007年，凤鸣镇启动《彭山县城总体规划》修编；2009年完成修编，凤鸣镇位于彭山县城规划区范围。

2009年，凤鸣镇开展房地产开发领域违规变更规划调整容积率专项治理活动。

2010年5月，《彭山城市总体规划2009—2020》经四川省人民政府（川建函〔2010〕116号）批准同意实施。

2011年，凤鸣镇完成《彭山县一环南路以南片区控制性详细规划》。

2012年，凤鸣镇完成了县城区基础设施布点规划、县城风貌色彩专项规划和城市设计。

2015年，凤鸣镇完成了长寿湖公园景观规划。按照AAAA级景区要求，对发展定位、功能分区、构思分析、整体观念、总平布局、水源布置、道路设施、绿化景观、标志节点等进行设计规划；完成了迎宾大道景观规划。

2016年，凤鸣镇城镇建设规划面积达11.53平方千米。

2019年，凤鸣街道组织学习《眉山市城乡规划条例》。

2020年，彭山区在凤鸣街道投资1.7亿元新建规划高铁片区道路。

【城镇建设】

1992年，凤鸣镇组织实施了长1.2千米的一环西路、一环南路的拓宽工程；投资61万元（其中县工会投资15万元），完成恢复凤鸣公园（占地18亩）牌坊、雕塑、彩色程控喷泉、亭台、公厕、游览小道及绿化等工作，于国庆节前竣工投入使用；彭山县投资36.10万元建成城西北和城西南主排水沟及附属6条下水道，解决了城区内涝问题。

1994年，彭山县投入500万元进行西街拓宽改造工程；投入83.40万元，完成一环北路混凝土路面、下水道、人行道、街灯和绿化工程，完成石集路、兴隆路的水泥路面和排水道工程。

1995年，凤鸣镇开通了一环路，完成了南巷街建设，打通了小北街，整治了北外街，西街拓宽拆迁进展顺利；石集路、下岷江路水泥路面工程全面完成，宽50米，近5千米长的彭祖大街全面铺开建设。

1996年，凤鸣镇完成南街、北街旧城改建，彭祖大道中段的拆迁、修建，盐关堤防工程的拆迁，以及成乐高速公路前期工程。

1997年，彭山县投资4179.5万元建设市镇基础设施。南街、北街拓宽改造工程拆迁和建设安置统建房1.02万平方米；实施南街、北街道路及下水道改造、盐关河堤内侧排水工程、致民路拓宽改造、蔡山北路续建、彭祖大道次级干道路基工程、3万吨渗流井工程前期投入和自来水管道改造。

2000年，凤鸣镇投入1400万元，用于3万吨供水扩建二期工程；投入500万元，用于二环路北段、西段、圣寿路、仁慈路工程；投入900万元，用于东后街旧城改造；投入200万元，用于城南综合市场改建、扩建一期工程；投入200万元，用于安居工程；投入60万元，用于邮电道路工程；投入40万元，用于彭山一中道路工程。

2002年，凤鸣镇继续实施东后街二期工程，小东街延伸段、凤鸣西路、城南市场二期工程、灵石路等旧城改造项目；完成永达商住城道路配套设施工程路基800米、路面600平方米、排水管200米；完成东后街二期改造配套工程路基1200米、路面800平方米、排水管2400米；修复城区被损坏的人行道1500平方米，更换路沿石300米。

2005年，凤鸣镇按照彭山县城总体规划，投入资金900万元，完成蔡山新区二环北路、彭武路、鹏利街等道路的硬化工程3万平方米。

2008年，凤鸣镇实施长寿路、彭祖大道道路改造和景观建设；完成省道103线城区段人行道、景观改造工程；完成蔡山东路建设；实施滨江路A段道路景观建设项目的路基平整工程；实施兴旺路西一段道路项目的管涵路基平整工程；继续实施滨江路A段、灵石路片区旧城改造；10月28日，县政府与希望华诚公司正式签约，改造县医院片区。

2011年，凤鸣镇加快推进二环西路北段及孟文路的征地拆迁、西门新商圈项目启动、南门庭院续建工程、二环北路碱厂棚户区改造等彭山县重点项目建设。

2013年，凤鸣镇实施了高速公路出口综合整治、公租房建设、棚户区改造项目，滨江路南段道路及截污干管，上跨天桥，下穿隧道，孟文路、锦绣大道、综合交通枢纽工程客运站及广场建设等项目建设。

2014年3月27日，为有效遏制违法建设，根据彭山县统一安排，凤鸣镇政府印发《凤鸣镇2014年整治违章搭建实施方案》，在全镇范围内开展拆违控违专项行动。

2015年，凤鸣镇在城区实施棚户区改造、安置区、城市基础设施和保障性安居工程四大建设任务。完成锦绣大道、前程路道路、学院南路道路、一中周边道路、中岷江

路、下岷江路道路黑化，完成红平安置小区道路、孟文路排水工程、成乐高速路立交斗拱等项目。大力实施凤翔路道路及锦江学院周边污水配套管网。

2020年，凤鸣街道作为全区"三创"工作的主战场，承担了70%以上的实地迎检点位任务。开展环境卫生整治1500次，对400个点位进行打围改造，完成首创即成的目标。

【房地产】

1992年—2020年，房地产业迅速发展，不断改变凤鸣镇（街道）城市面貌。

1992年，凤鸣镇配合旧城改造进行房地产综合开发，实行"五统一"（统一规划、统一征用、统一开发、统一出让划拨、统一管理）拆迁集资统建办法，节约安置土地34亩，节约土地安置费140万元。

1993年，凤鸣镇加快"八五"新区建设，引进资金4000万元，完成基础设施建设；投入397.32万元，实现销售收入494.1万元。

1995年，凤鸣镇开工项目116个，开工面积为20.50万平方米。

1996年—1997年，凤鸣镇销售商品房回收资金分别为145万元、270万元。

1998年，凤鸣镇完成商品房开发170万元。

2000年，凤鸣镇"八五"新区商品房开发投入380万元，完成商品房开发竣工面积1万平方米；紫薇园别墅区破土动工。

2003年，凤鸣镇投入6875万元，对亿达花园二期工程、凤鸣公园西路住宅小区、银杏苑二区、明锦苑住宅小区、彭山三中、昌承花园和南星大厦等进行施工建设。

2004年，凤鸣镇投入5016万元，完成长寿花园、银杏苑三区、兴城景苑一期、凤鸣公园小区彭山三中危房改建工程。投入2255万元，占地138亩，启动建筑面积17万平方米的桃源名邸、建宏苑、海宁房产等小区建设。

2005年，凤鸣镇实现房地产项目开发面积25万平方米，投入8103万元，启动亿达花园二期、永达、桃源名邸、海宁花园、鼎源雅居、金地花园一期、丽景苑，建宏苑一期、二期等工程建设。

2006年，凤鸣镇打造了二郎滩"彭湖湾"国际养生社区、上层豪庭、锦上花都、丹枫庭院、金地花园、鼎源雅居等10余个住宅新区建设项目，新开工面积27.77万平方米，完成了亿达花园二期、长寿花园、海宁花园一期等待建新区项目28.51万平方米建设。

2007年，凤鸣镇上层豪庭房地产完成投入3700万元，建成住宅面积5.3万平方米。灵石镇嘉星房地产有限公司家天下房地产项目总投资3.2亿元，到位资金2000万元；永益房地产有限公司家和盛世项目占地73亩，投资1.6亿元；恒辰房地产有限公司滨江魅力之城项目占地500亩，投资3.6亿元。

2008年，凤鸣镇启动在水一方和家和盛世等房地产项目，进行金地花园、兴铁名苑、长寿花园二期、鼎源雅居二期、家天下、鄰江枫景、家和盛世、凯帝金府等续建；蔡山美地、华龙首座、水印长滩、香堤漫步、巨梁半岛等房产项目开工。

2015年，凤鸣镇向国开银行贷款4亿元实施成乐高速路出口棚户区改造项目640项。

2017年，凤鸣街道西门商圈项目完成拆迁安置工作，建宏房产项目完成征地、打围工作。南门庭院安置区项目完成前期准备工作；高速路出口安置区一期续建项目启动25号楼建设。

房地产开发企业

彭山永达房地产开发公司、四川建宏房地产开发有限公司、彭山建伟房地产开发公司、四川洋阳房地产开发有限公司、眉山市万鑫房地产开发公司、彭山东方建设投资公司、彭山县南星房地产开发公司、彭山县凤鸣房地产开发公司、彭山祥瑞房地产开发有限公司、四川省东达房地产开发有限公司、彭山县江源房地产开发有限公司、彭山嘉星房地产开发有限公司、四川屿华房地产开发有限公司、四川华硕房地产开发有限公司、彭山巨梁房地产开发有限责任公司、彭山美好家园房地产开发有限公司、四川首创远大房地产开发有限公司、四川万融房地产开发有限公司、彭山鑫恒辰房产开发有限公司、四川新财富房地产开发有限公司、四川彭山众合置业有限公司、四川康泰置业有限公司、四川恒辰房产开发有限公司、四川长寿坊房地产开发有限公司、四川镕基华府房地产开发有限责任公司、四川正合信投资有限公司、眉山市彭山龙瑞房地产有限公司。

房地产参建企业

彭山区第五建筑工程有限公司、四川佳泰华建筑工程有限公司、四川华宇恒盛建设工程有限公司、四川建宏建筑工程有限责任公司、四川福霖建设工程有限公司、四川省泽辰建设工程有限公司、彭山县光大钢结构建筑有限公司、四川业城建筑工程有限公司、四川彭山供排水有限公司、四川俞好建筑工程有限公司、四川怡中建筑工程有限公司、四川禹谦建筑工程有限公司、眉山市瑞祥建筑工程有限公司、四川德瑞楠诚建设工程有限公司、四川建伟建筑水电工程有限公司、四川佳海建筑工程有限公司、四川瑞柯建筑工程有限责任公司、成都铁路局彭山铁路技术开发总公司、眉山市彭山区至诚工程建设有限责任公司、彭山县泰吉矿山工程有限公司、四川永鉴建筑工程有限公司。

【农贸市场】

1991年10月，位于凤鸣镇北街的"城中市场"建成投入使用，为当时乐山市区（县）中第一个楼层标准化综合市场。该市场占地面积4669平方米，建筑面积4360平方米；内设门市134个，固定摊位80个，经营大小百货、轻纺化纤、糖酒糕点、腌卤制品、皮鞋、土杂等。1998年10月16日，凤鸣镇建设路农贸市场（城西综合农贸市场）由张钢路迁到"八五"新区内，主要经营肉食类、蔬菜类、大宗粮食批发、大宗水果批发、各类副食品、各类农副产品。1995年10月，城南市场建成，是彭山县城最

大、最繁荣的农贸市场；2000年4月5日，城南市场停止营业，动工扩建，总投资1400万元，市场规模由14亩扩大到27亩，市场经营面积1.6万平方米，摊位600个，固定经营门市9000平方米。2002年，凤鸣镇完成了公园东路、南路的市场整顿，新南街菜市迁入城南农贸市场经营，规范了市场秩序。2008年—2012年，凤鸣镇有市场5个；2013年—2015年，凤鸣镇有市场6个。2016年—2020年，凤鸣街道以粮油、蔬菜、水果为主的商品交易市场有3个。2016年—2017年，凤鸣镇农贸市场交易额分别为12亿元、13.09亿元。

【农房建设】

1998年，凤鸣镇农民新建住房7400平方米。

1999年，凤鸣镇农民新建砖混结构住房7375平方米。

2000年，凤鸣镇审批农民建房109户，完成了集体土地建设用地使用权登记发证和土地转让清理整顿工作；灵石镇审批农村建房38户，用地面积达4500平方米。

2003年，凤鸣镇农户钢筋砖木住房比率达100%；审批农民建房50户，放线率达100%；处理超占面积10户，不批就占的建房户2户。灵石镇改造住房9户。

2004年，凤鸣镇人均住房面积为41平方米，互联网入户率为4.85%。

2005年，灵石镇加强建房审批管理，改造住房9户。

2006年，凤鸣镇农村居民新修住房76户。

2000年—2008年，凤鸣镇农村住房大多已改建成一楼一底的砖混结构小楼。

2009年—2012年，"5·12"地震后，凤鸣镇原有土砖墙房基本上已改建成砖混结构房。

2019年，按照彭山区"农村土坯房改造三年行动"实施方案，凤鸣街道全面推进辖区土坯房改造。

2013年—2020年，凤鸣镇（街道）农村征地拆迁安置，民居建筑进一步发生结构性变化，凤鸣农村开始建设多个住宅小区，农民居住条件大为改观。

【城市住房】

1992年，凤鸣镇城市住房以多层建筑为主（4~6层）。

1993年—2007年，凤鸣镇以小高层砖混结构为主，出现高层建筑（高度大于24米）。以政府及所属部委局和企、事业单位内为单元，开始出现集中住宅小区楼建设。建筑结构实施圈梁和构造柱，楼层以安放砼预制板为主，开始实行框架结构和现浇楼层。在完成城内4条主街和东后街全部改造的同时，建成了彭祖商城、商业街、商业步行街、永达商城、新南街、城南和城西农贸市场、亿达广场等。

2011年，凤鸣镇完成经济适用房200套、廉租房500套。

2012年，凤鸣镇完成经济适用房200套、廉租房55套。

2013年，凤鸣镇完成廉租房264套、100套棚户区主体工程建设。

2008 年—2020 年，凤鸣镇（街道）房屋建筑由小高层到高层，再到超高层（33 层，高度大于 100 米）建筑。由以街道及道路和单位封闭式住宅小区建设为主，转为以市民住宅小区建设为主。房地产蓬勃发展，建成多个住宅小区，居民的住房质量和城市面貌得到了较大提升。以框架和砼现浇楼板的形式建设建筑。

【道路街巷】

1991 年，凤鸣镇有街道 30 余条，其中城区 14 条、城郊 16 条。混凝土路面街道 15 条，面积 6.64 万平方米；沥青路面 5 条，面积 9.18 万平方米；碎石路面一条，面积 3500 平方米；土路 9 条，面积 1.98 万平方米。1992 年，县委、县政府委托县房地产开发总公司，负责具体实施"八五"新区的建设，基础设施于 1993 年 5 月破土动工。

1992 年—2000 年，凤鸣镇在修建渡江路、望江路、锁江路、建设路等街道的基础上，先后拓宽改造了东、南、西、北 4 条正街，以及一环南路、一环西路、一环北路等 10 条街道、地段，完成了"城中市场"、步行街购物中心和彭祖商城建设。恢复修建了凤鸣公园、体育场，新增岷江公园。城市面积扩大到 8 平方千米，城市道路由新中国成立初期的 10 条 1.48 千米拓展到 62 条 46.9 千米。其中，老城区街道 30 条 20 千米、新城区街道 32 条 26.9 千米。

2001 年—2020 年，由于城市人口增加，凤鸣镇（街道）城市道路增加到 120 余条，街道路面由混凝土路面更换成沥青路面，主要道路街巷有：

南河大桥路。起于环岛西路，止于滨江路。长 550 米，宽 40 米。

东街。地处凤鸣街道城东社区境内。长 240 米，宽 15 米。

西街。地处凤鸣街道境内。长 503 米，宽 15 米。

南巷街。起于南街，止于新南街（原城关幼儿园对面）。长 240 米，宽 8 米。

古城北路。起于凤鸣大道二道，止于彭祖大道二段。长 570 米，宽 12 米。

古城南路。起于凤鸣大道三段经城南市场、彭山二小，止于彭祖大道三段。长 570 米，宽 10 米。

小东街。起于凤鸣大道二段，止于北街（红旗连锁超市对面路口）。长 56 米，宽 8 米。

紫薇上街。起于彭祖大道三段，止于柏华路二段。长 813 米，宽 8 米。

紫薇路。起于彭祖大道三段，止于柏华路二段。长 806 米，宽 8 米。

银杏路。起于张纲路二段（银杏苑一期），止于柏华路二段（鼎源雅居二期）。长 750 米，宽 8 米。

公园东路。起于北街（老邮电局口），止于凤鸣公园。长 266 米，宽 8 米。

公园西路。起于凤鸣公园，止于彭祖大道二段经一小后门。长 270 米，宽 8 米。

彭纲路。起于原武阳宾馆旁，止于张纲路一段。长 300 米，宽 7 米。

武阳东路。起于凤鸣大道三段（省道 103 线），止于彭祖大道三段成都银行。长

560 米，宽 20 米。

武阳西路。起于彭祖大道三段，止于柏华路二段。长 800 米，宽 20 米。

兴旺路。起于凤鸣大道三段（省道 103 线）对穿彭祖大道三段，止于孟文路。长 310 米，宽 10 米。

龙潭街。起于彭祖大道二段"彭祖宾馆"，止于张纲路一段。长 330 米，宽 6 米。

云松街。起于彭祖大道二段"公园西路口对面"，止于张纲路二段。长 260 米，宽 6 米。

渡江路。起于滨江大道二段原老码头，止于凤鸣大道二段（省道 103 线）原碱厂旁。长 280 米，宽 6 米。

建民路。起于滨江大道二段"郫江枫景小区""八匹马"雕塑对穿，止于凤鸣大道二段（省道 103 线）。长 120 米，宽 6 米。

致民路。起于滨江大道二段，止于凤鸣大道二段（省道 103 线）。长 145 米，宽 6 米。

旺民路。起于岷江中路，止于凤鸣大道三段。长 460 米，宽 6 米。

锁江路。起于滨江大道三段，止于凤鸣大道三段（省道 103 线）及古城南路口。长 460 米，宽 6 米。

通江路。起于滨江大道三段，止于凤鸣大道三段。长 460 米，宽 6 米。

新兴街东段。起于灵石路，止于彭祖大道（三段彭山政务中心对面）。长 400 米，宽 6 米。

新兴街西段。起于彭祖大道三段（彭山政务中心旁），止于孟文路。长 410 米，宽 6 米。

红星巷。起于凤鸣大道三段（省道 103 线），止于彭祖大道三段（原六合苑农家乐对面）。长 120 米，宽 6 米。

红星路。起于凤鸣大道三段（省道 103 线），止于柏华路二段。长 800 米，宽 6 米。

圣寿街。起于交通局经醉不翁酒店，止于李密大道二段。长 260 米，宽 8 米。

圣寿街东路。起于翰林路，止于彭祖大道二段。长 100 米，宽 8 米。

龙腾路。起于东后街，止于北街（北街老邮电局对面新建街道）。长 200 米，宽 15 米。

永达街。起于北街红旗连锁超市，止于县政府后门水厂路。长 200 米，宽 15 米。

兰苑街。起于凤鸣大道三段兰苑小区与菊苑小区间，止于灵石路城南菜市场。长 200 米，宽 8 米。

望江上街。起于滨江大道二段至彭祖广场北入口，止于凤鸣大道二段（省道 103 线）。长 280 米，宽 6 米。

望江下街。起于滨江大道二段，止于凤鸣大道二段（省道 103 线）。长 460 米，宽 6 米。

郭家巷。起于中岷江路，止于凤鸣大道三段（省道103线），彭祖八百寿酒厂对面。长460米，宽6米。

南街。起于古城南路，止于二小路口。长350米，宽15米。

北街。起于二小路口，止于古城北路和北外街交叉路口。长426米，宽15米。

公园南路。起于凤鸣公园牌坊，止于西街（与新南街相对）。长107米，宽8米。

后东街。起于小东街，止于东街。长144米，宽7米。

新南街。起于古城南路，止于西街（公园口处）。长315米，宽9米。

新南街中段。起于武阳东路，止于古城南路。长400米，宽9米。

新南街下段。起于灵石东路，止于武阳东路。长528米，宽9米。

张纲路一段。起于迎宾大道中段路口经醉不翁大酒店，止于龙潭街（教师公寓旁）。长1080米，宽8米。

张纲路二段。起于龙潭街（教师公寓旁）经电厂家属院，止于武阳西路。长1000米，宽12米。

辑五路。起于紫薇路，止于建设路农业银行家属区。长320米，宽8米。

柏华路一段。起于迎宾大道中段，止于建设路口。长1200米，宽18米。

柏华路二段。起于建设路口，止于灵石西路。长1500米，宽18米。

灵石路。起于灵石东路邮政局，止于古城南路。长862米，宽6米。

上岷江路。起于望江上街，止于致民路。长240米，宽8米。

中岷江路。起于锁江路，止于望江下街。长260米，宽8米。

下岷江路。起于水电七局驾校（卡丁城），止于锁江路。长1300米，宽8米。

建西路。起于紫薇路，止于紫薇上街。长120米，宽6米。

石油苑路。起于紫薇路，止于紫薇上街。长120米，宽6米。

孟文路。起于兴隆路，止于武阳西路（桃源名邸大门对面）。长3500米，宽12米。

府后路。起于公园东路，止于"城中市场"（永达商住城内的一条街）。长200米，宽8米。

惠民巷。起于建民路（鄰江枫景小区），止于原碱厂旁的渡江路。长220米，宽8米。

新生巷。起于兴隆路（眉州监狱旁），止于青石河。长500米，宽12米。

幸福巷。起于兴隆路（红星社区办公室旁），止于青石河。长500米，宽12米。

【公园】

凤鸣公园。位于凤鸣街道城中社区凤鸣山（蔡家山）南，民国十四年（1925年）建成，占地面积80亩。1950年—1987年，凤鸣公园先后被挪作他用。1988年，县委、县政府将恢复凤鸣公园工程列入党、政议事日程。1991年，迁出农贸综合市场，重建公园大门牌坊，新建凤凰雕塑、程控喷泉、春光亭、栖凤亭、蘑菇亭、茶楼、公厕等建

筑物，并植树、种花，绿化环境。1992年9月28日，重建（恢复）凤鸣公园一期工程竣工剪彩，公园占地18亩，是一个开放式公园，在国庆节前夕投入使用。1995年，拆除灯光球场，扩大公园绿化面积1万余平方米，恢复后的凤鸣公园每日游客数千人。2009年，完成凤鸣公园改造，拍卖经营金额104.5万元；投入资金117.22万元，改造1.2万平方米。改造后的凤鸣公园，有中心广场、休闲娱乐区、运动健身区、免费棋牌区、游乐区、公共绿化区等。绿地面积3000平方米，被彭山市民追捧为"城中心的生态园林公园"。2012年5月，凤鸣公园西门牌坊建成。

毛河智慧体育公园。位于柏华路二段，占地面积为0.23平方千米，总投资6000万元。主体公园面积为12万平方米，沿毛河绿化跑步道7千米。2020年完成总工程量的97%，主体公园开放，完成3个人工湖小岛填筑、下沉式广场开挖、边沟及排水、广场表面垫层混凝土、石材铺装。透水混凝土完成8000立方米，跑步道整形1.5千米，1号、2号厕所及游客中心主体完成。

【长寿广场】

位于彭山区凤鸣大道二段，占地面积为1.5万平方米，建设面积为23666平方米。广场由四川世代置业发展有限公司开发建设，于2003年4月18日动工，2004年6月30日竣工。广场内的前广场左右两侧各种有4株小叶榕、5株银杏树。紧靠岷江河道有彭祖塑像，紧靠公路东侧有眉山市首任市长余斌书写的《长寿广场》立体石凹刻，石背面刻有《长寿广场记》。

长寿广场记

岷江如带，奔流而下，府河似绸，舒缓而至；两江交汇，彭山是也。古称武阳，二千三百年历史。昔张纲、李密忠孝之举，流芳千古，八百岁彭祖长寿之术震撼四海。今长寿之乡，长寿人建长寿广场，扬长寿文化，兴武阳商埠，迎八方来客，展无限商机。

新农村建设

【新农村创建】

2001年，凤鸣镇新农村建设重点村6个，重点社46个，重点农户4000户，重点户人均纯收入增收120元；新建和改造住房200户；新修水泥路5.1千米；安装闭路电视400户；通电话150户；"四改"525户；新增投资1100万元。

2006年，凤鸣镇按照《彭山县社会主义新农村建设规划（2006—2010年）》标准，菱角村被列为市、县示范村，金烛村被列为县试点村；对易埝、仁慈两村进行了建设启动，菱角村新农村建设达到基本建成要求。

2007年3月21日，凤鸣镇党委、政府与县委、县政府签订《2007年现代农业发展和新农村建设工作目标任务书》。5月20日，镇党委、政府制定《关于加快发展现代农业建设社会主义新农村的实施方案》。新农村建设重点村 2 个（金烛村、惠灵村），试点村 2 个（江渔村、易埝村）。新引进龙头企业（芽菜、蘑菇）深加工企业 2 个，新发展芽菜 1300 亩、蘑菇 1000 亩，建立芽菜、蘑菇、川芎产业组织专业协会，全镇"支部+协会"村达到 3 个。

2010 年，凤鸣镇新农村建设城乡综合执法队成立，负责组织指导全镇城乡建设综合执法工作，负责指导村（社区）建设执法中队开展工作，负责全镇城乡建设中重大违法违规行为的执法查处。

2012 年，凤鸣镇加快新农村建设步伐，加强基本农田保护，鼓励土地流转，大力扶持新农合，发展建成蔬菜、中药材、淡水鱼、畜禽、粮油等现代种植养殖产业基地。将易埝村、金烛村、江渔村、石家村、宝珠村纳入"四川省第二轮新农村建设成片推进示范片村"建设。新增专业合作社 2 个、重点龙头企业 1 户。

2015 年，凤鸣镇将金烛村 4 社、5 社、6 社列入新农村成片示范项目建设。

2018 年，凤鸣街道依托岷江现代农业园区建设，建成以菱角村、金烛村为主的柚类水果基地 4500 亩，以江渔村、石家村为主的杂柑基地 7000 亩，以易埝村、江渔村为主的花卉苗木基地 2500 亩，带动了贫困对象发展产业脱贫。

2020 年，凤鸣街道开展农村环境整治、村庄绿化、旧村改造、基础设施建设等工作，提升村容村貌，建设美丽宜居乡村。

【饮水工程】

1992 年，凤鸣镇人民生活条件较差，农村茅屋普遍，吃河水、井水、压水井水。

2002 年—2003 年，凤鸣镇农村安全卫生水普及率分别为 93%、96%。

2004 年，凤鸣镇自来水普及率为 59.35%。

2005 年，灵石镇争取彭山县政府支持，投资 50 万元，为双漩社区 2 组、3 组、4 组居民安装了自来水。

2007 年，凤鸣镇通自来水村达到 2 个。

2013 年，凤鸣镇新增自来水集中供应 3000 户，农村人口饮水安全。

2014 年，凤鸣镇全域接通自来水管道；投资 11 万元治理灌溉及排洪沟渠 4.89 千米，保障农村人口饮水安全。

2019 年，凤鸣街道印发《凤鸣街道辖区饮水安全工作实施方案》。工作目标是由易到难，快速推进自来水安装工作，确保全街道农村自来水普及率到 2020 年 12 月底达到 95% 以上。自来水安装费用标准为 3500 元/户（政府补贴 500 元/户+群众自筹 3000 元/户）。

2020 年，凤鸣街道推进全域自来水安装工作，完成率为彭山区第一。

2013 年—2020 年，凤鸣镇（街道）自来水用水户分别为 24881 户、25201 户、25525 户、37325 户、38826 户、27424 户、38742 户、26432 户。

【厕所改造】

1997年，凤鸣镇协助县城建部门新修5座公厕。2005年，凤鸣镇完成农村改厕200户，灵石镇完成改厕200户。2006年，凤鸣镇新建、改建厕所180个。2007年，凤鸣镇农村改水改厕完成2310处。2008年，凤鸣镇修建农村卫生厕所344个。2016年，凤鸣街道新增卫生厕所657个。2020年，凤鸣街道以农村厕所革命、污水收集处理为抓手，深入开展改水改厕工作，深化乡村振兴工作，完成244户无害化卫生厕所改造。

【天然气】

1991年，凤鸣镇城镇天然气用户2000户，大多居民户烧蜂窝煤。2003年，凤鸣镇生活用燃气人口29050人。2013年—2020年，凤鸣镇（街道）管道燃气用气户分别为32931户、33431户、34067户、35019户、38618户、27424户、27424户、26433户。

【土地管理】

1992年，乡镇合并后，凤鸣镇设立土地管理所和村镇规划建设管理所，负责对全镇土地实施管理。

1996年，凤鸣镇启动1996年—2020年土地利用总体规划工作，由村镇规划建设管理所具体负责。

1999年，完成了凤鸣镇土地利用总体规划。

2000年，灵石镇开发整理复耕土地15亩，查处各类土地违法案件8起。

2002年，凤鸣镇根据《土地法》，制定《关于严格规范土地管理工作的意见》，开展土地清查。经依法批准的，但实际使用面积超过批准面积的；未经批准，擅自占用土地进行非法建筑的，均按非法占用土地予以处理。农村村民一户只能拥有一处宅基地，面积标准为30平方米/人；3人以下户按3人计算，4人户按4人计算，5人以上户按5人计算。对集体土地实行严格控制，控制的区域为凤鸣镇科技工业园区3个村9个社（仁慈6社，易埝2社、3社、4社、5社、8社、10社，菱角1社、2社）；旧彭谢路和毛菱路，新旧彭谢路连接处5个村10个社（仁慈3社、4社、5社，石集2社、3社，金烛9社、10社，易埝6社、7社，菱角1社）。石回路经过石集村范围内的2社、4社、5社至江渔堤，旧彭谢路、毛菱路、石回路两旁，300米范围内镇规划部门一律不再审批农民建房。灵石镇审批居民建房20户，用地总面积为2420平方米，其中，占用耕地14户，面积1710平方米；原基改建6户，用地面积710平方米，旧房全部拆除还耕。

2003年，凤鸣镇制定关于做好《土地承包合同》签订的实施意见。灵石镇在彭山县率先完成《土地承包合同》签订工作和土地清理登记工作，签订率为99%。

2004年，凤鸣镇审批农民建房94户，处理超占面积户1户，不批就占的建房户2户。

2005年，凤鸣镇政府在《关于加强农村建房和土地管理》的通知中，明确"严禁闲置、荒芜耕地"。对已经办理审批手续的非农业建设占用耕地，一年以上未动工建设的，缴纳每平方米 10~30 元的土地闲置费；连续 2 年未使用的，报经原批准机关批准，无偿收回其土地使用权。

2009 年，凤鸣镇开展农村土地经营权证颁证工作。惠灵村土地整理规模达到 5100 亩，整理后新增土地 521.8 亩。

2010 年，为加大城乡建设综合治理力度，凤鸣镇村镇建设环卫管理所成立，并完成土地整改 4000 亩。

2011 年，凤鸣镇实施了土地"双挂钩"土地开发，被彭山县人民政府表彰为"2011 年度国土资源管理先进集体"。

2012 年，凤鸣镇在江渔村、惠灵村实施"农业综合开发土地治理项目"，疏通渠道、山塘掏淤、开沟排水，有效解决了两个村的农田水利薄弱问题。

2013 年，凤鸣镇政府重申严格土地规划管理，要求"必须符合土地利用总体规划、城镇规划和乡村规划，依据县政府批准的控制性详细规划进行选址安排，实行土地供应计划管理，控制建设用地总量"。

2014 年，凤鸣镇流转土地 5200 亩，完成 200 亩土地整理。

2015 年，凤鸣镇设"村镇规划建设和土地管理办公室"，实施国土管理。流转土地新增 6000 亩，实现流转率 72%，菱角村流转率达 99%。开展农村土地承包经营权确权登记颁证工作，对全镇农村承包土地进行确权登记颁证，把承包地块、面积、合同、权属证书全面落实到户，把"现有土地承包关系稳定并长久不变"落到实处，依法赋予农民对承包土地的占有、使用和收益等权利。确权范围包括石家村、宝珠村、江渔村、惠灵村、金烛村、菱角村、易埝村，工作从 2015 年 4 月 3 日开始，2015 年 8 月 30 日完成。

2017 年 11 月 6 日，凤鸣街道党工委专题研究华西德顿有限公司有关遗留问题。凤鸣街道负责妥善处置双漩社区 1 组和平乐社区 1 组的相关边界纠纷，确保权属明晰。2018 年 1 月 5 日达成协议，对涉及双漩社区 1 组、平乐社区 1 组的相关土地补偿参照滨江恒辰、太和大道周边区域的补偿标准执行；对边界进行了权属明确，该片土地面积为 81 亩，各分配 40.5 亩，每亩价格按 1.6 万元执行（国有河滩地）。

2019 年，凤鸣街道推动农村宅基地所有权、资格权、使用权"三权分置"试验，破解乡村发展用地"瓶颈"。

2020 年，凤鸣街道全面完成农户自愿有偿退出土地的清理核实工作，并设立城乡建设管理和自然资源办公室（生态环境办公室），负责土地管理工作。

水利电力基础设施

【排洪沟】

向筒排沟何林分水。位于易埝社区，止点是易埝社区，最大水深1.8米。

新开支渠排沟。位于金烛村，止点是红星社区，最大水深1.2米。

东干渠镇江排洪渠。位于江渔村，止点是红星社区，最大水深1.2米。

【灌溉渠】

向筒支渠。起于公义镇，止于易埝社区。设计流量3立方米/秒，平均流量2.5立方米/秒，最大水深2米。

百合湃支渠。起于谢家街道，止于凤鸣街道。设计流量1.2立方米/秒，平均流量1立方米/秒，最大水深1.5米。

新民支渠。起于谢家街道，止于凤鸣街道。平均流量1立方米/秒，最大水深1.5米。

东干渠。起于眉州筒，止于江渔堤。平均流量10.6立方米/秒，最大水深3.4米。

【闸坝】

东干渠文殊堰节制闸。位于江渔村，过闸流量5.7立方米/秒，闸孔总净宽2.3米。

江渔堤节制闸。位于江渔村，过闸流量10立方米/秒，闸孔总净宽8米。

江渔堤泄洪闸。位于江渔村。过闸流量12立方米/秒，闸孔总净宽32.4米。

【渡口】

锁江渡。位于城东社区岷江河滩公园旁。年客运量10万人，渡程153米。

【提灌站】

万水碾1号提灌站。位于江渔村，所在线路毛河。

汪家山提灌站。位于江渔村，所在线路毛河。

【堤堰】

江渔堤。系东干渠毛河合流后的截流工程。处于江渔村内。原堤为固定溢流坝，坝高2.7米、宽6.6米、长61米。1957年将坝的中段改建为14孔1.6米×0.1米的翻板闸。并在坝端增设两孔钢质弧形闸，孔高2米、宽5米，并保持原翻板闸，使泄洪能力达250立方米/秒。并增设一座节制闸，孔高2米、宽5米。江渔埂把合流的毛河水和东干渠水又分成两支。一支往石家村，一支往宝珠村入东坡区。

文殊堰。1981年修建，属东干渠截流工程。位于石家村。长1.5千米、宽25米。常年水深3米，节制闸坝高5米，顶部宽2米。1994年，将原石结构改建为钢筋混凝土结构，建有洪湃和春湃各1个。文殊堰的作用在于提高东干渠水位，保证大、小筒口支渠的进水。

【发电站】

新民电站。位于江渔村境内。总容量为 160 千瓦，1964 年 11 月 8 日成立。

江渔堤电站。位于江渔村境内。总容量为 160 千瓦，1964 年 11 月 8 日成立。

观音电站。位于易埝社区境内。总容量为 160 千瓦，1964 年 11 月 8 日成立。

【输变电站】

灵石 110 千伏变电站。位于红星社区境内，输入电量 0.57 万千瓦，输出电量 0.57 万千瓦。

基础设施建设

【农田水利电力基本建设】

1992 年，凤鸣镇整治改造汪家山大型电力提灌站。1996 年，凤鸣镇投入 15 万元，对江渔、高集、惠灵、黎埝等村的水利设施进行了修整；投入 60 万元，改造了彭祖大道线路。灵石镇改建和新建了 4 条电力线；投入 1500 万元，建设 110 千伏灵石变电站，年底投入营运。1997 年，凤鸣镇投入资金 10 万元，对高集、黎埝、江渔等村的农田水利进行整治改造。灵石镇完成生产性投入及基础设施投入 1527 万元，其中兴隆大街（五环路）800 米的沙石回填、排水沟工程，金三角娱乐城弧段 500 米沙石回填排水沟修建工程，新增了兴隆大街（五环路）西段桥涵排污工程的征地建设工作；完成 110 千伏安输电线 2.5 千米的架设任务。1999 年，凤鸣镇投入 10 万元，整治了新民支渠惠灵段水毁的汪家山毛河滩工程；投入 1 万元，新开了上岷江路排洪通道，消除了洪灾隐患；投入 6 万元用卵石浆砌了新彭谢路两边的沟渠 3 千米。灵石镇掏淤整治沟渠 3 千米；农村电网改造工程加紧进行，农村电价大幅降低。

2000 年，灵石镇总投入 81 万元，完成农村电网改造 10 千伏线路 3.6 千米，新增变压器 11 台，总容量 730 千伏安。2001 年，凤鸣镇投入 6 万元，新建提灌站 3 处；投入 6 万元，新修输水渠道 1.5 千米；整治了水毁工程，顺利改造农网。灵石镇投入 120 万元，完成农村电网低压线路改造 15 千米，新增变压器 21 台，总容量 140 千伏安。2002 年，凤鸣镇新建提灌站 3 处，新修输水渠道 500 米。灵石镇投入 1.2 万元，整治疏通沟渠 5 千米，治理了文殊堰，打通了宝珠至省道 103 线、清白至文殊的"断头路"；农网改造 59 个农业社 3576 户，占应改的 100%；完成农网二期改造 1991 户。2004 年，灵石镇整治沟渠 1.5 千米。

2005 年，灵石镇整治沟渠 2 千米，其中硬化沟渠 0.6 千米；改造下湿田 1000 亩。2006 年，凤鸣镇完成中低产田改造 200 亩，沟渠硬化 3.5 千米，干支渠硬化 6.8 千米，山坪塘整治 17 口。灵石镇整治沟渠 1.5 千米，浆砌石渠化沟渠 1 千米。2007 年，凤鸣

镇新建沼气池 330 口。2008 年，凤鸣镇硬化沟渠 7 千米；新修沼气池 280 口。2009 年，凤鸣镇渠道防渗 3 千米；新建沼气池 134 口。

2010 年，凤鸣镇硬化村社水泥路 7.5 千米，浆砌硬化毛渠 12.8 千米，升级改造提灌设施 35 台；新建沼气池 260 口。2013 年，凤鸣镇投入 800 万元，整治山坪塘 5 口、硬化沟渠 6 千米；完成 200 亩土地整理，新民支渠掏淤 1.17 千米。2014 年，凤鸣镇投入 12 万元，开展"解一难，实在干，群众来评判"专项活动，治理灌溉、排洪沟渠 4.89 千米；投入 25 万元修建提灌站 2 座；参与财政"一事一议"奖补工作，为村道、沟渠硬化争取资金 40 万元。

2015 年，凤鸣镇投资 25 万元修建提灌站 1 座；争取村道、沟渠硬化资金 40 万元。2019 年，凤鸣街道落实农业生产中央财政补贴 13 户、135 万元，抓好现代农业园区建设，完成观光大道两侧风貌改造和菱角村道路的拓宽；完成凤鸣街道安置点一体化污水处理基础设施建设。

2020 年，凤鸣街道辖区内有农田水利机构 6 个，分别是眉山市彭山区河道管理处、眉山市彭山区人民政府防汛抗旱指挥部，办公地位于城南社区锁江路 20 号；眉山市彭山区水利工作站、眉山市彭山区水土保持站、眉山市彭山区城乡节水供水排水管理站、眉山市彭山区水政工作站，办公地位于平乐社区彭祖大道三段 182 号。辖区内主要电力企业有国网四川省电力公司眉山市彭山供电分公司，位于建设路 16 号；四川省通济堰管理处东干渠管理站电厂，位于江渔村；彭山区凤鸣镇电厂，位于江渔村 7 社；国网四川眉山市彭山供电有限责任公司，位于建设路 16 号。

【城乡基础设施建设】

1994 年，灵石镇投入 868 万元，完成彭祖大街、下岷江中路、三环路等基础设施建设。

1996 年，凤鸣镇抓城西工业小区基础设施建设。灵石镇投入 1800 万元用于开发区和工业小区基础设施建设。开发区内彭祖大街下段、新南街下街、三环路西北段、红星路、青石路等 8 条街路全面动工修建。

1998 年，灵石镇完成 272 万元的基础设施投入任务，完成了新南街下段、彭祖大道南段慢车道、人行道、下岷江路和灵石农贸市场等路基砂夹石回填施工和排污工程。共铺设混凝土路面 1.39 万平方米，人行慢道铺设 1.9 万平方米。

2000 年，凤鸣镇社会固定资产投资 4000 万元，市政、交通、能源、通信等建设速度加快。新建农村水泥路 1 千米、整治了汪家山电站毛河水毁工程、镇机关住宿楼顺利竣工、新建了南星村和高集村办公大楼、城南市场扩建顺利竣工并投入使用、东后街旧城改造工程进场、农村电网改造工程收尾。

2002 年，灵石镇协助彭山县城建局完成了省道 103 线城区段人行道、街灯、绿化工程；完成了省道 103 线两侧居民拆迁安置补偿扫尾工作及边沟、红线的勘界工作。

2005 年，灵石镇投入 88 万元重建青石桥，5 月底竣工通车，彻底改善制约石家、文殊两村群众生产、生活的问题。

2006 年，灵石镇经济开发区基础设施建设项目由四川升华集团有限公司承建，项目总投资 6000 万元，投资区内有 7 条道路建设，道路总长度为 8.7 千米。乐双路一期工程长 500 米、宽 18 米路基，混凝土路面浇筑、下水道、桥涵工程全部竣工；长盛路一期工程长 500 米、宽 18 米路基，混凝土路面浇筑、下水道、桥涵工程全部竣工；李密路长 200 米、宽 24 米；孟文路南段长 685 米、宽 15 米；红星路西段长 300 米、宽 15 米；新彭街长 200 米、宽 12 米；新兴街长 200 米、宽 15 米混凝土路面浇筑及附属人行道、下水道工程全部竣工。

2010 年，凤鸣镇打造了彭祖大道、滨江路 A 段景观等城市新名片；郫江枫景、家和盛世、凯帝金府等居民小区点缀城市；水、电、气、通信、医院、学校、文体等市政设施完善，城镇居民生活质量得到提高。

2018 年，凤鸣街道成功争取集体经济发展资金 200 万元，用于江渔村阵地和产业服务中心、生态停车场等基础设施建设。

2019 年，凤鸣街道完成凤鸣花谷旅游通道、揽胜亭、百谷农旅等基础设施建设。

2020 年，凤鸣街道有序推进毛河生态湿地公园、城南湿地公园等市政基础设施项目的属地工作任务。

【项目建设】

1992 年，凤鸣镇抓项目引进，兴办经济实体，新上、新扩项目 12 个。

1997 年，灵石镇引进项目 10 个，出让土地 40 亩。

1998 年，凤鸣镇完成水电七局、人寿保险公司、水电七局五处等单位建设的放线、办证任务；完成彭山工务段、兴铁公司、泰立新皮革厂、高桥汽修有限公司等 10 家企业进场前期工程测量图的制作和放线工作。灵石镇引进项目 11 个，总投资 1.8 亿元，出让土地 224.1 亩，拆迁安置 52 户。

2000 年，凤鸣镇投入 2000 万元，占地 50 亩，集仓储、运输于一体的林达贸易公司进场。

2002 年，灵石镇技改扩建项目 6 个。

2003 年，灵石镇吉鸿纸厂新上碱回收、生化处理、3 万吨牛皮纸、热电厂 4 个项目；玉马元明粉厂新上织布机 100 台。

2004 年，灵石镇新吉鸿纸业公司新建 5 万吨制浆项目，租用宝珠村 3 社、4 社的土地 100 亩用于企业料场建设；兴文监狱搬迁项目、省道 103 线改道工程项目顺利进行。

2005 年，灵石镇新上项目 5 个，续建项目 4 个。兴文监狱搬迁扩建项目完成征地、房屋拆迁、补偿和进场施工任务；南方印务有限公司新建印刷品生产线工程，7 月完成并正式投产；新吉鸿纸业公司新建 1575 纸机生产线工程，购回 1575 纸机 5 台，年新增

生产能力 2000 吨。

2006 年，凤鸣镇推动攀钢新型复合材料生产线、华泰宽幅印染生产线、城西工业集中区基础设施建设、中药材种植基地建设、滨江路 A 段建设、体育场改造等重点项目建设。

2008 年，凤鸣镇滨江路 A 段、鄰江枫景、家和盛世、南门庭院、家天下、彭祖大道、迎宾路等建设项目全面推进。

2012 年，凤鸣镇全面启动实施城际轻轨、石化园区、市政工程、房地产开发等 28 个重点项目，完成投入 8.7 亿元。

2013 年，凤鸣镇完成家天下（孟文路）、滨江翡翠龙湾、香堤漫步任务 95% 等房地产项目。西门新商圈项目启动实施，完成拆迁户房屋评估；完成城南市场、卡口拆迁安置及二环北路棚户区等旧城改造项目。

2014 年，凤鸣镇全面完成高速路出口综合整治、滨江路南段截污干管、石化园区中海油项目、岷江农业园区道路建设、成昆铁路复线、成绵乐高铁、西门新商圈旧城改造、思念食品公司三期扩建工程、土地"双挂钩"宝珠村、石家村、江渔村，电力廊道（灵黄线、石化园区、思念专线）、湿地公园 11 个重点项目，征地 1257 亩，租地 6000 亩，拆迁 180 户并进场施工。

2015 年，凤鸣镇完成 28 个重点项目的拆迁并进场建设。其中，基础设施建设项目 16 个，房地产项目和安置点建设项目 8 个，农业和"双挂钩"项目 4 个。

2016 年，凤鸣街道规划建设城南小学，区中医医院主体工程建设基本完成。

2017 年，凤鸣街道推进太和大道、成乐高速公路扩容、彭谢路扩建、锦绣大道等重点交通项目 9 个；碱厂片区棚户区、城南片区棚户区、北湖一期棚户区、滨江翡翠城棚户区等棚户区改造项目 5 个；城南污水处理厂、80 号小区改造、城西污水处理厂、火车站站前广场等市政设施建设项目 9 个；华夏幸福、丁香康养产业项目 2 个；宝珠、石家、江渔 3 村"双挂钩"项目 3 个。

2018 年，凤鸣街道完成区级以上重点项目 40 个，其中交通项目 8 个、棚户区改造项目 4 个、市政设施项目 7 个、安置房建设项目 3 个、土地"双挂钩"项目 1 个、流域治理项目 4 个、产业项目 8 个、房地产项目 5 个。完成中心城区立体停车场、宝珠村"双挂钩"、石家村"双挂钩"、江渔村"双挂钩"、岷江流域治理、毛河流域治理、湄洲河流域治理、城西综合农贸市场、城市长寿绿道、80 号小区改造、高速安置区配套设施 11 个项目建设工作；完成滨江大道南段扩建、高速互通、柏华路南延段、迎宾大道二期、碱厂片区棚户区改造、成眉石化园区新增产业项目、城西污水管网 7 个项目收尾。

2019 年，凤鸣街道有区级以上项目 31 个。3 月，投资 1.3 亿元的思念食品三期项目正式投入生产；完成成乐高速公路扩容、互通的拆迁和收尾工作；完成集关社区 3 组、6 组棚户区，柏华路棚户区改造工作。

2020 年，凤鸣街道岷江航电率先完成交地，开始建设。

【重点项目介绍】

残疾人康复中心综合楼项目。2019 年，彭山区整合资源，统筹建设区残疾人康复中心综合楼项目，项目位于凤鸣街道平乐社区。统筹残疾人康复中心、心理服务中心、城区老年人日间照料中心、老年大学、青少年宫 5 个项目，统一筹建，占地面积 7800 平方米，总建筑面积 1.4 万平方米（含地下停车场）。项目规划审批通过并公示完毕，2019 年完成项目征地拆迁、地勘、场地清理等工作。2020 年完成招标工作。2021 年 6 月，1~5 层残疾人康复中心竣工；8 月，康复中心综合楼完成封顶。

农旅结合项目。2019 年，彭山区重点农旅结合项目（凤鸣百谷农业园）基础设施建设项目在江渔村实施，是彭山区提倡的首个有偿使用项目。建设内容包括新建渠道 2.23 千米，整治道路 2.07 千米。该项目于 2 月 20 日开工，于 5 月 18 日竣工，通过区级自查验收，完成审计和资产移交，项目受益业主向江渔村交付了有偿使用资金。

北外街特色文化街区改造项目。2019 年，该项目为彭山区重点项目，更新改造项目红线范围内土地 187 亩，有 1000 自然户，3300 人常年居住，各类房屋面积 12.57 万平方米（其中住房 9.97 万平方米，商铺 1.42 万平方米，企业 1.18 万平方米），各类企、事业单位 19 家（破产改制企业 10 家），老旧小区 17 个。2019 年完成搬迁协议签约 560 户，占项目总户数的 56%。2020 年完成概念设计及 EPC，（设计、施工）工作，土地边界调整、康复医院、城北家具厂拆迁等工作。

【拆迁安置】

1993 年，凤鸣镇加快"八五"新区土地统征步伐，与农户签订《统征土地补偿协议书》《统征土地补偿细则》《社员新划宅基地协议书》和《房屋拆迁补偿协议书》，办理了 811 人的农转非、户口簿和粮食供应证的发放，兑现了统征土地的全部补偿金额，完成了石集村 1 社、6 社、7 社 650 亩土地的统征手续。统征了仁慈村 9 社 45.5 亩土地（含宅基地 5.5 亩），并办理农转非 175 人。

1994 年，凤鸣镇在旧城改造中拆迁各种危旧房屋 2.97 万平方米。

1995 年，凤鸣镇完成小北街拆迁安置统建商住综合楼 5 幢 1.75 万平方米和北街中段 1 幢 1700 平方米的主体工程。

1996 年，凤鸣镇投入 200 万元，进行北街北段拆迁安置综合楼 4300 平方米的建设；灵石镇拆迁安置 59 户，补偿费 150 万元，安置建房 73 户。

1997 年 3 月 20 日，凤鸣镇政府印发《关于成立县城拓宽改造拆迁领导小组的通知》，成立了县城拓宽改造拆迁领导小组。

1998 年，灵石镇出让土地 224.1 亩，拆迁安置农户 52 户。

2000 年，凤鸣镇政府配合彭山县政府规划拆迁南到东街，北到酿造厂，西到西街，东到凤鸣中路范围内的建筑物。

2002 年，凤鸣镇全面启动彭祖广场拆迁建设工作。

2003 年，凤鸣镇彭祖广场一期拆迁 118 户，面积 2.3 万平方米，4 月底完成拆迁任务。灵石镇完成了彭祖广场一期工程涉及辖区 92 户居民的拆迁工作。

2004 年，凤鸣镇完成了 6 家企业共 130.11 亩进场征地工作。

2005 年，灵石镇配合完成兴文监狱搬迁项目，完成征地 350 亩。

2006 年，凤鸣镇滨江路 A 段建设，签订拆迁协议 372 户。

2008 年，凤鸣镇完成城市居民拆迁安置 108 户。

2010 年，凤鸣镇完成县委、县政府下达的碱厂"卡口"38 户拆迁工作任务。完成城际铁路 5 个村（社区）农户的征地拆迁和安置工作。

2012 年，凤鸣镇完成城际轻轨金烛、石家、易埝拆迁安置工程。

2013 年，凤鸣镇完成南门庭院 98% 的拆迁工作；完成兴旺路、孟文路、龙潭路、灵石西路、华西路的拆迁工作；高速公路出口整治项目完成 205 户的拆迁工作；积极稳妥解决好石化园区场平后的遗留问题，完成污水处理厂 45 亩、7 户的征地拆迁工作；启动岷江现代农业园区 235 亩征地拆迁工作；土地"双挂钩"工程，规划拆迁安置 878 户，签订拆迁安置协议 715 户，交纳保证金 698 户；完成石家村、宝珠村安置点征地并进场施工。

2014 年，凤鸣镇完成高速公路出口综合整治，即东西面景观建设征地 118 亩，拆迁 59 户；完成安置点建设，拆迁 280 户，征地 380 亩，20 万平方米安置房全面开工建设；完成新建中医院征地 35 亩，拆迁 16 户的任务；完成岷江现代农业园区 385 亩征地，拆迁 6 户的任务；完成岷江农业园区生产大道 7.8 千米土地租金和各项补偿款 300 万元的发放。

2016 年，凤鸣街道以货币化安置的形式完成迎宾大道、太和大道、中医院、交通物资储备中心等项目建设；以实物安置的形式完成宝珠、石家、江渔 3 个村土地"双挂钩"项目的拆迁工作以及宝珠、石家、江渔、易埝、惠灵 5 个村共 1500 户 3 个安置点的安置区住房分配工作。

2017 年，凤鸣街道太和大道项目采取全过程"阳光三公示法"，顺利完成 321 亩土地征用，完成红线范围内 98 户农户拆迁安置；城南污水处理厂一期项目完成征地拆迁。配合国土局进行仁和源、露香园等企业搬迁评估工作，完成高速安置区近 600 套住房分配工作，完成石化一期 4550 平方米门市分配工作，启动 25 号安置楼建设。启动迎宾大道二期征地拆迁工作，红线范围内签订拆迁安置协议 27 户，占总户数的 56%；完成蜀羊防水项目征地拆迁工作。

2018 年，凤鸣街道完成成乐高速公路扩容、太和大道、李密安置区、交通物资储备中心、青蓝美筑、北湖春天、西门商圈等 17 个项目拆迁任务。

2019 年，凤鸣街道完成迎宾大道二期北面房屋拆迁工作，完成"雪域明珠"项目的征地和房屋拆迁工作，李密安置区（一期）3 个安置区主体工程完工。

2020 年，凤鸣街道完成四川省第三座、眉山市第一座地埋式污水处理厂及其配套污水管网 5 千米建设涉及的征地拆迁工作。10 月 30 日，正式印发《关于在凤鸣街道城市规划区实施货币补助购买商品房安置的试行（试点）办法》，并启动在凤鸣街道的试点工作，截至 12 月 25 日，凤鸣街道签订协议安置 598 人。

【老旧小区改造】

2019 年，凤鸣街道针对辖区 221 个老旧小区矛盾纠纷多、安全隐患多、基础设施差的现状，加快改造城镇老旧小区。完成第一批老旧小区改造 17 个，惠及群众 3000 人。改造内容包括拆除违建、黑化路面、补植绿化、完善环卫基础设施、疏通改造排污管道、规划停车位等，有效改善了老旧小区"脏乱差"的现象。

2020 年，彭山区列入中央项目库、计划实施改造的老旧小区共 75 个，凤鸣街道完成改造 71 个，未完成 4 个。第二批改造项目 34 个（凤鸣街道 25 个，观音街道 9 个），于年底前全面完成改造任务。项目总投资 31221 万元（财政资金），项目建设包括供水管网、二次供水设施、供电增容、天然气管道铺设、化粪池更换、建设线缆地下共同沟、加装电梯等内容。第三批改造项目 22 个（凤鸣街道 20 个，彭溪街道 2 个），全面完成改造任务。摸索总结出"六步七化"（"六步"，即成立组织、居民申请、方案征询、组织实施、竣工验收、管理维护，"七化"，即序化、净化、亮化、黑化、绿化、美化、文化）的老旧小区改造经验，写入市委全会决议，并在全省推广。在老旧小区改造后的管理过程中，凤鸣街道探索出"党建引领+连片打包"的治理模式，公开引进物业管理公司管理一个或多个片区的老旧小区，通过"打包"降低物业公司管理成本，减少居民支出，实现老旧小区的长效管理。先后解决小区治理"老大难"问题 10 项，400 户 1000 余名居民受惠。引进物业的老旧小区由原来的 40% 满意率提升到 95% 以上。

生态环境建设

【机构】

2009 年，凤鸣镇成立以镇党委书记、镇长为组长的环境综合整治工作指挥部和城管办公室，配置专职城管人员 4 名，负责环境综合整治活动的日常工作。市场管理人员 4 名，清扫、保洁人员 12 名，垃圾转运人员 3 名。2015 年，凤鸣镇成立以党委书记、镇长为组长的城乡环境综合治理工作领导小组，办公室设在镇城管办。2020 年，凤鸣街道生态环境建设工作由城乡建设管理和自然资源办公室（生态环境办公室）负责。

【生态镇（村）建设】

2010 年，根据眉山市环境保护局关于创建眉山市生态村的文件精神，对照考核标准，菱角村、宝珠村基本具备创建条件，申请并开展创建眉山市生态村工作。2012 年，申报石家村、易埝村参与创建生态村。6 月，按照《关于彭山县 2012 年生态县建设专

项目标工作要求的通知》，镇政府成立了以党委书记为组长的创建生态镇工作领导小组。2013年7月26日，四川省环保厅农村处调研员魏庆林率省级生态乡镇考核验收专家组对凤鸣镇创建省级生态乡镇工作进行考核验收。2014年4月24日，凤鸣镇被评为"省级生态乡镇"。

【城乡环境综合治理】

　　1992年始，凤鸣镇开展除"四害"（蚊子、苍蝇、老鼠、蟑螂）、"讲卫生"的城乡环境卫生综合治理。

　　2002年，凤鸣镇建生活污水处理净化池9处845立方米，年处理污水120.59万吨。

　　2006年，凤鸣镇加快污水处理厂工程建设；2007年，凤鸣镇污水处理厂投入使用。

　　2008年9月—2010年12月，凤鸣镇开展城乡环境综合整治，制定了实施方案。用3年时间，实现城乡环境"四化"（净化、美化、绿化、亮化）、"四规范"（市场管理，门前卫生、绿化、秩序三包，户外广告，道路交通秩序规范）、"八无"（无乱设摊点、无违章搭建、无占道经营、无沿街堆放、无乱涂刻画和张贴、无垃圾暴露、无卫生死角、无乱停乱放）、院内"四自"（自建环卫设施、自管院内秩序、自搞院内绿化、自搞环境卫生），实现城乡环境优美、市容整洁、秩序井然、基础设施完备、群众生活质量明显提高，个人文明综合素养明显增强的工作目标。

　　2011年，凤鸣镇获县委、县政府城乡环境综合治理先进集体表彰。

　　2012年，凤鸣镇组织实施"五好"（民主管理好、镇风文明好、镇村文化好、村容村貌好、农民生活好）村创建活动；开展以"六通"（通电、通路、通水、通电话、通电视、通信）村、"五改"（改院、改厨、改水、改厕、改圈）村、"五化"（绿化、美化、硬化、亮化、有序化）村、"五有"（有文化体育场地、有多功能培训室、有农家书屋、有村级卫生室、有计生服务室）村为主要载体的"四村"建设示范工程。

　　2013年，凤鸣镇启动成乐高速公路出口综合整治。制定《凤鸣镇城乡环境综合治理工作巡查制度》《凤鸣镇城乡环境综合治理长效管理制度》《凤鸣镇城乡环境综合治理工作职责》《凤鸣镇村社区环境整治工作评分细则（试行）》等制度。凤鸣镇是彭山县创建省级环境优美示范县的主战场。自1月开始，按照县创建省级环境优美示范县城领导小组要求，列支2.1万元，拆除宣传广告42个；列支2.15万元，粉刷墙体2150平方米；列支1.65万元，修建围墙及打临时围墙115米；列支0.9万元，用于建筑垃圾清理。根据成眉石化园区建设需要，在惠灵村2社、金烛村3社征用50亩土地用于毛河污水处理厂建设。

　　2014年，凤鸣镇开展交通主干线"五乱"（垃圾乱扔、摊位乱摆、广告乱贴、车辆乱停、工地乱象）突出问题专项整治。对新彭谢路、省道103线进行了路边杂物清理、砂石清运、除草、路面两侧平整、"牛皮癣"小广告等治理工作，投入人力136人次，其中易埝109人次、平乐27人次，花费人工工资1.31万元、机械费用2030元。2014

年10月15日—2015年2月28日，按照属地管理、上下联动、多管齐下、依法整治原则整治违章搭建。

2015年，凤鸣镇组建由镇长担任组长的环境保护治污工作领导小组，提升环境保护治污能力。新建农村生活垃圾地库1个，改建农村生活垃圾池42个，形成处理回收长效考核管理机制。为防止毛河受污染，将金烛村养猪场搬迁。

2016年，凤鸣街道投入80万元加强省道103线、新彭谢路和现代农业园区观光大道两旁环境保护和综合治理。按照"2016年迅速行动、2017年明显好转、2018年大见成效"的目标，采取源头整治、河道净化、防治结合等措施，对毛河流域内的畜禽养殖污染、工业污染、生活污染进行有效治理。按照《关于开展2016年全区"十佳""十差"村（社区）、"十佳"优美庭院评选工作的通知》要求，对辖区内各村社区环境整治情况进行考核打分，城东社区、江渔村为"十佳"村（社区），集关社区、石家村为"十差"村（社区）。

2017年，凤鸣街道在湄洲河、毛河流域设立了4个拦渣网点，安排专人清理河道漂浮物及白色垃圾，确保河道水面无漂浮垃圾。坚持做好畜禽养殖污染治理工作，全力做到应关尽关，养殖场83家，关闭55家。2017年11月20日—2018年3月20日，开展工业"散乱污"企业专项整治工作，全面排查"散乱污"企业。累计整改、关停"散乱污"企业104家，累计处理各类投诉112件，回访投诉人满意率达98%。

2018年，凤鸣街道采取下达停业整改通知书、强制断电等方式，配合彭山区环保局、经信局等部门对14家重点整治"散乱污"企业完成整改。在"双创"工作中，针对街道城中村、老旧小区、背街小巷配套设施不完善、环境卫生脏乱差、停车难等问题，投入1800万元，清运各类垃圾杂物200吨，粉刷墙面50万平方米，为268个无物业管理开放式老旧小区及总长度3万米的背街小巷新配备垃圾桶1200个、便民信息公示栏360个、灭火器2万个，新增机动车、非机动停车位2万个，硬化城中村道路4000平方米。

2019年，凤鸣街道开展"门前五包"示范街专项整治。整治违章建筑，发现并及时制止违建行为60起，下发停工整改通知60份，拆除违建彩钢3万平方米。专项清理整治"大棚房"问题22起。

2020年，凤鸣街道开展美丽宜居乡村建设，江渔村成功评选为"省级乡村治理示范村"。开展村容村貌提升行动，拆除违建3000平方米；整治餐饮店185个，集中"改水改厕"211家。开展毛河流域凤鸣段水质达标攻坚工作，累计关停整治河道沿线小作坊3家，1月—6月，毛河水质为Ⅳ类，超标因子总磷均值为0.22毫克/升。全面落实"街道+村（社区）+河道保洁员"的齐抓共管机制，确保毛河、湄洲河在凤鸣段水质得到提升改善，完成毛河地表水达到Ⅲ类水质任务。

【环境保护】

2007年，凤鸣镇有垃圾集中处理村1个。2010年，垃圾集中处理村上升到2个。

2012 年，城市主排洪沟建成投用，垃圾压缩转运站启动搬迁，城乡生活垃圾无害化处理实现全域覆盖。2013 年，城市垃圾中转站投入运行。2015 年，全镇 7 个村均实行了垃圾集中处理。2016 年，"两河"流域治理有序推进，强制关停污染作坊和养殖场 5 处。2017 年，悬挂环境保护宣传横幅 130 幅，发放环境保护宣传资料、大小通告 4000 份，出动大气污染防治及环境保护宣传车 1500 台次。2018 年，印发畜禽养殖污染治理实施方案。通过传单、微信、标语、横幅等方式加大环境保护的宣传力度，印发宣传资料 1 万份、标语横幅 80 条、公示牌 10 个。

2020 年，凤鸣街道实施农村人居环境改善工程，通过改水、改厕减少农村生活生产污水排放。加强扬尘管控，严格要求拆迁工地湿法作业，露天堆放建渣要求必须进行覆盖，防止扬尘扩散。制定街道重污染天气环境应急预案，排查疑似"散乱污"企业 30 家，逐一完成现场核查。建立"散乱污"企业整治定期排查、协同推进、及时整改、动态清零的长效机制。强化土壤污染防治，组织开展企业危险废物隐患排查、涉镉等重金属行业企业排查工作，减少土壤污染，确保农业种植用土安全。

【秸秆禁烧】

自 2000 年开始，凤鸣镇政府成立禁烧工作领导小组，各村成立由村支书、主任为禁烧工作责任人的领导机构。每年开展秸秆禁烧专项行动，与各村签订秸秆禁烧责任书。为确保禁烧工作落到实处，按照联系村的领导包片、驻村干部包村、村干部包社、社包农户的原则，统一行动，齐抓共管。在禁烧时间内，组织综合执法队对露天焚烧秸秆的行为依法查处，杜绝群众在禁烧时间内在禁烧区露天焚烧秸秆。对拒绝或妨碍禁烧秸秆监管人员执行公务的，按有关法律法规处罚，构成犯罪的依法追究刑事责任。

2014 年，凤鸣镇全域禁烧，要求不因农作物秸秆焚烧造成环境污染、安全生产事故和交通事故。投入资金 60 万元用于发放农户补助，禁烧区域 99% 无焚烧痕迹。

2015 年，凤鸣镇制定秸秆禁烧工作的实施意见，从总体目标、加强领导、明确分工、深入宣传、严格督查五个方面执行落实，彭山区人民政府环境保护委员会办公室通报表彰了凤鸣镇易埝村杨秀花等秸秆禁烧工作先进事迹。

2017 年，凤鸣街道开展大气污染防治工作，组织村民（居民）签订承诺书 8000 份，要求各村（社区）将秸秆禁烧宣传到户，并定期进行巡查，建立台账，全年辖区内无烟、无火、无黑斑。

2018 年，凤鸣街道签订《禁烧承诺书》6000 份，大气污染防治宣传车出动 300 台次，辖区内禁烧面积达 3000 亩，处罚露天秸秆及垃圾焚烧 2 人。

2020 年，凤鸣街道制定秸秆禁烧工作实施方案，划定夏收季节 4 月 15 日—6 月 30 日、秋收季节 8 月 15 日—11 月 30 日、冬收季节 12 月 1 日—2021 年 2 月 28 日为禁烧重要时段。组织村民（居民）签订《禁烧承诺书》3000 份。农作物秸秆禁烧工作经费按照村（社区）实际栽种的小麦和油菜的面积，给予每亩 50 元补助，按照各组实际统计的小麦和油菜的栽种面积,按每亩 10 元的标准发放劳务费。全年辖区内无焚烧痕迹。

【河长制】

2010 年始,为防止河水污染,凤鸣镇在岷江、毛河等各河段设立"河长",进行"河长制"治污。

2015 年,强化"河长制",凤鸣镇党委书记任河段长。明确河道范围内无污水直排、水域无障碍、岸线无损坏、河面无垃圾、绿化无破坏、河岸无违建的河道整治目标。

2017 年,推进"河长制"工作,凤鸣街道累计河道集中清淤 8000 立方米,打捞白色垃圾及漂浮物 3000 吨;沿河设立拦渣网 7 处,安排 48 人从事河道垃圾打捞清运及拦渣网日常维护工作。

2018 年,凤鸣街道建立党工委书记任河段长、主任任副河段长、各村(社区)支部书记任河道长的"河长制"组织架构,召开专题会议 8 次。毛河、湄洲河沿河设立拦渣网 5 处,河道打捞各类垃圾及漂浮物 200 吨。

2019 年,凤鸣街道开展清河行动,对辖区内主要河道两岸悬挂的白色垃圾、树枝进行全覆盖清理,共清理垃圾 3 吨。4 个拦截打捞点常态化打捞,日均投入人员 30 人次,共打捞农业废弃物及垃圾 600 吨。对易埝村围山沟、红星社区马黄沟、金烛办公室外新开渠进行全面清理掏淤,黑臭水体得到有效治理,水质明显提升。排查出直接或间接排入毛河的入水口 20 处,挂图作战,专人监管。在重点流域安装 15 个监控点位并全面投入运行。

2020 年,凤鸣街道以"河长制"为抓手,制定街道毛河水质提升专项行动方案,将街道 11 名班子成员、5 个村(社区)的 30 名"两委"成员,全部下沉充实到毛河及其主要支流水污染综合整治工作组中。以关停畜禽养殖场,关停违规污染排放企业、作坊,河道清淤,漂浮物清理、垃圾污染带清理为治理重点。通过治理,实现毛河考核断面 2020 年水质均值达到Ⅲ类目标,2021 年稳定实现Ⅲ类目标,月水质达到Ⅲ类占比在 90%以上的目标。

◀◀◀ 交通　邮电 ▶▶▶

　　凤鸣镇（街道）地处城区，境内交通发达。1992 年以前，凤鸣镇所处的区域交通不算发达，只有成昆铁路、省道 103 线南北穿越，老彭谢路横贯。1992 年—2020 年，通过 29 年的交通建设，辖区内铁路、高铁、省道、市道、县道、镇道、村道、社道纵横交错，四通八达，有力地推动了凤鸣街道经济社会的快速发展。同时，广播电视、通信、网络等邮电事业发展迅速，为人民生活提供了极大的便利。

交通

【交通建设】

　　1994 年，彭（山）谢（家）路段的观音桥截弯取直竣工。

　　1995 年 10 月，长 4255 米、宽 50 米的彭祖大道建成通车。

　　1996 年 9 月 10 日，凤鸣镇制定《关于加快"九五"期间村道建设的意见》，完成 5 千米石回路路面加宽、路基砂夹石回填施工和部分路段水泥铺设，以及毛菱路砂石回填。

　　1997 年，凤鸣镇投入 700 万元，完成了长 4 千米的石回路、长 2 千米的黎惠路、长 2 千米的毛菱路等村道水泥路面铺设。

　　1998 年，凤鸣镇将 2.83 千米的成乐高速公路过境段拓宽为 23~31 米；改造 2 千米的凤鸣路，改造后路基宽度 8.5 米，路面宽度 5 米。灵石镇完成新南街下段，彭祖大道南段慢车道、人行道、下岷江道、灵石农贸市场等工程路基砂夹石回填施工和排污沟等工程。

　　1999 年，凤鸣镇社会各界捐资 10.2 万元、农民筹资 70 万元铺设农村水泥路 9 千米；菱角村村道、社道全部实现水泥硬化路面和道路绿化。灵石镇投入 80 万元，完成铺设水泥路 6 千米。

　　2000 年，凤鸣镇投入 30 万元，完成水泥路面硬化 3 千米；投入 20 万元，对省道 103 线彭山段烂路进行大修整治，含成乐高速公路凤鸣镇过境段（凤鸣北路、凤鸣中路、凤鸣南路）2834 米；烂路整治坑凼 8500 平方米，罩面 1.7 万平方米，使用沥青洒路机喷洒沥青 50 吨，砂石填方 1600 立方米。

　　2003 年，凤鸣镇投资、集资修建水泥路 4.3 千米，其中老彭谢路 2 千米；投资 1 万元修建石回路敬老院桥涵。灵石镇投入 55 万元，硬化水泥路面 2 千米。

2004 年，灵石镇投入 109 万元，完成双漩环形路、石家村村道等路面硬化 5.5 千米，修建联户道路 130 米。

2005 年，灵石镇投入 88 万元重建青石桥，于 5 月底竣工通车，修建联户道路 500 米。

2006 年，凤鸣镇硬化村社道路 3.5 千米。灵石镇村级公路通达率达 100%，油路硬化率达 100%。

2007 年，凤鸣镇建设村通公路 1.5 千米，新建水泥路面 3.3 千米。

2008 年，凤鸣镇硬化乡村公路 1.5 千米，水泥路村通率达 100%，总里程 2.5 千米。

2010 年，凤鸣镇硬化村社道路 1.5 千米。

2012 年，凤鸣镇新修村通公路 3.1 千米。二环西路北段、孟文路、二环西路南段、外贸北路、龙潭西路延伸段道路全面贯通，滨江千亩湿地公园全面建成，成乐高速公路出口综合整治全面启动，迎宾路、滨江路、望江街等 7 条道路黑化升级，彭祖大道被评为"全省十佳最美街道"。

2013 年，凤鸣镇拓宽硬化村社道路 4 千米，硬化农村机耕道 10 千米。

2014 年，凤鸣镇拓宽、硬化村社道路 12.8 千米，其中，岷江产业园区观光大道 7.8 千米。

2015 年，凤鸣镇拓宽、硬化村社道路 13.2 千米。

2019 年，为抓好现代农业园区建设，凤鸣街道完成观光大道两侧风貌改造和菱角村道路的拓宽，投入 120 万元打造人居环境示范点毛菱路。

2020 年，凤鸣街道获得眉山市第二批"四好农村路"（建好、管好、护好、运营好）示范乡镇称号。成乐高速公路扩容建成通车，解决途经段总长 5.7 千米（占彭山总长 1/3）的难题，拆迁 622 家；彭山新互通建成通车，3 座跨线天桥完成主体工程；太和大道 1.8 千米、滨江路 2.3 千米、迎宾大道 2.5 千米建成通车；龙湾大道、柏华路二段、武阳东路、锦绣大道南一段建成通车。

【铁路】

成昆铁路彭山段。起于锦江镇天宫村，止于凤鸣街道红星社区。凤鸣街道境内全长 4 千米，始建于 1958 年，建成于 1970 年，2015 年完成扩能改造工程集体土地征收，路基和配套附属工程。

成绵乐高速客运专线彭山段。起于青龙街道先锋社区，止于凤鸣街道红星社区。凤鸣街道境内全长 4 千米，始建于 2008 年，建成于 2014 年。

【公路】

2019 年，凤鸣街道辖区内公路总里程为 116.29 千米，其中省道 5.8 千米、乡道 21.9 千米、村道 88.59 千米。

2020 年，凤鸣街道辖区内主要公路：

成乐高速公路。国道，从北向南穿越凤鸣街道。

省道103线。省道，从镇北蔡家山进，穿越城东、城中、平乐社区南出，境内全长4千米。2011年，完成省道103线彭山路段黑化和城区街道省道103线街道工程。

观光大道。市道，又名现代农业园区生产通道。2013年，彭山县投入700万元，从北向南动工建设。2015年，建成通车，大道从菱角村北进，经易埝、金烛、江渔、石家南出，境内长度为5千米。

彭谢路（旧路）。乡道，彭（山）谢（家）路，起于凤鸣街道火车站，止于谢家街道政府，长10.76千米，路基宽度8.5米，路面宽度6米。1987年，铺设谢家段6千米沥青路面；1988年，投资70万元，全部铺成油路；1992年，建成西门火车站立交桥下混凝土路面工程；1995年，投资30万元，完成全路罩面工程。2001年—2002年，分别投入110万元、150万元实施改造，加宽路面。

彭谢路（新路）。乡道，起于岷江大桥西岸，与省道103线相交，止于谢家街道，全长10千米，路基宽12米，路面宽9米。1996年4月25日，经乐山市计经委、乐山市交通局以〔1996〕（乐计经164号）文件批准立项；6月，由乐山市公路规划勘测设计院完成设计；8月，开始征地、拆迁；11月，破土动工。1997年，投资700万元，完成路基回填16万立方米和筑路桥涵工程任务。1998年，砼路面工程建设启动；8月，至高速公路立交桥加宽段工程建设开工。1999年12月20日，主体工程完工；12月24日，全线通车。工程建设累计完成投资4000万元。

石回路。乡道，原石集村至东坡区回龙场，又名彭回路，全长15千米。2001年—2004年，共投入860万元整修成水泥路面。

迎宾大道西段。主干路，起于成昆铁路桥，止于高速路口。长1000米，宽22米。

彭祖大道二段。主干路，起于彭山区公安分局，止于西街、建设路口。长1500米，宽32米。

彭祖大道三段。主干路，起于西街、建设路交叉路口，止于凤鸣大道三段（省道103线）。长2400米，宽32米。

凤鸣大道一段。主干路，起于武阳大街（岷江二桥）观保路口，止于迎宾大道东段口。长4500米，宽21米。

凤鸣大道二段。主干路，起于迎宾大道东段口，止于东街路口（彭祖广场）。长2000米，宽21米。

凤鸣大道三段。主干路，起于东街路口（彭祖广场），止于东坡区交界处。长4000米，宽21米。

灵石西路。次干路，起于彭祖大道三段凤鸣政府路口，止于柏华路二段。长800米，宽25米。

灵石东路。次干路，起于滨江大道三段，止于彭祖大道三段。长920米，宽25米。

锦绣大道。次干路，起于前程路，止于迎宾大道中段末。长1850米，宽32米。

建设路。支路，起于彭祖大道二段末（西街口新希望城），止于成昆铁路桥洞。长350米，宽15米。

柏华路二段。支路，起于建设路口，止于灵石西路。长1500米，宽18米。

滨江大道二段。支路，起于迎宾大道一段口（岷江一桥），止于彭祖广场隧道口。长2500米，宽15米。

滨江大道三段。支路，起于彭祖广场隧道口，止于东坡区与彭山交界处。长4000米，宽15米。

凤义路。乡道，起于凤鸣街道火车站，止于谢家街道原五星村，长7.098千米，宽5米。

彭山出入口。环岛、路口，位于凤鸣街道境内。彭山出入口所在线路为成渝环线高速公路，2013年建成。

【桥梁】

2020年，凤鸣街道辖区内主要桥梁：

石灰桥。位于凤鸣街道平乐社区境内。长25米，宽4米，高5米，最大跨度25米，所在线路宝珠村道。又名"鸳鸯桥"，跨于青石河上。相传200余年前建此桥时，全部用石灰卷拱。竣工后按旧俗要举行踩桥典礼，典礼正要举行时，恰遇一丐妇已行至桥的一半，当即被人挡回，不久那位丐妇未走完的一段桥便坍塌，并且屡建屡塌，后以红石补建，与另一半石灰拱桥相连，故远近皆称之为"鸳鸯桥"，至今石灰卷拱仍坚固完好。桥侧原建有碑亭一座，现已毁。

青石桥。位于凤鸣街道红星社区境内。长15米，宽4米，高6米，最大跨度15米，所在线路红星—石家—文殊村道。跨于青石河上，为水泥双曲拱桥，桥面宽4米，水泥桥栏。1978年2月建成，总投资10万元，2005年重建。

C004一桥。位于凤鸣街道江渔村境内。长17米，宽4米，高5米，最大跨度9米，所在线路石回路。

C004二桥。位于凤鸣街道江渔村境内。长15米，宽7.5米，高5米，最大跨度15米，所在线路石回路。

毛河桥。位于凤鸣街道金烛村境内。长25米，宽5米，高6米，最大跨度10米，所在线路凤义路。

观音桥。位于凤鸣街道易埝社区境内。长20米，宽5米，高4米，最大跨度20米，所在线路老彭谢路。

仁慈桥。位于凤鸣街道易埝社区境内。长20米，宽12米，高8米，最大跨度10米，所在线路邛彭路。

易埝桥。位于凤鸣街道易埝社区境内。长20米，宽12米，高6米，最大跨度10米，所在线路邛彭路。

菱角桥。位于凤鸣街道易埝社区境内。长 20 米，宽 12 米，高 9 米，最大跨度 10 米，所在线路邛彭路。

电厂桥。位于凤鸣街道易埝社区境内。长 20 米，宽 12 米，高 7 米，最大跨度 10 米，所在线路邛彭路。

李河湾桥。位于凤鸣街道易埝社区境内。长 15 米，宽 5 米，高 10 米，最大跨度 15 米，所在线路毛菱路。

万水碾桥。位于凤鸣镇金烛、江渔交界处，建于 20 世纪 60 年代，主桥长 42 米、宽 1.7 米，引桥长 13.5 米。2011 年年底—2012 年年初，在县政府的支持下，凤鸣镇对万水碾桥桥基隐患进行了整治。

江渔堤桥。位于凤鸣镇江渔村，建于 20 世纪 60 年代初，宽 6 米，长 28 米，20 世纪 90 年代末因存在安全隐患在桥面上加铺铁轨。

灵石铁路桥。位于凤鸣镇红星社区境内，跨于青石河上，桥长 60 米，宽 5 米，4 孔，钢质桥栏，桥墩桥面为混凝土结构，于 1964 年建成。

【火车站】

辖区内有铁路车站一个，成昆铁路彭山站（彭山火车站），建成于 1965 年，是彭山人民进出的重要车站，位于凤鸣街道建设路 384 号，占地面积 3.2 万平方米。

【公路车站】

彭山车站。原设于凤鸣中路，2000 年后，迁往蔡家山迎宾路南侧，2015 年迁往易埝村 6 组，即成绵乐高铁彭山北站南侧。

菱角车站。2011 年，彭山县投入 16 万元，建成凤鸣镇菱角村、彭溪镇毛店村两个车站。

【收费站】

成乐高速彭山收费站。位于凤鸣街道易埝社区境内，所在道路成乐高速公路，成乐高速连接成雅高速和乐宜高速。

【加油站】

中国石油彭山销售分公司城南加油站。位于彭山区凤鸣南路 73 号。所在线路凤鸣大道三段，占地面积 3200 平方米。

中国石油彭山销售分公司富华加油站。位于易埝社区 2 组。所在线路迎宾路西段，占地面积 1800 平方米。

中国石化销售有限公司四川乐山石油分公司平乐加油站。位于平乐社区。所在线路凤鸣大道三段，占地面积 1100 平方米。

顺风加油站。位于凤鸣街道平乐社区成乐路省道 103 线宋店子。所在线路省道 103 线，占地面积 1700 平方米。

邮电

凤鸣镇邮电事业依托于彭山县邮电部门。1999 年，彭山邮电经历了邮电分离，邮政和电信事业各自获得快速发展。

【邮政】

1992 年前，凤鸣镇无快递公司，只有彭山"邮局"独送。1999 年，城区新建立了邮政代办点 8 个。2000 年始，快递发展快速。主要有顺丰快递、申通快递、圆通快递、国通快递、韵达快递、天天快递、中通快递、宅急送快递、苏宁快递、京东快递、四川省邮政速递物流有限公司彭山县分公司等快递业和德邦物流、安能物流、华宇物流、新邦物流、佳怡物流、中铁物流等物流业。手机普及，网络发达，网购更为便捷，传统邮政业务逐渐被快递替代。

【电信事业】

1985 年，凤鸣镇农民家庭住宅电话几乎是空白的。程控电话不断发展，手摇式电话机全面淘汰。

1992 年，凤鸣镇实现市内电话程控化，并开通无线寻呼业务，首批用户 60 户，凤鸣人开始使用寻呼机（又名 BB 机）。

1994 年，凤鸣镇开通"127"自动寻呼系统。

1995 年，BB 机全省联网。1983 年，上海开通中国第一家寻呼台，BP 机进入中国；20 世纪 90 年代中后期，时尚青年以腰间跨 BB 机为荣，"有事就呼我"成为时尚流行语。

1999 年，寻呼分离，移动分离；市话业务从受理到装机、计费、查询、全部实现微机一体化管理；凤鸣镇农民拥有住宅电话 351 部。

2002 年，凤鸣镇通电话村为 100%，130 户安装电话。灵石镇新开通电话 210 户。

2004 年，开始发展无线座机，通信工具"小灵通"开始普及。"小灵通"采用微蜂窝技术，在无线网络覆盖范围内实现随时随地接听，拨打本地和国内、国际电话，拓展了固定电话的接听功能，"小灵通"是特殊时期产物，后逐渐被淘汰。

2007 年，凤鸣镇突出发展"我的 E 家"套餐，融合捆绑固定电话。

2009 年，凤鸣镇加强网络优化、升级和功能拓展，完成城区 3G 无线基础设施建设。

2011 年，凤鸣镇完成城区 FTTH 工程建设，实现 3G 网络覆盖率达 85%。

2013 年，凤鸣镇启动城区 4G 网络工程建设。

2015 年，凤鸣镇优化 4G 基站 78 座，优化 3G 基站 35 座。

2016 年—2020 年，凤鸣镇（街道）通信建设重点以"互联网＋"为统领，做深、

做精、做透重点行业应用，抢占信息化服务制高点，优化 4G 基站，无线网络保持领先优势。

【移动通信】

20 世纪 90 年代，一些成功人士以使用手机的方式来显示自己的身份和社会地位，该时期手机又名"大哥大"。1996 年后，凤鸣镇机关和农村少数外出务工者开始使用手机，手机不再是城里人的专利产品，越来越多的农民在田间地头也能实现"遥控指挥"，通过无线通信联通全国。手机成为现代人必不可少的通信工具和应用工具。

1999 年，凤鸣镇农民拥有移动电话 348 部。"四川省移动通信公司彭山县分公司"成立。中国移动、中国联通、中国电信等移动公司进入凤鸣镇，移动通信在凤鸣镇独立经营和服务。

2000 年，在凤鸣镇东方大酒店建立了基站，加强了凤鸣镇通信网络建设。

2001 年，凤鸣镇成立"客户服务中心"，发展新入网用户逾万。

2002 年，凤鸣镇开通了县畜牧局基站并开始筹建彭谢高速路口基站，使高速公路凤鸣段网络覆盖率达 98%。

2005 年，凤鸣镇累计净增上网用户市场占有率达 68%，手机上网普及率达 23.01%。

2007 年，凤鸣镇拥有"全球通""神州行""动感地带"三大品牌，数据业务拥有移动梦网，移动普及率实现 28%。

2008 年，凤鸣镇推出"五星服务"，金牌服务满意 100。

2010 年，凤鸣镇扩大业务量规模，建设基站，解决弱覆盖区域的通信问题。

2012 年，凤鸣镇实现设备升级，建成区域管理 38 千米。

2015 年—2020 年，凤鸣镇（街道）夯实信息网络基础，对无线网、传输网、小区宽带、专线等网络强化了建设，5G 技术覆盖辖区。

【广播电视】

1985 年，凤鸣镇农民家庭几乎无彩色电视、VCD、DVD，有线电视在城乡均是空白的。1992 年前，县广播站有线广播网络遍布凤鸣镇。1992 年，凤鸣乡、余店乡并入凤鸣镇后，原两乡广播站同时带入凤鸣镇。灵石镇开通有线电视业务，并网入户 200 户，创收 2 万元。

1995 年，凤鸣乡划出凤鸣镇后，凤鸣镇设于三鑫包装厂的广播站因电视业兴起逐步转向发展广电网络而被转卖。1999 年，广播电视宣传工作进一步加强，被地、县报刊和电视台采用稿件 261 件。2000 年，灵石镇广播电视宣传工作以正确的舆论为导向，播发各类稿件 100 件。

1992 年—2000 年，电视事业的发展经历由黑白到彩色的过程。1992 年—1995 年，电视还集中在城镇，农村虽有，但黑白电视居多。1996 年—2000 年，城乡基本普及，但黑白电视、彩色电视均有。1999年，凤鸣镇农民拥有彩色电视2400台，1123户农民能收看有线电视。灵石镇投入31万元，确保线路畅通，新增有线电视用户350户，播发各类稿件160件。

2000年，凤鸣镇有1279户农民能收看有线电视节目。灵石镇有线电视投入30万元，发展用户420户。2000年以后，凤鸣镇逐步普及彩色电视。2001年，凤鸣镇新通闭路电视400户；灵石镇安装闭路电视1200户。2002年，灵石镇新安装闭路电视210户。2003年，凤鸣镇新开通闭路电视180户，有线电视入户数10620户；灵石镇新安装闭路电视230户。2004年，凤鸣镇新发展有线电视用户621户，入户率由年初的17%提高到35%；灵石镇新安装闭路电视98户。

2005年，凤鸣镇为发展农村有线电视，提高"三通"（村通、社通、户通）率，镇党委、政府制定了农村有线电视"三通"工程的实施意见。2006年，灵石镇广播电视入户率达到90%以上。2009年，广播电视"村村通"工程完成7个村的建设。2011年，农村有线电视实现社社通，用户达3500户，入户率为68%。2013年，新增数字电视600户。2015年，数字电视增至2400户。2018年，实施广电提升工程，逐户对贫困对象是否有广播电视进行核实，为缺少广播电视的贫困对象落实广播电视34台，所有村社均实现广电信号的全覆盖。

《《《 科技 教育 》》》

1992年—2020年，凤鸣镇（街道）牢固树立"科技是第一生产力"的战略思想，组织各级各类科研、技术、服务单位把先进的科技成果运用于实际生产，促进增产增收。全面贯彻《中华人民共和国教育法》，加大教育投入，促进义务教育均衡公平发展，办学条件明显改善，教育教学质量显著提升。

科技

【科技管理机构】

1976年，凤鸣镇成立科学技术学会。自1995年起，县科技局下派"科技特派员"到各村（社区）各基地，协助村、组、户搞好产业指导。自2002年起，连续3年开展"科技兴村"示范村活动，自办农技推广与服务组织，支持农村各类专业协会的发展，形成政府支持与市场引导相结合，有偿服务与无偿服务相结合的新型农业技术服务推广体系。各村村委会落实一名同志负责科技工作，有条件的配备科技副主任，每个村配备专（兼）职科技员。

【科技宣传】

1992年—1993年，灵石镇分别召开科技宣传广播会12次、35次。2000年3月6日，为搞好文化科技卫生"三下乡"活动，配合地、县在凤鸣镇参加的开幕式，凤鸣镇成立科技"三下乡"宣传领导小组。组织卫生、畜牧、林业、农技、文化、科技等部门参加的科技服务队10支，科技人员50人次，开展科技下乡活动10次；举办科技赶场一次，参加人员5000人次；举办科技讲座、实用技术以及新技术培训班12场次，受训人员1600人次；制作展板4个，挂图15张，举办科普展览2次，参观人员5600人次；推广实用技术20项，送科技资料1万份、科技图书500册，播放科普录像片5部；推广新品种10个，放映科教电视片10场，观众1000人次，参加咨询人员2000人次，接受咨询人员1500人次，出动宣传车3台，行程100千米。有50名科技人员、20名政府干部参加，义诊50人次，办墙报、板报70个，布置橱窗2个、标语2幅。2004年，灵石镇组织了50名科技人员参加科技"三下乡"活动，参加咨询人员500人次，受咨询人员5000人次。2007年，灵石镇办科普黑板报3期，布置挂图9张。2019年，以科普进学校、进乡村、进社区、进企业、进军营、进机关"六进"为载体，开展"安全进社区""食品安全宣传""崇尚科学，防范邪教"等科普宣传活动。

【科技培训】

在农业生产和养殖业中，尤其是在发展特色农业中，普遍培养 50 岁以下的农民进行科技培训，集中培训时间 1 年达到 15 天以上。

1992 年，灵石镇举办科技成果和技术讲座 4 次，举办培训班 4 期，印发技术资料 3400 份，培训骨干 280 人次，培训农民 2500 人次，受教育普及面达 85%。1993 年，凤鸣镇两所中学为应届初中毕业生免费播放《蝎子》《甲鱼人工养殖术》《立体园田》《农业良性循环》等科教片。灵石镇举办科技成果技术讲座 4 次，举办培训班 3 期，印发技术资料 1.5 万份，培训骨干 800 人次。

2000 年，灵石镇举办农技培训 8 期。2002 年，灵石镇完成了"科技信息网乡通工程"，建立了一支由镇农技、畜牧、教育等部门人员组成的党员信息技术教师队伍；开展骨干培训 2 次，参加人数 150 人，发放信息技术资料 3000 份；组织党员干部外出参观 9 次。6 月，在宝珠村开办了"农民田间学校"，对党员、群众进行绿色无公害种植技术专题培训。2003 年，凤鸣镇培训村、社干部 4 次，培训农民 4 次，分发农技、林业、畜牧、卫生等方面的新技术资料 1.12 万份；举办现场培训会 13 次，科技户、示范户培训班 31 期，培训科技骨干 2700 人。2004 年，凤鸣镇培训指导科技示范户 500 户，培训村社干部 1000 人次，农民 5000 人次，印发新技术资料 2 万份；举办农民工技能培训 2000 人次。灵石镇举办科技讲座、实用技术培训班 3 期，受训人员 1500 人，发放宣传资料 3000 份，放映科教录像片 6 部。

2005 年，凤鸣镇召开各种农村现场会 20 期，培训科技骨干 3000 人次，印发实用技术资料 2.5 万份；实施了"三下乡"活动，培训干部 1000 人次，培训专业户、重点户 2000 人次；举办农民工技能培训 3000 人次。灵石镇对文殊、石家、宝珠 3 个村进行小春病虫害防治技术培训，发放资料 8000 份，小春病虫害综合防治 8100 亩次，水稻稻瘟病预防 1600 亩次，双免耕 3500 亩；开展科技下乡活动 8 次，培训农户 100 人次，组织科技下乡服务队 1 支，科技人员 8 人次；举办科技讲座、实用技术培训班 2 场，受训人员 100 人；赠送技术资料 2800 份，放映科教片 2 部。

2006 年，凤鸣镇举办现场培训会 13 次，科技户、示范户培训班 21 期，向农村下派科技干部 9 人，培训科技骨干 2700 人次，印发实用技术资料 2.4 万份；组织外出考察 6 次，发布科普信息 5 条。灵石镇召开专题培训会 4 次，培训农户 600 户 1500 人次，组织外出参观考察 5 次 41 人次，发放技术资料 1.5 万份。2007 年，凤鸣镇开展科技、文化、卫生"三下乡"活动，发放资料 7000 份，举办培训班 5 期，培训农民 178 人，发放避孕药具 210 份，指导种养户 27 户进行技术改进、品种改良；完成培训农民工 1050 人；实施新型农民培训和科技入户工程，完成实用技术培训 1.06 万人次。2008 年，凤鸣镇举办农业科技培训 12 次，培训农民 1.6 万人次，举办焊工、电工、机修工、装修

装饰工等农民工务工技能培训 15 次共 300 人次。

2014 年，凤鸣镇开展农业技术培训 50 场 1.7 万人次。2020 年，凤鸣镇派遣科技特派员服务团队，开展科技培训，服务企业、农民合作组织和种养殖户。

【科技推广】

1992 年，灵石镇成立科技服务队 8 支，队员 24 人；推广应用科技成果 14 项，签订科技兴农责任书 8 份。1993 年，灵石镇落实和推广应用科技成果 9 项，签订科技兴农责任书 30 份。1997 年，灵石镇推广新技术 23 项。1999 年，灵石镇培养农民技术员 8 名。

2001 年，凤鸣镇发挥了科技协会、科技示范户的作用，带动农民掌握 1~2 项农业实用新技术；成功举办西南 8 省无盘旱育抛秧技术示范。2002 年，灵石镇推广新技术 4 项、新品种 3 个，引进优质早熟大枣品种 1 个。2003 年，凤鸣镇推广农业新技术 12 项，落实科技示范户 150 户。2004 年，凤鸣镇坚持科技为经济建设服务的工作方针，为 4 个社区和 3 个行政村配备了计算机；镇科技协会推广农业新技术 10 项，落实科技示范户 500 户，其中优质生猪协会带动农户 4500 户，实现产值 1440 万元，户均纯收入 600 元；羊业协会带动农户 150 户，实现产值 5.4 万元，户均纯收入 180 元；泽泻协会带动农户 2000 户，实现产值 300 万元，户均纯收入 1200 元。灵石镇推广落实 5 项农业新技术。

2005 年，凤鸣镇推广生物饲料养猪、无盘旱育抛秧、杂交水稻制种、生物防疫等新技术 12 项，推广超级优质稻、高产玉米小麦、高产高油油菜等新品种 8 个，"两高一优"作物复种面积达 2 万亩。灵石镇推广实用技术 3 项，推广新产品 5 个，免费为 6 个村（居）民委员会、1 个专业大户配备了微机，培训操作人员，促进科学技术、市场信息在农村的推广应用。2006 年，凤鸣镇推广科学技术 17 项；灵石镇推广新技术 4 项，双漩村通过新技术，引进新品种种植大棚辣椒 300 亩，平均亩产 4000~4500 斤；灵石镇建立水稻旱育保秧、小麦、油菜试验田 400 亩。2007 年，凤鸣镇组织科技人才到农村开展科技推广和服务活动 9 次，培训种养专业户、重点户 40 户。灵石镇推广实用技术 3 项，推广新产品 4 个。

2013 年，凤鸣镇以科技入户为抓手，通过技术示范、测土配方施肥和病虫害防治等技术的推广，水稻良种率 98%，旱育抛秧率 94%。2014 年，凤鸣镇围绕建立"岷江农业园区"的目标，构建科技服务体系，跟踪做好双漩、金烛、易埝、宝珠、江渔大棚蔬菜栽培管理服务。2019 年，凤鸣街道组织参与科普宣传月和科技活动周活动，宣传预防艾滋病、环保、防震减灾、安全自救、农业技术、节能减排等相关科技知识。

【农技服务】

2008 年—2020 年，凤鸣镇（街道）有农业技术推广服务机构 1 个；农业技术服务机构从业人员分别有 12 人、12 人、12 人、12 人、12 人、11 人、11 人、10 人、10 人、11 人、12 人、13 人、13 人。

2008 年—2013 年，凤鸣镇农业专业合作经济组织分别有 1 个、1 个、5 个、7 个、7 个、9 个；农业专业合作经济组织成员分别有 4435 人、4435 人、5723 人、6295 人、6301 人、6520 人。2014 年—2020 年，凤鸣镇（街道）农民合作社分别有 11 个、13 个、13 个、10 个、10 个、12 个、8 个；农民合作社成员数分别有 6931 人、7204 人、7204 人、7105 人、7105 人、6171 人、176 人。

【"双科"工程】

科技特派员"驻村工程"和科技信息网"村通工程"（"双科"工程）。建立科技村通工程，各村配置微机及配套设备推广科技。2002 年，凤鸣镇开展党员电教科技致富工程，建立电教科技示范村和示范户，确定菱角村、高集村、南星村为重点示范村；村播放点做到每月播放电教片 1 部以上，农村党员每年通过"两机"播放收看电教内容不少于 8 次，城区党员不少于 12 次。灵石镇开通了科技网、农经网，为宝珠村配备了电教工作"两机"。2003 年，灵石镇全面完成科技信息网"村通工程"建设。2004 年，凤鸣镇实施科技特派员服务指导项目 10 项，验收达标，10% 以上的村基本达到"科技示范村"标准，30% 的村配备了科技员；做好科技信息网"村通工程"，菱角村配备 2 台微机，其余 8 个村和种植大户、养殖大户配备了微机并接入互联网。灵石镇举办微机知识专题培训 2 次，参训人员 500 人次。2005 年，凤鸣镇微机配置覆盖 4 个社区、3 个行政村，对 9 个行政村培训了远程教育管理员。灵石镇召开专题培训会 8 次，培训农户 187 户 1350 人次，组织外出参观考察 5 次 100 人次，发放技术资料 538 份，农民人均增收 251 元，确定平乐村为技术服务示范村。2006 年，灵石镇免费为全镇 6 个村、1 个专业大户配备微机，举办微机知识专题培训 20 次，参训人员 1500 人次。

教育

【学校概况】

1992 年前，凤鸣镇辖区内县办学校有彭山一小、彭山二小，彭山一中、彭山二中、彭山职中；幼儿园有彭山幼儿园、彭山机关幼儿园、彭山县妇幼中心幼儿园；有成人高等教育自学考试和教育局、宣传部、党校 3 所函授大学。

1992 年，凤鸣镇境内有完全中学（完中）2 所，职业高中（职高）1 所，初级中学（初中）2 所，中心小学（完小）4 所，农村小学（村小）12 所，在校学生 8307 人。幼儿园 19 所，入园幼儿 1469 人。

1999 年年末，凤鸣镇有普通高级中学 2 所，学生 1376 人；职高 1 所，学生 612 人；中学 4 所，学生 2199 人；小学 4 所（未含村小 5 所），学生 4515 人，小学入学率达 100%，小学升学率达 100%；县委党校 1 所。

2000 年，凤鸣镇境内有完中 2 所，在校生 2740 人（其中高中在校学生 1556 人）；

职高 1 所，在校学生 297 人；初级中学 2 所，在校学生 1382 人；小学 4 所（未含村小 5 所），在校学生 3961 人；镇党校 1 所。

2001 年，凤鸣镇有中学 2 所，小学 5 所，适龄儿童入学率为 100%；灵石镇有中学 1 所，小学 3 所，中小学生在校 1400 人。

2003 年，凤鸣镇通过引入市场机制，把彭山四中创建为民办中学。

2005 年，凤鸣镇村小全部撤销，一律并入彭山县凤鸣镇余店小学由镇直办。

2008 年，灵石镇并入凤鸣镇后，因凤鸣（余店）中学于 2007 年撤销和 2005 年的村小撤销，凤鸣镇镇办学校只有余店小学和灵石小学（彭山县第四小学）。

2008 年—2012 年凤鸣镇学校、幼儿园统计表

年份	小学			中学					幼儿园、托儿所（个）
	总数（个）	在校生（人）	教师（人）	总数（个）	在校生（人）		教师（人）		
					总数	初中生	总数	初中教师	
2008	5	6230	348	3	8873	4810	643	303	6
2009	5	6572	356	3	8691	4733	656	309	6
2010	5	6412	363	3	8914	4933	657	312	6
2011	5	6604	374	3	9181	5081	677	321	6
2012	5	6595	374	3	9050	5073	677	321	6

2013 年—2020 年凤鸣镇（街道）小学、幼儿园统计表

		2013 年	2014 年	2015 年	2016 年	2017 年	2018 年	2019 年	2020 年
小学	总数（个）	5	3	3	3	3	3	4	4
	在校生（人）	6721	4632	4917	4264	4884	4884	5084	6137
	教师（人）	386	247	277	267	288	288	306	267
幼儿园、托儿所（个）		6	6	6	6	7	7	7	8

2020 年凤鸣街道辖区内学校、幼儿园情况统计表

| 名称 | 办学地址 | 办学属性 | 教学班 | 在校学生（人） | | | 教职工（人） | 占地面积（平方米） |
				合计	男	女		
彭山区第二中学（高中）	彭祖大道三段 292 号	公立	34	1670	855	815	123	62568
彭山区第一小学	西街 168 号	公立	43	2124	1108	1016	92	27065
彭山区第二小学	南街 178 号	公立	41	1976	1036	940	85	16151
彭山区第四小学	兴旺路 43 号	公立	31	1604	847	757	67	20000
凤鸣镇余店小学	易埝社区 8 组	公立	11	433	221	212	36	8697
彭山区幼儿园	孟文路 87 号	公立	15	559	280	279	65	4446

名称	办学地址	办学属性	教学班	在校学生（人）			教职工（人）	占地面积（平方米）
				合计	男	女		
彭山区机关幼儿园	小南街 53 号	公立	11	473	230	243	47	2457
彭山区第四小学附属幼儿园	兴旺路 43 号	公立	6	254	132	122	—	—
彭山区灵石一幼儿园	灵石东路 224 号	民办	9	428	240	188	37	2356
凤鸣街道城南幼儿园	城南市场西巷 43 号	民办	4	167	89	78	24	2470
凤鸣街道育苗幼儿园	下新南街 123 号	民办	3	58	38	20	13	870
彭山区爱莉儿幼儿园	孟文路 88 号	民办	9	203	108	95	39	2580
彭山区童之家幼儿园	下岷江路 95 号	民办	5	99	57	42	25	3100

【办学条件】

1992 年 7 月，香港鹏利控股有限公司周碧泉先生向彭山县捐赠 40 万元人民币，彭山县筹资 200 万元，新建了鹏利小学，占地 21.4 亩，有 24 个教学班。

1994 年，彭山县政府新征土地 40 亩，新建彭山县第三中学；继后办起了老年大学。

1995 年，灵石镇投入 1460 万元，占地 73 亩，新建彭山县第四中学、第四小学，一期工程投入使用，中学和小学部分班级迁入新建校舍；投入 312.6 万元，完成普及九年义务制教育（"普九"）任务。

1996 年，灵石镇投入 10 万元，完善了四中、四小续建工程。

1999 年，凤鸣镇投入 52 万元，新征土地 11 亩，重建了解放小学，新建 2 个标准化篮球场、160 米环形跑道、乒乓台 5 个，硬化水泥路面 1500 平方米，修排水暗沟 500 米，修建 8 个大型花园和 6 个小花园，种植草坪 1500 平方米。灵石镇投资 20 万元，改善办学条件。

2000 年，凤鸣镇中、小学"两基"成果进一步巩固，各建微机室 1 间，各装备"586"型微机 17 台，中学新添课桌凳 240 套；调整中、小学教学布局，中学征地 5 亩，中心小学征地 6.3 亩，将学习区、运动区和生活区分开。灵石镇投资 15 万元，改善办学条件，中学建了微机室；教师安居工程顺利竣工并交付使用。

2002 年，凤鸣镇投入 4 万元，改造了菱角村小学和高集村小学危房。灵石镇投入 12.9 万元，重建了宝珠村小学。

2003 年，凤鸣镇投入 20 万元改造凤鸣中学教学楼，完成高集、易埝 2 个村小学的拆点并校。

2004 年，凤鸣镇完成了金烛小学和中心小学的厕所、围墙改造工作，投资 4.8 万元，改造金烛小学危房 160 平方米。灵石镇引入市场机制，将彭山县第四中学、第四小

学整体出让，投资 2000 万元完成四中、四小改制工作，成立彭山县第一实验学校。

2006 年，灵石镇投入 10 万元扩建灵石镇中心校。

2020 年，凤鸣街道辖区内教育机构有四川省眉山广播电视大学彭山分校，位于紫薇路 35 号；四川省农业广播电视学校彭山分校，位于建设路 206 号；彭山区教师进修校、彭山区教学研究室、彭山区教育装备站，位于紫薇路 35 号；彭山区大学中专招生委员会办公室、彭山区培训考试中心，位于城中社区西街 98 号。

【教学效果】

1992 年，灵石镇中学及格率为 100%，优生率为 30%，合格率为 85%；小学"四率"（入学率、巩固率、毕业率、普及率）均为 100%。

1993 年，经县检查验收，原凤鸣乡完成实施 6 年义务教育的目标任务，确定为实施 6 年义务教育的合格乡镇。

1995 年，灵石镇中学入学率为 98.87%，辍学率控制在 2.34% 以内，完成率为 88.5%，毕业率为 96%；小学入学率为 100%，辍学率为 0，完成率为 100%，毕业率为 100%。

1998 年，凤鸣镇认真贯彻"四法一纲"（"四法"，即《中华人民共和国教育法》《中华人民共和国教师法》《中华人民共和国未成年人保护法》《中华人民共和国义务教育法》；"一纲"，即《中国教育改革和发展纲要》），以德育为首的方针，狠抓教育质量的提高。

1999 年，凤鸣中学入学率为 99%，毕业率为 100%，完成率为 92%，完成"普九"目标；升入高中由班平 1.5 人上升到班平 2 人，升入中师 2 人，升入中专 20 人；2000 级由全县第 17 位升到第 6 位，人均分超县平 28 分；2001 级由第 21 位升到第 12 位。灵石镇适龄儿童入学率为 100%，残疾儿童入学率为 100%，辍学率为 0，毕业率为 100%。

2000 年，彭山二小获省委宣传部、省教委颁发的"德育工作先进集体"荣誉称号；凤鸣中学入学率为 97.5%，毕业率为 100%，完成率为 96.6%。灵石镇学龄儿童入学率达 100%，毕业率为 100%，青少年文盲率为 0，辍学率为 0；2000 级在升学考试中，合格率为全县第三名，76 人参加普高考试，有 10 人超过录取线，其中百强生 4 人；张邱力同学以 649 分的成绩获全县第一名，创四中历史最好成绩。

2001 年，凤鸣镇创市级文明学校 4 所。灵石镇适龄儿童入学率、残疾儿童入学率均为 100%，辍学率为 0，中、小学毕业率为 100%，完成率为 98%，实现"普九"教育。

2002 年，灵石镇加强学校教学管理，小学适龄儿童入学率达 100%，毕业率为 100%；中学毕业巩固率达 97%，升学率为 75%。

2003 年，灵石镇初中升学率达 70%。

2006 年，凤鸣镇九年制义务教育巩固达标，适龄儿童在校率为 98%，中、小学学生毕业合格率达 100%。

2007 年，凤鸣镇开展"绿色学校"创建活动，凤鸣小学被命名为市级"绿色学校"。

2014 年，彭山县创建国家义务教育发展基本均衡合格县通过国家检查评估验收。组队参加市中学生篮球比赛，彭山二中获初中男子组冠军。彭山一小《孝亲歌》在中央电视台《大手牵小手·走进眉山》栏目展播。彭山二小曲艺节目《我的家乡美》获全国《校园时代》比赛金奖，少儿门球队代表四川省参加全国比赛获第三名，该校被人社部、教育部评为"全国教育系统先进单位"。

2019 年，彭山二中、彭山一小、彭山二小学校经验做法在眉山市教育系统"双创"平台交流；彭山一小被评为省级"爱路护路"示范学校。

2020 年，彭山一小被评为四川省"优秀少先队集体"，彭山二中、彭山一小、彭山四小创建为"四川省无烟单位"，彭山四小被市教育局确定为"五育"一体化推进示范点。

【教育助学】

2004 年，凤鸣镇捐助特困学生 2 名。2006 年，凤鸣镇济困助学 4 人，捐款 5000 元。2007 年，凤鸣镇完成 1 万人学杂费免除，为 343 人免费提供教科书，落实贫困生资助 297 人，落实残疾儿童入学 25 人，落实农村困难独生子女就学 4 人，帮助贫困学生 680 人、残疾儿童 30 人；灵石镇筹资 3 万元，资助贫困学生 20 名。2009 年，资助中等职业学校 1~2 年级学生 723 人，资助经济困难家庭高中生 226 人，51 名在校残疾学生享受义务教育，关爱留守学生 50 名，通过社会力量帮助困难学生 20 名。2018 年，凤鸣街道做好教育扶贫政策宣传，为 123 人申请教育扶贫助学金 10.3 万元，解决了贫困对象子女上学问题。

学校介绍

【眉山市彭山区第二中学】

眉山市彭山区第二中学位于彭山区凤鸣街道彭祖大道三段 292 号，始建于 1929 年，占地 62568 平方米，有教学班 34 个、学生 1670 人。有教职工 123 人，其中高级职称教师 44 人；有省级骨干教师 4 人，市级骨干教师 8 人，区级骨干教师 15 人；有省级名师 2 人，市级学科带头人 2 人，区级名师 2 人。学校教学设备设施完善，"智慧课堂"成为办学的一大亮点；室内外运动场地能充分满足学生体育锻炼需求；食堂可供 1500 人同时进餐。学校艺体教育颇具特色，是国家举重运动训练基地和举重运动高水平人才基地。学校先后获得"全国校园足球特色学校""四川省德育先进集体""四川省阳光体育示范学校""眉山市市级文明单位""眉山市校风示范学校""眉山市文明单位""眉山市依法治校示范学校"等 50 项荣誉称号。

【眉山市彭山区第一小学】

眉山市彭山区第一小学位于西街 168 号，始建于清光绪三十年（1904 年）。历经百年的风雨磨砺，学校已发展成为环境优美、功能齐全，具有青春气息的现代化学校。学校占地 27065 平方米，在岗教职工 92 人，设有 43 个教学班，在校学生 2124 人。学校坚持"让学校所有人都得到更好的发展"的办学思想，形成了"明志、勤奋、活泼、文明"的校风和"艺体臻萃、自主实践"的办学特色。学校先后获得"全国新东方小篮球乒乓球训练基地""全国少先队红旗大队""全国优秀家长学校实践基地""省体育传统项目示范学校""省优秀艺术学校""省抗震救灾科普示范学校""省应急教育示范学校""省教师职业技能示范学校""省校风示范学校"等荣誉称号。

【眉山市彭山区第二小学】

眉山市彭山区第二小学位于南街 178 号，创建于 1946 年，占地 16151 平方米，建筑面积为 5537 平方米。学校拥有教学班 41 个、在校学生 1976 人；有教职工 85 人，其中中学高级教师 14 人，小学高级教师 47 人，省级骨干教师 5 人，市级骨干 16 人，县级骨干 26 人；拥有一个劳模创新工作室、两个名师工作室。学科业务以追求卓越为目标，多次在国家、省、市教研竞赛任务获得一等奖。形成了"艺术""阅读"两大办学特色，为学生的生命成长奠定了亮丽的生命底色，积蓄了可持续发展的巨大潜能。先后获得"全国教育系统先进集体""全国优秀少先队""全国小学生作文示范学校""四川省文明校园""四川省校风示范学校""四川省足球特色学校""四川省艺术教育特色示范学校""四川省交通安全示范学校""四川省德育工作先进集体""四川省卫生先进单位"等荣誉称号。

【眉山市彭山区第四小学】

眉山市彭山区第四小学由原凤鸣镇灵石小学更名而来，位于兴旺路 43 号，2017 年 9 月建成并投入使用。学校占地 30 亩，建筑面积为 13545 平方米，现有学生 1604 人、31 个教学班、教职工 67 人。学校建校以来，始终坚持"依法治校、以德立校、科教兴校、质量强校"的办学思想；秉承"让农村孩子享受城市教育，让普通孩子获得理想发展"的办学理念；树立"德智双全，身心两健"的办学目标。先后获得"全国好教师培养基地""全国足球特色学校""四川省艺术教育特色学校""四川省文艺人才培养基地""四川省智慧教育联盟""四川省卫生先进单位""四川省无烟单位""眉山市党建示范点""眉山市社会主义核心价值观教育示范点"等荣誉称号。

【眉山市彭山区凤鸣街道余店小学】

眉山市彭山区凤鸣街道余店小学始建于 1945 年抗战胜利之时，原名余店保国民小学，后几经变更为现名，1992 年迁建于现址彭山火车站西机场导航台（凤鸣街道易埝社区）至今。学校占地 8697 平方米，建筑面积为 2506 平方米，在岗教职工 36 人，设教学班级 11 个，在校学生 433 人。学校推崇绿色教育理念，以"建绿色环境，育绿色心灵，享绿色人生"为办学目标，构建清洁优美的绿色环境、"五育"并举的绿色课程，让学生在环境与课程中得到绿色的、可持续的全面发展，为成就学生精彩奠定基础。学校先后获得"四川省爱路护路宣传教育示范学校""眉山市绿色示范学校""彭山区文明校园"等称号。

幼儿园选介

【眉山市彭山区幼儿园】

眉山市彭山区幼儿园始建于 1949 年，1991 年被评为四川省首批省级示范性幼儿园。2013 年，由政府统一规划出资投入建设资金 800 万元在彭山区孟文路 87 号异地新建，占地 6.67 亩，建筑面积为 4500 平方米，是彭山区唯一一所公办省级示范性幼儿园。开设班级 15 个，有幼儿 560 名，全园教职工 68 名。坚持"以爱育德，启智怡情"的办园理念，依托李密故里，以传承"忠孝礼仪"为特色，打造优质特色幼儿园。71 年的发展史，积淀了浓厚的历史文化氛围，在不断创新发展的过程中先后被评为"全国足球特色学校""全国规范化家长学校""眉山市第一批幼教优质教育集团园""A 级食堂""眉山市首个防震减灾示范学校""眉山市绿色校园"等，荣获省、市级"卫生单位"及全区综合评估一等奖，市级课题《培养幼儿良好交往能力的策略研究》获眉山市政府第五届教学成果二等奖。

【眉山市彭山区机关幼儿园】

彭山区机关幼儿园始建于 1957 年 3 月，是一所具有 60 多年历史的市级示范幼儿园，位于凤鸣街道小南街 53 号，占地 3335 平方米，现在园幼儿 473 人，有 11 个教学班，是一所公办全日制幼儿园。2012 年 3 月，划归彭山区教育和体育局管理。投入资金 475.2 万元改建、扩建了教学楼和综合楼，于 2016 年 2 月投入使用。在编人员 22 人，教师大专率达 100%（其中本科学历 12 人）。幼儿园以"师德为先，幼儿为本，能力为重，求真务实"的办园理念为指导，以"幼儿快乐，家长信赖，社会满意"为办园宗旨，以游戏为基本活动，以教育改革为切入点，形成"健康运动，快乐生活"的办园特色。先后获得"全国规范化家长学校""省级卫生单位""市级巾帼文明示范单位""市级语言文字示范学校""市级无烟学校"等称号；连续多年被评为区教体局"年度综合评估一等奖""学前教育先进集体""管理规范幼儿园"。

⫷⫷⫷ 文化 体育 ⫸⫸⫸

以"长寿之乡""忠孝之邦"而享誉中外的彭山，是商贤大夫彭祖的栖身地，忠颂千秋的东汉张纲，孝闻华夏的西晋李密均诞生于此。彭祖长寿养生文化、忠孝文化、茶文化、汉崖墓文化源远流长。1992 年—2020 年，凤鸣镇（街道）历届党委、政府和居民、村民不断传承发展优秀传统文化和体育事业，群众性文化体育运动在城区和广大农村兴起，使凤鸣镇（街道）真正成为彭山文化中心。

文化

【文化阵地】

1981 年，凤鸣镇建立了文化站，负责全镇群众文化活动。1992 年—2020 年，凤鸣镇文化站配置文化专干，专职负责群众文化工作。文化站除办好文化宣传事宜外，每逢春节、"六一""七一"、重阳节等节庆组织节目庆贺。参与组织"寿星节"活动和调演。2000 年，文化设施有凤鸣镇文化站、县文化馆、新华书店、影剧院、录像放映点、卡拉 OK 厅等。2011 年，凤鸣镇群众文化活动阵地达到 50 个，群众文化活动团队发展到 70 个。2012 年，凤鸣镇文化站被彭山县评为"群众文化先进单位"。2008 年—2020 年，有图书馆、文化站 2 个，影剧院 1 个。2013 年—2020 年，凤鸣镇（街道）休闲健身广场分别有 3 个、4 个、4 个、3 个、3 个、3 个、3 个、3 个。2020 年，凤鸣街道辖区内文化机构有彭山区文物保护管理所，位于中岷江路 45 号；彭山区非物质文化遗产保护中心，位于中岷江路 98 号；彭山区文化馆，位于中岷江路 98 号；彭山区图书馆，位于中岷江路 18 号。

【文体活动】

1992 年，灵石镇开展"扫盲"行动，脱盲人数 12 人；开展群众文化活动 4 次，参加人员 286 人次。

1995 年，灵石镇开展文化活动 8 次，参加人员 530 人次；组织鱼灯队彩车参加县第二届彭祖寿星节表演，获表演一等奖、灯饰工程特等奖。

2001 年，灵石镇宝珠村老年文艺表演队一直活跃在农村。

2004 年，凤鸣镇组织 185 人（其中机关 50 人、社区 20 人、学校 25 人、商会 90 人）的代表队参加庆"七一"歌咏比赛，参赛歌曲《我的祖国》（必选）、《难忘今宵》

（自选）。

2006年，凤鸣镇有舞蹈队、游泳队、门球队、骑游队、健身队等群众活动组织20个，开展文艺表演500场。

2007年，凤鸣镇依托群众文化宣传队，党建文艺演出12场。

2013年，凤鸣镇为农村免费放映公益性电影52场。在全镇7个村重新安装上了广播，实现广播"村村响"。2月，开展科技文化"三下乡"活动；3月，收集凤鸣镇抗美援朝信息115条、征文5篇；4月，在彭祖广场举办凤鸣镇群众文艺巡回演出；5月，在县政府门前举行凤鸣镇群众文艺巡回演出；6月，参加县"村村响"广播培训活动；7月，参加县农村"天天乐"坝坝舞活动；8月，在县政府门前举办"安全社区，人人有责，安全社区，人人共享"文艺会演；9月，开展党的群众路线实践活动征文；12月，协助县开展民族文化展示。

2015年，凤鸣镇为农村免费放映公益性电影42场。正月初七、正月初八在城区开展灯舞巡游；3月，开展科技文化"三下乡"活动；6月，举办三场"依法治市，法在身边"宣讲活动；重阳节进行文艺会演。

2019年元旦，彭山区美术家协会联合区文广旅局在希望城举办为期3个月的"彭山区庆祝改革开放四十周年书画展"。

2020年11月14日，凤鸣街道在彭山四小大讲堂组织开展"弘扬优秀文化，传承伟大民族精神"国学讲座，四小师生、家长、各单位文学爱好者、彭山作协会员等共400人参加。

【创文工作】

2018年，凤鸣街道开展创建全国文明城市工作，成立创建全国文明城市领导小组，设置街道创建全国文明城市分小组办公室（简称街道"创文办"），负责综合协调和日常工作，下设综合组、新闻宣传组、资料组、督查考核组。凤鸣街道作为眉山市创建全国文明城市的桥头堡、主力军和主战场，迎来首次全国文明城市测评。对街道270个无物业小区、2.29千米背街小巷进行氛围打造，制作并张贴相关公益广告800套，发放"创文"宣传单6万份，投放规范垃圾桶500个，划定规范停车位3000个，安装便民信息公示栏300个，"创文"工作获得普遍好评。2020年11月，彭山区成功创建全国文明城市。

【文物保护单位名录】

凤鸣街道文物保护单位名录

名称	类别	时代	地址	级别	备注
彭山城墙	古建筑	明	城中社区	市级文物保护单位	第三批眉府函〔2010〕142号（2010年10月）

续表

名称	类别	时代	地址	级别	备注
彭山县县衙遗址	古遗址	清	西街98号	市级文物保护单位	第三批眉府函〔2010〕142号（2010年10月）
八百寿酒老窖群	古建筑	清	城东社区	市级文物保护单位	第三批眉府函〔2010〕142号（2010年10月）
彭山县革命烈士陵园	近现代重要史迹和代表性建筑	1954年	城东社区	市级文物保护单位	第三批眉府函〔2010〕142号（2010年10月）
王图山崖墓	古墓葬	汉	江渔村	县级文物保护单位	第二批彭府发〔1988〕62号（1988年6月）
熊家墓群	古墓葬	清	金烛村	县级文物保护单位	第三批彭府发〔2014〕23号（2014年12月）

【彭山城墙】

彭山城墙位于凤鸣街道境内。据清代《彭山县志》记载，彭山城墙始建于宋代，当时为土墙，明代开始用红砂条石修建城墙，清代时曾多次维修。明成化十年（1474年）知县樊瑾筑土城墙，周长一千余丈。明正德十四年（1519年）佥事卢翌包砌以石，周长缩为一千零八十丈（合3596米），有濯阳、临邛、望眉、通津四门。明末毁于兵火，仅存石址。清乾隆二十年（1755年），知县张凤翥修补颓缺，由原石墙改筑土城墙，建春晖、南薰、新波三楼（三个城门）。清嘉庆十八年（1813年），知县史钦义重修城垣，周长缩为七百九十五丈（合2647米），增城门为四，旋仍颓圮。清咸丰十一年（1861年），知县蹇阊改建石城，清同治元年（1862年）功成，周长缩为五百五十九丈四尺（合1862米），围以长壕，濠去城根丈五尺余（合2米）。建城门四，东安澜、西玉丰、南丽明、北承恩，直至民国三十八年（1949年）未变。新中国成立后，随着经济建设的不断发展，城墙逐渐拆除，现仅存城北体育场北侧残存部分，在彭山一环北路凤鸣派出所对面，长150米，高3.6米。

文化新风

【市民新风】

随着全国文明卫生城市的不断升级创建，文化立镇的理念已深入人心。文明新风，遍及城镇。"说文明话、办文明事、做文明人、建文明镇""同创文明城市、共享美好家园""凤鸣是我家，文明靠大家""我参与、我奉献、我分享，创建文明卫生城""微笑是我们的语言，文明是我们的形象""文明要彬彬有礼，仁德有序""为社会尽一份责任""为他人送一份爱心""人之交往在于诚，世之安宁要靠信""弘扬正义，见义勇为""礼之用，和为贵""学习雷锋，快乐你我""人人都献出一点爱""老吾老以及人之老，幼吾幼以及人之幼""培育品质人文环境，创建文明美丽寿乡新城""弘扬奉献、友爱、互助、进步、关爱他人、关爱社会、关爱自然的志愿者精神"。提倡面容整洁、衣着得体、发型自然、仪态大方的仪表之礼；讲究卫生、爱惜粮食、节约用餐、食相文雅的饮食之礼；遵守秩序、爱护环境、专心欣赏、礼貌喝彩的观赏之礼；遵守交规、礼让三分、扶老助弱、主动让座的行走之礼；用语文明、心平气和、耐心倾听、诚恳友善的言谈之礼；尊敬师长、友爱伙伴、宽容礼让、诚信待人的待人之礼；善待景观、爱护文物、尊重民俗、恪守公德的游览之礼。共守社会公德，国家利益，自觉维护；公民义务，自觉履行；遵纪守法，维护公正；主持公道，伸张正义；见义勇为，遇难相帮；爱憎分明，扶正祛邪；拥军优属，拥政爱民；关心社会，乐于奉献；热心公益，扶贫济困；美化市容，保护环境；名胜古迹，自觉爱惜；移风易俗，破除迷信；简办婚丧，树立新风，尊老爱幼，礼貌谦让；与文明牵手，和礼貌相伴。

【村民新风】

美为家，美化环境，扮靓家乡；净为美，天蓝水净，地绿山青；和为贵，以和为贵，生存智慧；俭为德，节俭传承下，中国万年福；诚立身，诚者，人之道也；善作魂，助人为乐，人间大美；勤为本，靠一双手奔向中国梦；孝为先，代代孝，辈辈传。

【家风文化】

严治家，敬长辈；明事理，守法律；知荣辱，晨健体；不欺人，守信义；忌逞强，睦邻里；广行善，勿生非；讲勤俭，不浪费；重优生，兴教育。勤于邦，俭于家，言忠信，行笃敬；家以和为贵，人以德为本。以规管家，家纪严明；以俭理家，家财旺盛；以学育家，家道兴旺；以勤持家，家业兴旺；以礼持家，家庭和睦；以法治家，家运亨通。孝老爱亲，良好家风，代代相传；以礼以教，孝爱齐家；立家规，传家训，树家风。

【文化新风墙】

文化墙，凤鸣无处不在，农村有，城镇密集。社会主义核心价值观遍布城乡文化墙。"大爱无疆、善行无边的助人为乐""挺身而出、舍己为人的见义勇为""言而有信、一诺千金的诚实守信""恪尽职守、鞠躬尽瘁的敬业奉献""人间真情，大爱无疆""做忠诚卫士促社会和谐的人民卫士""爱岗敬业，无私奉献，不畏辛劳，甘心付出的城市美容师""'登高莫问顶，途中耳目新'的创新创业明星""最具乡愁的十佳民居"和"十佳村落""凭丹心医病解痛，练好妙手回春起死回生的健康大使""年华老去，不忘情怀，两袖清风，守望初心的最美教师""今日彭山之星，明日世界之星的民星明星""做文明奋进领航人，走立志成才报国路的寿乡才俊"，礼为民所谋、情为民所系的"红旗支书"。菱角村文化墙提倡"争当明星显风范"，推出"党员之星""德孝之星""致富之星""守法之星""志愿者之星"。

【宣教文明】

凤鸣镇（街道）以"忠、孝、寿、和"宣教社会主义精神文明。"忠"要忠诚、忠良、忠恕，尽忠报国的责任。"孝"为孝心、孝敬、孝道，讲求生生不息的爱心，主要是对父母、长辈之孝。"寿"是福寿安康的人生。寿要福德，安乐，"知乐者水，仁者乐山；知者动，仁者静；知者乐，仁者寿"；知礼仪，讲孝道，故能长寿。"和"为和平、和谐、和气，是人际文明的基础，主张天地人和。人人和、社会和、天人和、天下和。对于社会主义核心价值观，凤鸣人有独到的阐释：富强要国富民强，国泰民安；民主要保障人民利益；文明要彬彬有礼，仁德有序；民主要人民至上，权责共享；和谐要多元包容，以和为贵；自由要海阔天空，任我驰骋；平等要众生平等，自尊自强；公正要公道在心，不偏不倚；法治要章法有度，自成方圆；爱国要国家兴亡，匹夫有责；敬业要恪尽职守，乐于奉献；诚信要一言九鼎，重于泰山；友善要推己及人，善心善行。

【法治文化】

凤鸣法治广场，宣传以法治镇，依法治镇。主张要"弘扬法治精神，建设和谐社会""明法知律，共享法治""公平如法，规范如律，做人本分，做事分寸""百善孝为先，法治人为本"。"不可无法，有法而不善与无法等""不以规矩，不能成方圆""人人守法、法守人人"。提倡要"维护法律正义，保护公民利益，建设法治社会"。编出了法治歌："父老乡亲听我言，人人与法都相连，学法用法是大事，莫把普法放一边。不懂法律害处大，犯罪肯定受刑罚，判刑入狱泪满面，悔恨当初没学法。妥善处理民事案，协商解决不较难，调解不成找法院，判决裁定依法办，不服判决不要闹，十五日内可上告，过了期限不吭声，只怨自己学法少。"

【建筑四字经】

天地有道，建筑有眼，民心有秤，我心无愧。百年大计，质量为本。生命无价，安全第一。美丽工地，乱象必除，建立标准，广而先试，公众监督，严管重罚。价值规律，长效管理。封闭施工，围挡稳固。硬化道路，覆盖裸土。洗车出门，保洁路口。作业场地，工完料清。生活垃圾，日产日清。工地作业，一日两清，渣土密闭，污水截流，除尘降噪，门前三包……

民约（公约）

民约（公约）是实现村（居）民自我管理、自我教育、自我服务和自我监督的重要形式，是实施依法治理、加强基层普法教育和"法律七进"的重要途径，是推行村（居）民自治、依法治村（社区）的有效载体。

【亿达广场文明公约】

2000年，亿达广场文明制定公约。热爱国家、热爱集体、热爱社会主义；文明经商，礼貌待人；团结友爱、邻里和睦；"五讲四美"，人人有份；环境保护，人人有责；遵章守纪，共创美好生活；计划生育，人人有责；大操大办，极不可取；文明新风，人人有责；群防群治、维护平安。

【市民文明公约】

传统美德记一记，尊老爱幼明事理。言谈举止净一净，网上网下都文明。驾车出行慢一慢，遵规行车最安全。行路过街看一看，不闯红灯莫乱穿。乱吐乱丢劝一劝，优美环境人人享。文明用餐省一省，勤俭节约品行好。依次排队等一等，先来后到显公平。外出旅游想一想，良言善行好印象。志愿服务做一做，积德行善福报多。街坊邻居走一走，邻里和谐生活美。文明市民当一当，美好凤鸣大家建。

【小区居民文明公约】

爱国爱家爱社区，学法用法守法纪。邻里守望讲礼貌，尊老爱幼夫妻和。离家前"三关闭"，门窗、电源和燃气。停车文明靠大家，公共场所禁堆物。小区就是我的家，一草一木爱护它。保护绿化讲卫生，垃圾杂物不乱扔。网络诈骗要谨慎，戒毒扫黄不吸毒。崇尚科学破迷信，移风易俗除陋习。爱护公物讲公德，互帮互助一家亲。居民公约共遵守，同心协力创和谐。

【爱河护河公约】

禁止乱排乱倒污水，以及秸秆、生活垃圾等污染废弃物及其他堵塞物入河；禁止在河道内进行电鱼、捕鱼、炸鱼、毒鱼，洗刷污染水体器具等破坏水环境行为；禁止在河岸河床进行违规种植、违规堆放、违规搭建等侵占沿河绿地、砍伐沿河树木行为；禁止损坏沿河堤防、护栏、照明、公示等河道管理设施，禁止在沿河护栏、杆线等建筑物上悬挂有碍观瞻物品；积极举报乱排、乱倒、乱扔、侵占河道等行为，全民共守爱河公约，全民共建绿水寿乡。

【村规民约（居民公约）】

2014年，凤鸣镇制定规范完善村规民约（居民公约）的实施方案。2018年，凤鸣街道做好村规民约（居民公约）规范完善工作。一是及时修订，二是严格程序，三是抓住重点，四是突出主体，五是广泛宣传。按照"三上三下"六步工作法，即宣传发动，提高认识；广泛讨论，提出意见；集中意见，拟定草案；审议初稿，征求意见；召开会议，表决通过；备案审查，公布执行的步骤进行。

2020年8月10日前，凤鸣街道完成了修订完善村规民约（居民公约）工作。

村规民约（有删减）

第一章　社会治安

第一条　每个村民都要学法、知法、守法，自觉地维护法律的权威和尊严，同一切违法犯罪行为、邪教组织作斗争；正当诉求应逐级反映问题，不得无故向村委会及上级各部门提出无理要求。

第二条　村民之间应团结友爱，和谐相处，不打架斗殴、不酗酒滋事，严禁侮辱、诽谤他人；严禁造谣惑众、搬弄是非。

第三条　自觉维护社会秩序和安全，不阻碍公务人员执行公务。

第四条　严禁偷盗设施，哄抢国家、集体、个人财物，严禁赌博，严禁替罪犯隐藏赃物，爱护公共财产，不得损坏水电、交通、生产等公共设施。

第五条　严禁非法生产、运输、储存和买卖爆炸物品，严禁购置各种枪支、弹药，捡拾到爆炸危险物品后，及时上交公安机关。

第六条　森林火灾、人人有责，不准私自砍伐、不准在村附近田边路旁乱挖土，严禁损害庄稼及其他农作物，严禁牛羊啃青，严禁偷青，违者重罚。

第七条　严格用水、用电管理，不准私自安装水电设施，节约用水用电。

第八条　认真遵守户口管理规定，出生、死亡要及时申报和注销。

第九条　严禁制毒、贩毒、吸毒，禁毒、防艾滋病，人人参与，如发现制毒、贩毒、吸毒人员，应及时向村委会举报。

第二章　村风民俗

第一条　提倡社会主义精神文明，移风易俗，反对搞封建迷信活动、邪教组织及其他不文明行为，树立良好的社会风尚。

第二条　喜事新办，不铺张浪费；丧事从简，遗体要火化，严禁超标建设，不搞陈规旧俗。

第三条　建立正常人际关系，不搞宗派和宗族活动。

第四条　积极参加村里组织的各种文化、体育活动，提倡全民健身运动，提倡见义勇为，伸张正义，遵守社会公德，扶老携幼。

第五条　服从建房规划，不扩占，不超高，搬迁拆迁不提过分要求，拆旧翻新，须经村委会批准，统一安排，不准擅自动工。

第六条　村上的基础设施建设，全村所有村民要积极配合和支持，不能以各种借故的理由从中刁难，凡违反者要收取500元罚款。

第三章　邻里关系

第一条　村民之间要相互尊重、相互理解、相互帮忙，和谐相处，建立良好的邻里关系。

第二条　在经营、生活、借贷、社会交往过程中，应遵循平等、自愿、互利的原则。

第三条　自觉遵守防疫管理法，犬只要求拴（圈）养，犬只伤人的责成养犬户承担100%的医疗费，对放养又未防疫的养犬户，承担100%的医药费。

第四章　婚姻家庭

第一条　遵循婚姻自由，男女平等，一夫一妻，尊老爱幼的原则，建立团结和谐的家庭关系。

第二条 婚姻大事由本人做主，反对他人包办干涉、不借婚姻索取财物。

第三条 父母应尽抚养、教育未成年子女的义务，子女应尽赡养老人的义务，与老人分开居住的家庭成员，要经常回家看望老人，问候老人，不得虐待老人和子女，违者经教育不改的、造成后果的，要承担法律责任。

第五章 人居环境治理

第一条 村民各家各户门前院内要保持清洁，清除暴露垃圾，清理卫生死角，清除废弃堆积物，禁止在公共场所乱吐乱扔，乱倒垃圾、污水和渣土，主动交纳村里卫生费用。

第二条 搞好公共卫生和村容整洁，为保持道路畅通，道路水渠两侧不准长期堆放沙、砖、石等建筑材料，不准挤街占道，私建乱建，如在我村范围内乱倒建筑垃圾、生活垃圾，一经发现视情节让其交纳 500 元垃圾清运费，并拿出其中 30% 作为对举报者的奖励。

第三条 加大综合治理力度，减少污染物排放，全民参与环境保护，共同改善空气质量。根据《中华人民共和国大气污染防治法》，发现焚烧秸秆则罚款 500 元，如是党员干部家属及直系亲属，则按规定给予相应处分。

第六章 土地管理及户籍

第一条 不提倡大规模养殖，搞好绿色产业化发展，保护好生态环境。各组要合理利用土地，农户不得私自将土地进行流转，必须以村民小组为单位将承包地进行预流转，并及时向村委会报批；不愿将承包地流转的农户必须服从村民小组对承包地的调整；土地流转后农户不得以任何理由私自毁约，因农户私自毁约发生的经济损失由农户自行承担。

第二条 为发展壮大集体经济，防止集体资产流失，坚决收回集体资产、集体土地等集体所有的产业，废止一切不合法合同、霸王条款。

第三条 严格遵守户籍管理条例，各农业社对迁入人口严格按照户籍管理法律法规执行。如属正常迁入，必须由本社 80% 户主签字同意，后递交村委会审查盖章，再送街道办审批同意方可迁入本社。对于分户的户籍，除离婚按上级要求可以分户外，其余户籍一律不得分户。

第四条 读书户籍迁出、参军、判刑的人员，读书人员毕业后一年内迁回户口，不拿回的次年 12 月不再参加分配，参军退伍、刑满回家要尽快上户。

第五条 土地款分配方案，原则上由社级集体经济组织成员开会讨论通过，村委会不参与具体意见。

第七章 乡村振兴

第一条 产业兴旺是基石。

第二条 生态宜居是保证。

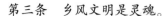

第三条　乡风文明是灵魂。

第四条　治理有效是核心。

第五条　生活富裕是目标。

第八章　与时俱进

第一条　扫黑除恶、净化村风。发现黑恶势力应立即举报，坚决排查"村霸""恶霸"。

第二条　积极防范电信网络诈骗。

第三条　精准扶贫，打赢脱贫攻坚战。

【社区红榜】

设置以志愿服务、孝老爱亲、道德模范、光荣好人、环境保护等为内容的"红榜"，及时向居民公布相关情况。"红榜"评议和发布遵循公开、公正、公平原则。红榜标准为孝老爱亲、患难与共、守望相助、家庭生活和谐的好媳妇、好婆婆、好家庭；热心公益事业，义务赡养帮助社会老人、残疾人，热心救助困难群众，事迹突出，感人至深的乡贤、乡亲及志愿者；在乡（镇）、村（居、社区）的扶贫等工作岗位上，工作勤恳、无私奉献、作风务实的敬业基层干部；带头迁坟、主动火化、葬入公墓、丧事简办，喜事新办、简办、不办的移风易俗典型人物；勤劳致富，不等、不靠、不要、自力更生、自主脱贫，以脱贫为荣的典型；房前屋后庭院整洁的文明卫生户，讲诚信，履行承诺的文明信用户等；其他人员。以上人员、家庭，积极向上向善，表现突出，影响较好，可学可敬的列入"红榜"。

体育

【群众体育】

1993 年 6 月，省、市体育联合检查组对凤鸣镇及全县体育工作进行全面检查，群体活动、场馆建设等 10 个考核指标皆达到省级县水平，彭山县被评为"四川省区县体育工作优胜单位"。

1996 年 10 月 13 日，凤鸣镇老体协门球队参加县门球比赛获第一名。

1997 年，凤鸣镇接待了具有"亚洲车神"美誉的台胞陈双全，并举办了以"迎七一，庆回归"为主题的大型综合体育表演。

2000 年，凤鸣镇体育设施有体育馆、体育场、游泳池、门球场等。

2003 年，凤鸣镇组织城北社区、城南社区等利用国庆、重阳等节日，举办以社区为代表队参加的社区体育活动。骑游协会开展"迎奥运"活动，历时 23 天，穿越了 5 省 1 市，骑游 6056 千米。

2006 年，彭山县投资 170 万元对公园山体育场进行改造，并于 7 月 15 日投入使用。新建健身房、乒乓球房、塑胶网球场、田径跑道、足球场草坪等设施。

2009 年，凤鸣镇协助彭山县举办"家天下杯"家庭趣味体育运动会。

2013 年，凤鸣镇完成湿地公园、凤鸣公园等多套健身器材的安装。

2015 年，凤鸣镇完成县体育馆改造工程，添置 5 套省级农民体育健身工具和进行 20 套健身器材的安装、更换。

2020 年，凤鸣街道组织 120 人参加眉山市第六届老年人运动会广场健身舞比赛。其中，运动会入场式方队 34 人（其中包括穴位操 12 人），广场舞展示方队 70 人，广场健身舞比赛自编动作 16 人。

【竞技体育】

1992 年 9 月 26 日，彭山县第二届运动会和首届青年运动会在县田径场举行，近万人参加开幕式，开幕式进行了航空模型热气球及大型团体体操表演。1994 年，凤鸣镇承办省"三青会"女篮预赛。1996 年，灵石镇组织 100 人参加了全县农民运动会。1999 年，凤鸣镇举办"彭山县第二届青少年运动会"。2001 年 7 月 24 日，凤鸣镇举行"彭祖八百寿杯""全国少年学子举重比赛"活动。2004 年，凤鸣镇"四川彭祖八百寿酒业公司"赞助的彭山县职工篮球比赛活动成功举办，14 支队伍进行了近 100 场比赛。2006 年，彭山县举办"彭湖湾"杯运动会，凤鸣镇取得团体总分、金牌总数第 2 名。2015 年，凤鸣镇机关职工参加彭山区首届职工篮球赛，取得青年男子团体组二等奖。2016 年 6 月，彭山区第二届职工篮球运动会，凤鸣街道获得乡镇男子组一等奖。2020 年，彭山区第六届职工篮球运动会 11 月 8 日闭幕，凤鸣街道获得乡镇组一等奖；彭山一小参加眉山市篮球比赛获得小学女子组冠军。

【体育场（馆）】

彭山区体育活动中心。位于城中社区古城北路 99 号，占地 2.1 万平方米。

彭山区体育馆。位于城东社区，中岷江路与旺民路交叉口东 100 米，占地 3100 平方米。

2008 年—2020 年，凤鸣镇（街道）体育场馆分别有 2 个、2 个、2 个、2 个、2 个、2 个、9 个、9 个、3 个、3 个、3 个、3 个、2 个。

【体育机构】

2020 年，凤鸣街道辖区内体育机构有：眉山市彭山区体育总会，位于体育巷（区体育场）；彭山区自行车运动协会，位于南街美丽达车行；彭山区钓鱼协会，位于小东街 180 号；彭山区激情健身舞蹈协会，位于体育巷（区体育场）；彭山围棋协会，位于公园路 186 号院；彭山区足球协会，位于公园山体育场；彭山区传奇足球俱乐部，位于寂照街（麦卡迪汽贸）；彭山冬泳协会，位于凤鸣大道二段。

《《《 医疗卫生 》》》

1992年起，凤鸣镇（街道）农村、城市卫生服务体系、公共卫生服务体系基本成形。加大医疗卫生投入，实施新型农村合作医疗，住院报销比例逐年提高。计划生育事业、血防工作、疫情防控、动物疫病防治等均取得可喜成绩。

计划生育

【机构】

成立计划生育工作领导小组，负责开展计划生育工作，下设计划生育办公室、计划生育服务中心；成立计划生育协会，各村成立计划生育工作委员会，组织建立计划生育妇女代表小组。2020年，凤鸣街道社会事务办公室（社区建设办公室）具体负责计划生育工作。

【政策演变】

20世纪70年代初，开始推行计划生育。1978年以后，计划生育成为基本国策，生育政策推行一对夫妻生育一个子女，提倡晚婚、晚育、少生、优生，从而有计划地控制人口。2014年1月—6月，全国各省陆续实施"单独二孩"政策。2015年10月，党的十八届五中全会提出"全面实施一对夫妇可以生育两个子女的政策"，全面放开二孩政策。2021年8月20日，全国人大常委会会议表决通过了关于修改人口与计划生育法的决定，修改后的人口计生法规定，国家提倡适龄婚育、优生优育，一对夫妻可以生育三个子女。

【政策】

"三不变"。即坚持现行的计划生育政策不变，既定的人口控制目标不变，党政一把手抓总负责不变。

"三为主"。即宣传教育为主、避孕为主、经常性工作为主。

"三到位"。即责任到位、措施到位、投入到位。

"三结合"。即与经济发展相结合、与勤劳致富相结合、与建设精神文明幸福家庭相结合。

"三服务"。即查环、查孕、查病服务。

独生子女"两全"保险。即一种为独生子女提供多方面经济保障并兼有保险与储蓄双重作用，为独生子女的生存与身故两全好处的保险。

"两奖励一扶助"。即独生子女父母奖、农村部分计划生育家庭奖、计划生育家庭特别扶持。2003 年 3 月 26 日，依据《四川省人口与计划生育条例》，凤鸣镇政府制定了《关于全面落实计划生育奖励政策的实施意见》，对实行计划生育的家庭给予奖励。2005 年，独生子女父母奖励金从 0~14 周岁扩展至 0~18 周岁；2007 年，对农村独生子女家庭（含有计划的双女户），男性年满 60 周岁，女性年满 58 周岁的农民每年领取奖励扶助金 600 元，2012 年调至 960 元。对独生子女死亡不再生育的父母，年满 49 周岁享受计划生育特别扶助金；对独生子女伤残不再生育的父母，女方年满 49 周岁享受计划生育特别扶助金。2016 年，对独生子女失独家庭，母亲年满 40 周岁或父亲年满 45 周岁享受眉山市农村部分独生子女特殊家庭困难扶助金，每年 600 元。

再生育政策。申请再生育情况主要有：第一子女为病残儿，不能成长为正常劳动力，但医学上认为可再生育的；独生子女与独生子女结婚的；在农村人口中，男到独女家结婚落户的；夫妻一方为烈士的独生子女的；夫妻一方为二等甲级以上伤残军人的；夫妻一方因公致残，相当于二等甲级以上伤残军人的；几个亲兄弟，只有一个有生育能力的；夫妻一方两代以上是独生子女的；盆周山区和经设区经市批准的盆地内山区乡的农村人口中，缺乏劳动力的独生子女户；婚后患不育症，依照《中华人民共和国收养法》收养一个子女后怀孕的。另外，以下两种情况可申请再生育：因丧偶而再婚，在婚前一方子女不超过 2 个，另一方无子女的；因离婚而再婚，再婚前一方只有一个子女，另一方无子女的。

【宣传】

凤鸣街道利用广播、会议、橱窗、展板、画册等进行广泛宣传，分管领导、驻村干部、村干部等开展进村入户一对一宣传，利用村组会议、节假日、集体表彰、总结、文艺会演等形式组织教育宣传。计生部门与妇联、共青团、文化部门，尤其是与妇联多层次、多方式、多渠道、全方位地进行计划生育政策与措施的宣传。

1997 年，凤鸣镇办宣传专栏 35 期，墙报 25 期，专题广播 12 次，标语 630 幅，电影字幕宣传 12 场；有计生工作宣传员 11 人，写稿 180 篇。

1998 年，凤鸣镇围绕"少生快富奔小康"的目标，广泛宣传计划生育，全面宣传以宣传教育为主、避孕为主、经常性工作为主的"三为主"工作方针，制作标语 630 幅；落实计生工作宣传员 11 人，写稿 18 篇。

2002 年，凤鸣镇开展计划生育政策宣传 15 次。

2010 年，凤鸣镇组织 15 次上街宣传，村（社区）书写标语 120 幅，办专栏 16 期，发放宣传资料 9000 份。

2011 年后，凤鸣镇把计划生育纳入全镇民生工程、社会事业进行宣传推动，确保了计划生育工作的有效开展；组织 17 次上街宣传，村（社区）书写标语 147 幅，办专

栏 17 期，发放宣传资料 1 万份。

2016 年，"全面二孩"政策和奖扶政策利用会议、电子显示屏、宣传横幅、发放宣传资料等方式，普及率 95% 以上。

【政策实施效果】

1992 年—2020 年，凤鸣镇（街道）始终围绕"控制人口数量，提高人口素质"的总目标，严格执行《四川省人口与计划生育条例》，不断强化计划生育管理，层层分解人口目标，扎实推行计划生育管理目标责任制，有效地实现了人口的计划性增长和人口素质的提高，计划生育成效显著。

1992 年—2007 年出生人数统计表

年度	镇	出生人数（人）	计划生育率（%）	年度	镇	出生人数（人）	计划生育率（%）
1992	凤鸣镇	729	99.31	2000	凤鸣镇	572	96.6
	灵石镇	187	98.93		灵石镇	80	98.68
1993	凤鸣镇	904	98	2001	凤鸣镇	506	97
	灵石镇	192	97.4		灵石镇	—	95.6
1994	凤鸣镇	801	96.53	2002	凤鸣镇	525	97.14
	灵石镇	196	96.7		灵石镇	70	98
1995	凤鸣镇	586	97.1	2003	凤鸣镇	527	96.9
	灵石镇	126	96.03		灵石镇	79	98
1996	凤鸣镇	593	96.7	2004	凤鸣镇	558	96.24
	灵石镇	—	96		灵石镇	95	95.78
1997	凤鸣镇	543	97	2005	凤鸣镇	499	95.99
	灵石镇	120	97		灵石镇	95	95.78
1998	凤鸣镇	520	96	2006	凤鸣镇	480	95
	灵石镇	82	97.5		灵石镇	62	95.3
1999	凤鸣镇	504	95.08	2007	凤鸣镇	478	93.72
	灵石镇	77	96.1		灵石镇	—	—

2008 年—2020 年人口自然增长情况统计表

年度	出生人数（人）	出生率（‰）	死亡人数（人）	死亡率（‰）	自然增长人数（人）	自然增长率（‰）	计划生育率（%）
2008	617	8.08	512	6.7	105	1.38	92.06
2009	569	7.39	429	5.57	140	1.82	92.76
2010	626	8.12	502	6.51	124	1.61	89.46

年度	出生人数（人）	出生率（‰）	死亡人数（人）	死亡率（‰）	自然增长人数（人）	自然增长率（‰）	计划生育率（％）
2011	549	7.13	462	6	87	1.13	89.25
2012	641	8.26	505	6.5	136	1.75	88.14
2013	629	7.94	431	5.44	198	2.5	87.6
2014	672	8.71	565	7.33	107	1.39	90.63
2015	627	8.93	469	6.68	158	2.25	92.34
2016	580	11.7	463	8.43	117	3.27	98.59
2017	690	9.5	501	6.89	189	2.6	100
2018	632	8.65	531	7.27	101	1.38	99.68
2019	511	—	449	—	62	—	99.29
2020	406	—	466	—	—	—	—

【管理与服务】

1992年，灵石镇外出务工、经商的育龄妇女，全部落实了节育措施；完成计划生育提留款11173元。1993年，凤鸣镇举办的人口与计划生育"五期"（青春期、婚前期、孕产期、育儿期、中老年期）教育中，新婚受教育面为100%，后四期受教育面为85%；独生子女"两全"新入保785人，占应入保数的95%以上。灵石镇独生子女"两全"保险新入保95%。

1994年，凤鸣镇独生子女"两全"保险人保金额32万元，清理流动人口595人，办证、换证556人；灵石镇与育龄夫妇签订计划生育服务协议210份，完成计划生育提留款9851元；彭山县计划生育委员会分3期轮训，每次培训2天，凤鸣镇49人（其中选派企业、单位25人），灵石镇8人参加培训。

1995年，凤鸣镇独生子女"两全"保险金额33.2万元，清理流动人口449人，办证、换证449人。灵石镇新增"两全"保险入保56人，完成计划生育提留款11084元。

1996年，凤鸣镇独生子女"两全"保险完成26万元，清理流动人口492人，办证、换证492人。

1997年，凤鸣镇进行新婚期、孕产期知识培训，参训人员411人，对162户计划生育帮扶对象进行农业科技培训。

1998年，凤鸣镇对160户计划生育帮扶对象进行了农技培训，培训新婚夫妇400人。灵石镇完成"两全"保险2.3万元，落实计划生育帮扶户50户。

1999年，凤鸣镇独生子女"两全"保险完成4万元。

2001年，凤鸣镇"三结合"完成170户，加强对流动人口计划生育管理，办证321人。

2002 年，凤鸣镇婚前培训 562 人，流动人口流出办证 833 人。灵石镇开展两次早孕检查，共计 2000 人次。

2003 年，凤鸣镇婚前培训 580 人，"三结合"完成 146 户，流动人口流出办证 431 人，流入人员验证 284 人；对 9 个村开展育龄妇女信息微机管理，将人口全部录入微机，实行信息化管理。灵石镇新增 1 个"三结合"基地，10 户"三结合"帮扶户；组织两次早孕检查，共计 2200 人次。

2004 年前，凤鸣镇婚姻登记工作由镇民政办办理，自 2004 年起，改由县民政局专职机构办理，"三结合"完成 144 户。灵石镇新增宝珠村为"三结合"基地，新增"三结合"帮扶户 10 户，联系户 30 户，帮带户 90 户。

2005 年，凤鸣镇"三结合"帮扶家庭达到 209 户。2006 年，凤鸣镇"三结合"计划生育帮扶对象达到 20 户，流动人口流出办证 197 人，流入办证 198 人。灵石镇新增"三结合"12 户，联系户 35 户，帮扶户 95 户。

2010 年，凤鸣镇有流动人口 240 人，"三结合"完成 100%。2012 年，凤鸣镇实施免费孕前优生检查 420 例。2013 年，凤鸣镇向符合政策的计划怀孕夫妇提供免费孕前优生健康检查 226 人。

2014 年，凤鸣镇与各村、街道、机关、企业签订计划生育目标责任书 101 份；免费孕前优生健康检查 188 对，"单独二孩"网上预约受理 137 对，审批 98 对。

2015 年，凤鸣镇免费孕前优生健康检查 193 对。

2016 年，凤鸣街道流动人口总数 3887 人，办理生育服务证 674 本，独生子女光荣证补办 2562 本，完成优生孕前检查 186 对；及时发放各种经费，打卡发放独生子女费 19.13 万元；完成两次育龄妇女"三查"工作动员，组织辖区妇女病筛查 1486 人。

2017 年，凤鸣街道组织妇女"两癌"筛查 1980 人，完成优生孕前检查 183 对。

2018 年，凤鸣街道免费孕前优生健康检查 182 对，组织辖区妇女"两癌"筛查 1200 人。

2019 年，凤鸣街道完成参检任务 180 对，组织辖区妇女"两癌"筛查 1300 人。

2020 年，凤鸣街道免费孕前优生健康检查 148 对。

2008 年—2020 年计划生育情况统计

年份	已婚育龄妇女人数（人）	女性初婚人数（人）	现孕人数（人）	节育率（%）	独生子女领证人数（人）
2008	16651	327	134	87.32	13594
2009	16907	612	352	86.99	13527
2010	18240	686	255	81.73	13809
2011	18938	545	281	88.99	13588
2012	19050	584	321	88.9	14122

年份	已婚育龄妇女人数（人）	女性初婚人数（人）	现孕人数（人）	节育率（%）	独生子女领证人数（人）
2013	18941	471	361	88.1	14548
2014	17786	471	272	88.6	14636
2015	15492	428	244	89.2	13647
2016	15239	338	146	89.4	13441
2017	14743	143	159	89.6	13188
2018	13950	189	105	89.1	12961
2019	13562	220	—	—	12856
2020	12195	92	—	—	—

【奖励扶助】

2005 年，凤鸣镇 79 人享受计划生育家庭奖励扶助金。

2006 年，凤鸣镇受理计划生育家庭奖励申请 99 户，报批兑现 99 户。

2008 年，凤鸣镇计划生育奖励对象 141 人。

2009 年，凤鸣镇通过摸底、申请登记、走村串户、调查公示、评议、复核等程序，分别兑现 137 名奖励扶助、13 名特别扶助，共计发放奖励扶助金 9.78 万元；符合政策的农村或城镇独生子女父母家庭发放奖励金 28.1 万元，兑现率为 100%。

2012 年，凤鸣镇计划生育奖励 1199 人，4560 名中小学生奖励扶助全部兑现。

2014 年，凤鸣镇奖励扶助 186 人，特别家庭扶助 23 人。

2016 年，凤鸣街道有国家奖励扶助对象 1645 名、省奖励扶助对象 167 名、特别扶助对象 207 名、市级特别扶助对象 8 名。

2017 年，凤鸣街道有国家奖励扶助对象 1838 名、省奖励扶助对象 146 名、特别扶助对象 240 名、市级特别扶助对象 10 名。

2018 年，凤鸣街道有国家奖励扶助对象 1987 名、省奖励扶助对象 115 名、特别扶助对象 263 名、市级特别扶助对象 16 名；新增奖励扶助 125 人、特殊扶助 24 人。

2019 年，凤鸣街道有国家奖励扶助对象 2082 名、省奖励扶助对象 136 名、特别扶助对象 304 名、市级特别扶助对象 22 名；完成新增"两奖一助"的宣传工作，准确及时入库；奖扶 246 人，特扶 46 人。

2020 年，凤鸣街道新增奖励扶助对象 302 人，特别扶助对象 17 人，综合统计合格率达 100%。

卫生工作

1992 年—2020 年，凤鸣镇（街道）突出"农村卫生"和"预防保健"两大重点，

不断巩固健全三级卫生网络，防病治病质量显著提高，危害人民健康的重大疾病和地方病、常见病得到有效控制。

【创卫工作】

1992 年前，凤鸣镇以创建文明卫生单位、文明卫生城市为重点，连年开展"创卫工程"建设。

1996 年，凤鸣镇建成市一星级文明卫生城市。

1997 年，凤鸣镇开展创建市二星级文明卫生城市工作。共评出"五好家庭户" 1800 个，有 4 个街（村）被县政府命名为文明街道（村）；开展了 8 次卫生活动，出动人员 1.5 万人次，清扫小街小巷 12 万平方米，清除垃圾近 1000 吨，清除杂草累计 20 万平方米，疏通地漏 500 个次，清洗电桩 800 根，清除乱贴标语、广告 500 张。

2000 年，凤鸣镇创省级卫生单位 8 个，地（市）级卫生单位 43 个。

2001 年，凤鸣镇顺利通过市二星级文明卫生城市复查验收工作。

2002 年，凤鸣镇巩固市级文明卫生城市成果，积极参与创建省级卫生城市工作。

2004 年，灵石镇开展创"省卫"工作，各村（社区）、居委会共清运生活垃圾 6000 立方米、建筑垃圾 1200 立方米，清除杂草 5000 平方米，清除"牛皮癣"广告和废旧标语 1500 处，开支清运费 3 万元。

2006 年，凤鸣镇在创建国家级卫生城市活动中，向城乡居民印发健康卫生、疾病预防资料 2 万份。

2013 年 8 月 27 日，市卫生局副局长夏炬光率市卫生局妇社科负责人刘志荣、市局献血办主任陈俊芬等 6 位专家对彭山县凤鸣镇社区卫生服务中心创建省级标准化社区卫生服务机构进行检查验收。

2014 年，凤鸣镇通过省级卫生城市复核。

2015 年，凤鸣镇开展创建省级卫生乡镇工作总结；成立了爱国卫生运动领导小组，制订了爱国卫生运动长远规划和年度工作计划；制定了农民健康教育行动规划和实施方案。

2016 年，凤鸣街道悬挂健康教育宣传展板 6 期 1280 幅，发放健康教育宣传资料 6000 份，面向群众发放灭鼠药 400 公斤、灭蟑螂饵剂 1 万袋、陶瓷毒饵 200 个。

2018 年，凤鸣街道整治环境卫生死角 64 处，清理生活垃圾、白色垃圾 296 吨，河道垃圾打捞清运 656 吨，清理建渣 127 吨，打围 12 处，建渣等遮盖 46 处，清理、整理"牛皮癣"广告 1257 处，整治风貌问题 32 处。

2019 年，凤鸣街道成功通过创建国家级卫生城市省级初评。投入资金 21.2 万元，硬化背街小巷 2279.98 平方米；投入资金 37.43 万元，硬化无物业小区院坝 3328 平方米；投入资金 37.93 万元，清运垃圾 1564 车 1985 吨；投入资金 69.3 万元，聘请保洁人员 88 名；投入资金 30.1 万元，划非机动车停车位 1534 个、机动车停车位 886 个；投入资金 12.9 万元，增补绿植 6300 平方米；投入资金 28.13 万元，打围 6400 平方米；投入资金 34.73 万元，制作公益广告 3321 个；投入资金 32.14 万元，旱厕改造 109 个、填埋 24 个；开展志愿服务 754 次。

【省级卫生村创建】

1992 年，城市建设总体规划中凤鸣镇石集村规划为创建省级卫生村。地处城西，紧靠彭山火车站，先在 1 组、6 组、7 组开展，其余 5 个社区在 1994 年进行创建。1995 年，全村有 723 户，创建达标户 643 户，占全村总户数的 89%；改用卫生灶户数 653 户，占全村总户数的 90%；全村总人口 2316 人，饮用卫生水普及率达 100%；开展了农田灭鼠，经有关部门监测达到了规定的要求；居民住宅改造率在 90% 以上，符合省级卫生村达标条件。

2014 年，宝珠村先后获得彭山县 "一村一品" 先进村、环境卫生示范村、远程教育示范村、农机安全示范村、凤鸣镇优秀党支部等荣誉称号，经县爱国卫生运动委员会考核验收，评为 "省级卫生村"。

【公共卫生】

2013 年，凤鸣镇开展全民健康生活方式示范创建工作；新增文化健身场所 7 个；启动关爱工程，参与免费健康体检的城乡居民达 4650 人。2014 年，参与关爱工程免费健康体检的城乡居民达 1.05 万人。

2016 年，凤鸣街道成立卫生计生脱贫攻坚领导小组。对在凤鸣卫生院、凤鸣社区医院住院的建档立卡贫困人口政策范围内的医疗费用进行 100% 报销。加强村卫生室标准化建设，原则上按照每个村卫生室建设面积不少于 60 平方米，建成诊断室、观察室、治疗室、药房 "四室分开"，布局合理、流程科学的村卫生室。强化乡村医生培训。落实乡村医生每周到乡（镇）卫生院工作 1 天或每月工作 1 周的制度，乡（镇）卫生院每月组织乡村医生至少参加 1 次业务培训。开展 "1+1+1" 的服务模式，进行一次上门访视和康复指导，免费开展一次健康教育和入户随访指导，每年进行一次免费健康体检；开设中医专科门诊，坐诊中医专科医生 6 人。

2017 年，凤鸣街道配合区精神卫生保健院完成精神病患者筛查工作，新筛查 46 人。推进学校结核病防治，进学校宣传 4 次，收治结核病人 5 人，转院及疑似病人 20 人。规范电子健康档案建档率达 98%，乡村医生签约服务工作，签约率达 100%。

【医疗保险】

2003 年，凤鸣镇新型农村合作医疗保险（简称 "新农合"）工作顺利启动，实行个人交纳、政府资助和集体扶持相结合的筹资机制，参加农民在 80% 以上；在石集村试行，基本筹集按人均 10 元/年，个人交纳 5 元，不足部分由集体经济补助；参加新农合农民因病在本乡卫生院住院发生的药费报销 60%。灵石镇 3 个农业村开展了新型农村合作医疗试点，仅用一周时间，完成了 3 个村 2789 人的费用收缴，参加率达 86%。

2004 年，凤鸣镇基本医疗参保人数 16818 人。

2005 年，凤鸣镇制定了新型农村合作医疗制度试点工作的实施意见，成立了以镇长为组长的领导小组；灵石镇有 7000 人参加"新农合"。

2007 年，凤鸣镇有 18795 人参加"新农合"，农村医疗救助资助参合人数为 698 人。

2008 年，凤鸣镇 19471 名居民参加了城镇居民医疗保险，其中社区参保 4626 人、学校参保 14845 人。

2009 年 11 月底，凤鸣镇有 5700 名居民参加城镇居民医疗保险。

2010 年，凤鸣镇城镇居民医疗保险参保 7000 人。

2011 年，凤鸣镇村民的个人缴费为每人每年 30 元，中央、省、县三级财政补助 120 元，共计 150 元。

2012 年，凤鸣镇城镇职工医疗保险得到应保尽保，新农合参保率达到 100%。

2008 年—2015 年，凤鸣镇农村"新农合"参保人数分别为 27485 人、27623 人、30937 人、31865 人、28678 人、21293 人、21293 人、27923 人。

2015 年，凤鸣镇"新农合"和城镇居民医疗保险合并为城乡居民医疗保险。

2019 年，凤鸣街道印发城乡居民基本医疗保险参保缴费工作细则。参保缴费对象为具有本地户籍的城乡居民（已参加眉山市城镇职工基本医疗保险的除外），长期在街道投资经商、务工、居住的外来人员及未成年子女。工作目标是：享有基本医疗保险待遇，参保率完成 97%，力争达到 100%；五类困难群体、建档立卡贫困人员基本医疗保险和补充医疗保险参保率均达 100%。基本医疗缴费标准为第一档 220 元/人/年，第二档 280 元/人/年，城乡居民任选一档参保缴费。补充医疗缴费标准为个人 50 元/人/年。2016 年—2020 年，凤鸣街道城乡居民基本医疗保险参保人数分别为 42846 人、43163 人、43162 人、55147 人、42723 人。

【医疗卫生机构】

1969 年，凤鸣镇遵照毛主席"把医疗工作的重点放到农村去"的指示，在合并前的余店、灵石农村建立起合作医疗站，配备"赤脚医生"、卫生员、接生员。

1992 年，余店乡、凤鸣乡并入凤鸣镇后，全镇有合作医疗站 24 个。在镇卫生院指导下，送医送药上门，防病治病，大搞爱国卫生运动，宣传普及卫生知识。

1995 年，凤鸣镇新建计划生育服务站。12 月，凤鸣镇第一卫生院更名为彭溪镇卫生院，凤鸣镇第二卫生院更名为凤鸣镇卫生院，凤鸣镇第三卫生院更名为凤鸣镇预防保健站。

1996 年，灵石镇投入 6 万元，划拨土地 1.5 亩，改建、扩建镇卫生院，并完成初级保健各项指标。

1999 年，凤鸣镇有卫生院 1 所，医生 16 人。

2000 年，凤鸣镇第二卫生院创建县级卫生单位验收合格。

2001 年，灵石镇有卫生院 1 所，乡村诊所 8 个。

2004 年，凤鸣镇撤销了预防保健站，其原有职能合并到凤鸣镇卫生院。

2008 年 4 月，灵石镇卫生院更名为凤鸣镇第二卫生院。

2008 年—2020 年医疗卫生机构统计

年份	医疗卫生机构（个）	执业（助理）医师（人）	病床数（张）	年份	医疗卫生机构（个）	执业（助理）医师（人）	病床数（张）
2008	8	219	353	2015	6	297	230
2009	8	247	353	2016	6	297	230
2010	8	227	353	2017	6	299	286
2011	8	234	364	2018	6	299	286
2012	8	234	364	2019	5	319	686
2013	8	251	364	2020	68	327	650
2014	6	295	230				

2018 年—2020 年，凤鸣街道有兽医（防疫）技术人员 14 人。

2020 年，凤鸣街道辖区内医疗卫生机构有：眉山市彭山区中医医院、彭山区妇幼保健院、彭山区疾病预防控制中心、彭山区血吸虫病防治站，位于平乐社区凤鸣大道三段 1038 号；彭山区凤鸣街道卫生院，位于城西社区建设路 257 号；彭山区爱国卫生运动委员会办公室、彭山区人民政府地方病防治领导小组办公室、彭山区基本公共卫生服务指导中心，位于城西社区彭祖大道二段 431 号；彭山区凤鸣社区卫生服务中心，位于城南社区致民路 86 号；彭山区红十字会，位于城中社区西街 98 号；彭山区精神卫生保健院，位于红星社区；彭山区人口和计划生育服务中心，位于城西社区彭祖大道中段 568 号；彭山阳光医院，位于彭祖大道二段；彭山康复医院，位于凤鸣大道 588 号；彭山同德医院，位于青年路 1 号；彭山帅氏医院，位于步行街；彭山区药事协会，位于凤鸣大道三段 52 号（药监局内）；眉山市彭山区医学会，位于彭祖大道中段 45 号；彭山区农村卫生协会，位于彭祖大道南段 30 号。

医院选介

【彭山区中医医院】

彭山区中医医院是一所专科优势突出，中西并重的综合性三级乙等中医医院，是省中医医院、省第二中医医院、市中医医院、市肿瘤医院等的联盟医院，承担辖区内医疗、教研、预防、保健、康复治疗、急诊急救等服务。1951 年 10 月，县人民政府把城

区分散经营的中西医生组织起来成立城关中西医联合诊所。1958 年，改名城关医院。1962 年，复名联合诊所。1975 年更名为城关卫生院。1979 年，在原址新建三楼一底新舍一栋，增添设备，增加人员。1980 年，更名为彭山中医院（院址在北街），属集体所有制性质。1986 年，住院部迁至凤鸣中路。2015 年 6 月 3 日，彭山区中医医院整体迁建工程进场打围，项目总投资 1.2 亿元，占地 100 亩，按照三级乙等中医医院标准建设，综合建筑面积为 3.5 万平方米。2017 年，建成并投入使用。2019 年 10 月，医院整合区妇幼保健院、区血防医院搬迁至新建医院。编制床位 400 张，实际开放床位 500 张。在职职工 486 人，专业技术人员有 379 人，其中高级职称 32 人、中级职称 102 人。有市级名医 2 人、区级名医 22 人，市级健康卫士 1 人、区级健康卫士 6 人。设有 21 个临床科室、8 个医技科室、10 个病区。有省级重点专科 2 个、市级重点专科 3 个、区级重点专科 3 个。有核磁共振、CT、四维彩超、乳腺钼靶、电子胃镜、纤维镜等高精尖医疗设备。先后荣获卫生先进单位、惠民医院等称号。

【凤鸣街道卫生院】

凤鸣街道卫生院创办于 1951 年，位于原新民场（现金烛村）。于 1993 年在彭山县彭谢老路旁新建（现城西社区建设路 257 号），属全民所有制。是一所集公共卫生及基本医疗服务于一体的非营利性公立医疗机构，从最初简陋的几间瓦房为诊断室发展到现在规范化的乙等乡镇卫生院。开设有预防保健科、内科、外科、妇产科、妇女保健科、儿科、儿童保健科、医学检验科、医学影像科、中医科、中西医结合等科室。2013 年，获彭山县卫生局"乙等乡镇卫生院"称号。连续多年获得彭山县（区）卫计局系统乡镇卫生院"一等奖"及优秀党支部称号。

【凤鸣街道社区卫生服务中心】

凤鸣街道社区卫生服务中心是由原灵石镇卫生院整体转型的公立医疗卫生机构，服务凤鸣街道 9 个社区近 6 万名城镇居民。中心前身为灵石镇卫生院，创建于 1971 年，时名青石公社（灵石镇）卫生防治所，1975 年改称青石公社卫生院。2008 年，灵石镇并入凤鸣镇后，灵石镇卫生院整体转型为彭山区凤鸣社区卫生服务中心。中心主要职能是为辖区居民提供基本医疗服务和实施国家基本公共卫生服务工作。包括建立居民健康档案，预防接种，开展糖尿病、高血压管理，传染病防治，0~6 岁儿童健康管理，孕产妇健康管理，65 岁以上老年人健康管理，开展健康教育宣传以及精神病管理等 14 项内容。中心开设全科诊断室、中医诊断室、康复理疗室、门诊妇科、门诊外科、检验科、彩超心电图室、DR 影像室、预防接种室、儿童保健室、老年人管理室、高血压、糖尿病管理室、孕产妇管理室等临床、医技及公共卫生科室，能够为城镇居民提供常见病、多发病诊断与治疗。

血防工作

血吸虫病，俗称"腹胀病""大肚子病"。凤鸣镇是血吸虫病重灾区，全镇7个村均有血吸虫病，历史有螺面积42万平方米。1992年—2020年，年年进行血吸虫病防治与灭螺。2006年始，与各村（社区）签订血吸虫防治达标管理责任书。2007年，凤鸣镇血吸虫病疫情传播控制达标。2020年，凤鸣街道血防工作顺利通过国家级验收。

【血防宣传及教育】

2006年，凤鸣镇开展血防健康教育2.3万人次，各村（社区）悬挂布标27幅、办黑板报17期，发放血防知识宣传资料3.7万份，光盘12盘；灵石镇成立血防工作领导小组，发放血防宣传资料9000份，悬挂血防宣传布标20幅，粉刷墙标50幅，张贴血防画报16套。2016年，凤鸣街道完成2.5万人次血防健康教育；在中小学校开展健康教育，开设了两课时的血吸虫病防治知识专题课；发放《血防知识》宣传资料2000份，发放健康宣传资料2.5万份，制作墙体标语16幅。2019年，凤鸣街道完成2.5万人次血防健康教育；发放《血防知识》宣传资料1000份，制作墙体标语11幅。2020年，凤鸣街道完成2万人次的血防健康教育。

【查病治病】

2005年，凤鸣镇组织7000人进行了血吸虫病免费检查。

2006年，凤鸣镇组织群众血检8400人次、粪检1.3万人次，普治2.15万人次，耕牛处置208头；经省市专家检查验收，历史钉螺面积降到2%以内，居民家畜粪检阳性均降到1%以下，无急血病病例，无12岁以下儿童、2岁以下幼畜感染，通过验收并达标。灵石镇查病4900万人，治病8300人；学生、村民服药8700人，服药率达100%。

2007年，凤鸣镇治疗4000人；晚血治疗20人。2014年，急血病知识普及率达100%，控制率达100%，疾病预防控制和免疫工作进度达标；通过了国家级血防阻断达标验收。2016年，凤鸣街道血防粪检806人次，血检8200人次，晚血治疗26人，石家村扩大化治疗2000人。

2017年，凤鸣街道组织群众血检8100人次，晚血治疗30人，石家村扩大化治疗2000人。

2018年，凤鸣街道组织群众粪检411人次、血检6200人次，晚血治疗29人。

2019年，凤鸣街道组织群众粪检200人次、血检7000人次，晚血治疗30人。

【查螺灭螺】

2005年，凤鸣镇完成秋季灭螺，面积达50万平方米。

2006年4月，凤鸣镇政府与各村签订了血吸虫病防治目标管理责任书；5月1日，县政府主要领导一行到凤鸣镇督查春季灭螺工作；查螺226万平方米，灭螺119.8万平

方米。灵石镇春季查螺面积为 12.29 万平方米，有螺村 5 个、螺点 85 个；春季灭螺面积为 13.36 万平方米，灭螺点 97 个。灵石镇秋季查螺面积为 18.9 万平方米，有螺村 5 个、螺点 112 个；秋季灭螺面积为 19.1 万平方米，灭螺点 128 个。

2007 年，凤鸣镇灭螺 33.8 万平方米。

2011 年 6 月 26 日，针对凤鸣镇血吸虫病重灾区，镇政府制定了《凤鸣镇 2011 年—2015 年血防工作计划》。对全镇 7 个村 42 万平方米有螺面积进行整治，农村查螺灭螺 38 万平方米，急血病人控制率达 100%。

2012 年，凤鸣镇农村查螺灭螺 38 万平方米，急血病人控制率达 100%。

2013 年—2014 年，凤鸣镇分别查螺灭螺 85 万平方米、190 万平方米。

2016 年—2020 年，凤鸣街道分别完成查螺 106.54 万平方米、105 万平方米、123.36 万平方米、140 万平方米、140 万平方米；分别完成灭螺 83 万平方米、81 万平方米、31.75 万平方米、24 万平方米、80 万平方米。

【灭螺方法】

药物泥糊法。适宜沟渠、稻田、房前屋后等环境，铲除地表杂草 3 厘米后，用 50% 氯硝柳胺乙醇胺盐可湿性粉剂兑水，按 2 克/平方米的量和入稀泥，再覆盖在有螺环境上。

药物浸泡法。适宜硬化沟渠，沿边铲草后用 50% 氯硝柳胺乙醇胺盐可湿性粉剂兑水，用 2 克/平方米的量进行浸泡，保证浸泡水位在 3 天以上。

药物喷洒法。适宜荒地、荒山、荒坪，铲除地表杂草后，用氯硝柳胺乙醇胺盐可湿性粉剂兑水，用量 2 克/平方米进行喷洒，一月内间隔 2 周连续喷洒 3 次，做到喷洒均匀，不留死角。

疫情防控

【"非典"防控】

2003 年，凤鸣镇与辖区内各行政机关、群团组织、企事业单位、公安武警、驻军部队、各村（社区）依照党中央、国务院《关于"非典"型肺炎防治工作属地管理原则》的规定，签订了凤鸣镇非典型肺炎防治工作目标管理责任书。在"非典"防治中，一是摸清镇辖区（单位）内外出和返乡人员情况（包括暂住、寄住人员情况）；二是劝阻外出务工人员，特别是疫区务工人员不返乡；三是把凤鸣镇外出务工返乡人员留验点设在县中医院住院部，各村（居）委会、单位积极配合卫生防疫部门做好返乡人员的体检、观察留验工作；四是狠抓宣传教育培训，普及"非典"防治知识和相关法律法规。开展以"非典"防治为重点的爱国卫生运动，对辖区的农村、城镇和机关、群团组织、企事业单位、农（住）户做到了 100% 落实，做到了 100% 检查。辖区内中小学校、幼儿园的学生儿童 100% 做到了每天晨检，并进行健康登记，发现异常，及时报告且处理。疫情期间禁止利用红、白喜事举行大型群众性聚集活动。2004 年，凤鸣镇党委被市委评为防治"非典"工作先进基层党组织。

面对"非典"疫情，灵石镇镇政府带领人民抗击"非典"，出板报 18 期，发放宣传资料 4000 份；成立 3 支帮扶助耕工作队，落实资金 4000 元；成立留验站，留验 137 人，医学随访 1439 人次。被市评为防治"非典"先进集体。

【新冠疫情防控】

2020 年，新冠疫情暴发后，凤鸣街道贯彻落实中央、省、市、区部署要求，坚决克服松懈、麻痹思想，外防输入、内防反弹，常态化抓好疫情防控工作。印发《眉山市彭山区凤鸣街道应对新型冠状病毒感染的肺炎疫情联防联控工作总体方案》，成立街道防控领导小组，下设综合工作、应急保障、宣传舆情 3 个工作组。重点做好人员排查、社区防控、防疫科普、物资储备等相关工作。1200 人次基层党员参与 260 个小区、20 条主次干道防控值守，共排查重点人员信息 1.43 万条，对 100 名境外返回彭山人员、700 名国内中高风险地区返回彭山人员落实防控措施，保证"找得到、管得住、服务好"的防疫工作要求的落地落实。多渠道采购防疫物资，保证街道、村（社区）一线人员的防疫所需，为区卫生部门和医院支持医用 N95 口罩 600 个、防护服 150 套。

动植物病防治

【病虫害防治】

1997 年，凤鸣镇投入专项资金 8000 元开展除"四害"工作。2004 年，灵石镇实施了灭鼠达标活动，发放灭鼠药 30 公斤、灭蝇药 20 公斤、除草剂 50 公斤，将除"四害"任务分配到了各村（社区、居委）。2014 年，凤鸣镇农技中心开展病虫调查和预报，准确掌握病虫发生情况，以短信形式进行病虫害综合防治技术的宣传。2020 年，凤鸣街道结合 4 月爱国卫生活动月和城乡环境卫生整治行动，开展病媒生物防治工作（4 月 1 日—12 月 21 日），消除"四害"病媒生物的危害，防止疾病传播。通过防治，凤鸣街道的病虫害得到有效控制。

【动物疫病防控】

1992 年—2020 年，凤鸣镇不断强化畜牧防疫、疫情监测、动物卫生、畜产品质量安全、养殖投入品监管，畜禽新品种新技术推广等。其常年检疫对象猪包括口蹄疫、猪瘟、高致病性猪瘟耳病、炭疽、猪丹毒、猪肺疫；牛包括口蹄病、布鲁氏病菌、绵羊痘和山羊痘、小反刍兽疫、炭疽；家禽包括高致病性流感、新城疫、鸡传染性喉气管炎、鸡传染性支气管炎、鸡传染性法氏囊病、马立克氏病、禽痘、鸭瘟、小鹅瘟、鸡白癣、鸡球虫病。

2005 年，凤鸣镇开展了禽流感、五号病、猪链球菌等重大疫情的防控。

2006 年，灵石镇农业村社犬只总存栏 1100 只，预防 985 只，灭犬 3 只，防疫密度为 90%，社区（限养区）存栏 80 只，预防 76 只，灭犬 2 只，防疫密度为 99%。

2008 年，凤鸣镇开展狂犬病防治工作。各村（社区）要入户调查犬只数量，并登记造册，实行一户一犬。发生狂犬病的疫点 3 千米内犬只全部捕杀，并做无害化处理，3 年内禁止养犬。2012 年，凤鸣镇各村（社区）对辖区内犬只饲养情况进行拉网式摸底，按照"一村（社区）一册，一犬一格"的要求逐一登记造册。

2013 年，凤鸣镇开展动物免疫工作，其中猪瘟免疫 11594 头，密度为 100%；猪、牛、羊口蹄免疫 11666 头/次，密度为 100%；猪蓝耳病免疫 11594 头/次，密度为 100%；禽流感免疫 461606 只/次，密度为 100%；鸡瘟免疫 70741 只/次，密度为 100%；狂犬病免疫 4878 只，其中限养区 640 只，免疫率为 100%；产地检疫 8319 头，应检率为 100%；进场检疫 12995 头，应检率为 100%；生猪屠宰检疫 12968 头，应检率为 100%；肉牛检疫 451 头，应检率为 100%；小家禽检疫 140416 只，应检率为 100%；监测"瘦肉精" 198 头，无阳性反应；对兽药，饲料摊点执法检查 7 次，289 户；对超市、冻库、学校进行执法检查 6 次，44 户；对规模户"违禁品""修药期"等执法检查 9 次。

2016 年 3 月 18 日—4 月 25 日，凤鸣街道集中 48 天完成春季重大动物疫病防控工作。

2018 年 3 月 5 日—4 月 25 日，凤鸣街道集中 52 天完成春季重大动物疫病防控工作；加强狂犬病防控工作，开展对流浪犬、无主犬、敞放犬等违章犬只的专项捕杀整治行动，按规定对捕杀的犬只进行无害化处理。

2020 年从 3 月 9 日—4 月 25 日，凤鸣街道集中 46 天完成春防工作。实现高致病性禽流感、口蹄疫、猪瘟、羊小反刍兽疫和鸡新城疫等动物疫病的强制免疫群体应免密度达 100%，各病种免疫抗体合格率达 80% 以上，散养畜禽达 70% 以上，犬只狂犬病登记（准养）限养区免疫率达 100%，农村达 96% 以上，做到检疫工作"四到位"，生猪产地检疫和屠宰检疫率达 100%，畜禽圈舍消毒面达 100% 的春防目标。

《《《 社会事业 》》》

　　1992 年—2020 年，凤鸣镇（街道）高度重视社会事业，出台多项政策措施，建立关爱老弱病残工作制度和社会保障体系，打赢脱贫攻坚战，人民生活达到小康。

脱贫攻坚

　　党的十八大召开后不久，党中央就突出强调"小康不小康，关键看老乡，关键在贫困的老乡能不能脱贫"，承诺"绝不能落下一个贫困地区、一个贫困群众"，拉开了新时代脱贫攻坚的序幕。2013 年，党中央提出精准扶贫理念，凤鸣人民抓住机遇，团结奋斗，脱贫攻坚取得全面胜利。

【精准扶贫】

　　2014 年 6 月 19 日，凤鸣镇成立扶贫开发建档立卡和信息化建设工作领导小组。

　　2015 年，凤鸣镇成立了脱贫攻坚工作领导小组，由镇党委书记、镇长任组长，分管副镇长任副组长，各村驻村组长、村第一书记、村支部书记和村主任任成员，负责脱贫攻坚工作的组织领导、统筹协调和具体落实。7 月，按照《关于在村派建扶贫党支部的通知》文件精神，镇党委成立了以区长为党总支书记，镇党委书记为党总支副书记的"凤鸣镇扶贫党总支"；为推进第一书记工作顺利开展，镇党委成立了"凤鸣镇村（社区）第一书记工作站"。

　　2016 年，凤鸣街道坚持"党建扶贫聚民心，产业发展保稳定，民生平安构和谐"的工作思路，实施对扶贫对象精准扶贫，带动贫困人口增收致富，实现贫困户向宽裕户、小康户转变。成立扶贫驻村工作组，第一书记任驻村工作组组长，驻村工作组人员主要有驻村领导、驻村组长、网格员、村干部、大学生村官、乡土人才、扶贫志愿者"三支一扶"人员等，原则上由 6~8 人组成。帮扶任务包括建立帮扶台账、制定帮扶措施、宣传惠民政策、开展技能培训。

　　2017 年，凤鸣街道在国家系统中有贫困户 212 户 642 人，村组干部调查，村民大会评议，驻村干部核查，进行了两次精准识别，按照脱贫不享受政策，有建档立卡贫困户 197 户 586 人，主要收入来源有土地流转租金、种植养殖收入和务工工资等。7 个有脱贫任务的村实现第一书记全覆盖，开展"一对一"帮扶工作，为贫困户送去米、油、现金等合计人民币 20 万元。在 10 月 17 日"扶贫日"活动中，募集干部职工、个体工

商户、各村（社区）村组干部、热心慈善乐于奉献的单位和个人资金共计6000元。

2018年，通过村组干部调查、村民大会评议、驻村干部核实，以及贫困户认可，凤鸣街道原有贫困户195户581人，动态调整后为164户469人。先后召开党委会10次研究部署脱贫攻坚工作；落实帮扶干部93名，实现了贫困对象"一对一"帮扶全覆盖。依托岷江现代农业园区建设，建成以菱角、金烛为主的柚类水果基地4500亩，以江渔、石家为主的杂柑基地7000亩，以易埝、江渔为主的花卉苗木基地2500亩，带动了贫困对象发展产业脱贫。

2019年，凤鸣街道投入15.23万元对21户贫困户住房进行改造并竣工验收；2户7人顺利通过脱贫验收。通过村组干部调查，村民大会评议，驻村干部核实，贫困户认可，凤鸣街道原有贫困户164户469人，动态调整后为158户445人。

2020年，凤鸣街道有建档立卡贫困人口146户402人，主要收入来源有土地流转租金、种植养殖收入和务工工资等。

【扶贫资金】

2016年，省级财政划拨58户6.12万元，市级财政划拨35户2.29万元；危房改造项目原址重建2户6万元和维修加固2户1.5万元。2017年，凤鸣街道根据贫困户实际情况，由村组代表大会评议，落实第一批省级财政项目到户资金150户16.16万元和第二批省级财政项目到户资金87户5万元。2018年，抓好"三改一美"（改厨、改厕、改房、美化环境）工作，采取自愿申报原则，按照农户自筹，上级补助的方式，总投入15.23万元对惠灵、金烛、石家的21户贫困户住房进行改造，其中农户自筹1.92万元、上级补助13.31万元，全面完成竣工验收。

【脱贫成效】

2015年，成立凤鸣镇村扶贫党支部，建立扶贫领导小组，落实镇干部结对帮扶，制订扶贫规划计划，整合政策资金，脱贫62户178人。通过2014年—2016年3年的努力，顺利实现了全街道223户建档立卡贫困户的全面脱贫。2017年，加大脱贫攻坚力度，做好精准识别和"回头看、回头帮"工作，纳入"回头看""回头帮"名单的7户，通过帮扶，全部超过3500元标准线，所有贫困户户均增收1000元以上。2018年，按照"民主评议、入户核实、农户确认、乡镇公示、县级复核"程序，贫困户全面实现脱贫退出。2020年，凤鸣街道坚持把脱贫攻坚作为"一号工程"，重点聚焦解决收入达标和"两不愁三保障"问题，顺利实现稳定脱贫和全面达标。

【督导检查】

2019年，凤鸣街道开展"两不愁三保障"回头看大排查工作。集中31天时间（6月20日—7月20日），按照区委、区政府"一村一村地查，一户一户地过"的要求，对所有建档立卡贫困户开展一次横向到边、纵向到底的拉网式大排查，所有贫困户做到全覆盖，排查建档立卡贫困户、易地扶贫搬迁户、非建档立卡特殊困难户是否愁吃、是否愁穿、是否有比较稳定的收入；排查"义务教育有保障""基本医疗有保障""住房安全有保障""用水、用电、广电"等情况，同步排查因灾因病因残等导致的非建档立卡特殊困难户。实行"七步排查法"（一进、二看、三算、四核、五填、六评、七签），发现问题五大类190个，立行立改181个，其中基本信息不一致18个、医疗保障问题3个、住房安全问题4个、饮水问题2个、广播电视存在问题5个、生活用电问题1个、帮扶问题2个、收入与平台不一致103个、其他问题43个；限期整改9个。2020年11月19日，街道收到脱贫攻坚省级交叉检查问题清单，存在软件资料不完整、收入算账、动态调整三个方面的问题。对存在的问题均建立台账，进行自查自纠，专人负责逐一落实。

【清零行动】

2020年，凤鸣街道对标脱贫退出标准，对标"三精准""三落实""三保障"工作要求，全面梳理核查"两不愁三保障""回头看"大排查问题整改情况。脱贫攻坚以来，中央和省成效考核、巡视巡察、督查调研、审计媒体暗访等发现的各类问题整改情况。挂牌督战自查发现的问题整改情况，以及影响收官之战全面交账可能存在问题的解决情况，确保所有问题全部整改到位。按照核定措施、确定效果、议定成果、审定结果、认定销号"五定"工作法开展清零行动。全面进行自查自纠，结合帮扶干部入户走访、核实相关问题确保整改到位，由区督查组和街道扶贫办每周入户核实各类问题确保清零销号。

乡村振兴

【乡村旅游】

凤鸣街道建设"都市近郊型现代农业"，成立了岷江农业园区。园区内打造有凤鸣花谷、花之王牡丹、明都花卉、百态农业旅游开发公司、新泰康农业开发有限公司、百谷农业文化生态田园综合体、坤都农业公司、森田家庭农场、友丰农业公司、果香甜家庭农场、绿森林农业公司、果满园家庭农场、桔有源家庭农场、花谷里家庭农场、丰润泽农业公司、果有源农业公司、好柚多家庭农场、丰年家庭农场、一诺农业公司、橘子洲头家庭农场、绍华家庭农场等景观。

凤鸣花谷

凤鸣花谷建立于2015年9月，位于彭山区凤鸣镇江渔村，总占地750亩，分两期打造，一期占地300亩，二期占地450亩，总投资4000万元。是四川明都花卉种植有限公司重点打造的现代花卉观光旅游项目。2015年10月—2019年7月投入3000万元，接待省、市、区各部门领导、学者，参观考察300次，接待游客40万人次，每年解决100人长期务工，每年老百姓土地租赁费75万元，老百姓的工资180万元，2018年被评为四川省十大花卉基地之一。

建设的项目有花卉大棚种植区 120 亩；露天花卉种植区 500 亩；水生花卉种植区 60 亩；花卉长廊 0.5 千米；花卉展示中心 1200 平方米；花园餐厅 2000 平方米；花园民宿 1500 平方米；员工住宿 320 平方米；公共卫生间 200 平方米；园区大门两个；停车场 5000 平方米；花卉包装车间 800 平方米；花卉预处理车间 500 平方米；办公室 200 平方米，观光道路 10.5 千米。

2016 年 9 月，举办大地象棋比赛，接待游客 1000 人。2017 年 4 月，举办首届音乐暨扶郎花采摘节，接待游客 2 万人；5 月，举办端午节民俗体验活动，接待游客 3 万人。2018 年 4 月，举办花谷"女神杯"大赛活动，接待游客 8 万人；5 月，举办大地风车节、恐龙节，接待游客 12 万人。2019 年 4 月，举办芍药花观赏及水果采摘节，接待游客 15 万人；5 月，网红花海旅游节，接待游客 15 万人。

四川明都花卉种植有限公司荣获 2016 年度"成长型十强企业"；2017 年彭山青少年社会实践基地；2018 年评为眉山旅游协会"会员单位"，"3·15 消费者满意的诚信示范单位""市级森林人家"；2019 年被评为"优秀企业"。

2020 年，彭山区开辟了乐活之城、休闲之旅（凤鸣花谷—岷江农业园区—石山学堂—观音葡萄园—古堰新桥）旅游线路。

【农民夜校】

"农民夜校"是新时期党校教育的重要延伸，是脱贫攻坚的现实需要，是贯彻落实习近平总书记提出的"治贫先治愚，扶贫先扶智"、变"输血式"扶贫为"造血式"扶贫的有效手段。2016 年，在全街道 7 个村开办"农民夜校"，11 月 30 日前，全部启动建设，在 2017 年 1 月 20 日前全面开班授课。各村支部书记负责"农民夜校"的领导、统筹、规划和管理；夜校负责人由村党组织书记担任；日常管理人员重点从大学生村官、村级后备干部、优秀党员中确定，选择 1 名政治坚定、业务熟练、群众信服的人员负责日常工作。授课方式包括开展实用技能、道德法治、基层治理、文明新风、知恩感恩"五项教育"；实施固定课堂与流动课堂、与党群集中活动日、与党员干部"三结合"。以有场地设备（有不少于 50 平方米的教学活动场地，不少于 50 人的桌椅，要有一套运转正常的远教设备、一套满足正常教学活动需要的教学用具和开展文体活动必需的设施装备）、有标识标牌、有机构人员、有师资力量、有教材资源、有规章制度、有活动载体、有经费保障"八个有"为建设标准。组织建档立卡贫困户参加"农民夜校"学习，提供相关的专业技术知识培训，鼓励贫困户发展产业生产。

民政工作

【救灾】

1995 年 8 月 9 日 8 时—8 月 12 日 8 时，岷江上游区县连降暴雨、大暴雨。彭山县境从 8 月 10 日下午到 11 日白天，普降暴雨 90~150 毫米，导致南河、府河、岷江水位猛涨。8 月 11 日 23 时 30 分，岷江彭山段洪峰高达 428.55 米，为新中国成立后第二特大洪峰，最大流量达 1.1 万立方米/秒。洪水来势凶猛 [从接到省第一次汛情预报到出现最大洪峰（428.55 米）仅 7 小时]，淹没时间长（426 米以上水位淹没时间长达 36 小时）。8 月 11 日，当洪水到达彭山县境时，县委、县政府组织干部 3800 人、群众 5.75 万人，建立抢险队伍 37 支，昼夜巡逻，抢险护堤。县委书记徐成明、县长马骁骏冒雨巡视各地，指挥护堤抢险战斗。省防办副主任李兴民、乐山市委副书记兰树堂也赶来彭山指挥。8 月 12 日，副省长张中伟陪同国家防汛总指挥部副主任李代鑫到彭山，视察了杉树滩、陈家湾、岷江大桥、盐关等地的南河、岷江堤防。同时，彭山机场部队和省武警总队共派出指战员 300 人、乐山驻军舟桥部队派出 1 个排参加了抢险护堤，援救被洪水围困的人民群众。

"8·11" 洪灾过后仅 13 天，8 月 24 日凌晨 1 时~下午 2 时，全县又遭受特大暴雨袭击，降水量达 216.2 毫米，加上岷江上游普降区域性暴雨，致使岷江出现继 "8·11" 洪灾后的第二次大洪峰。19 时，岷江彭山段水位达 427.41 米，流量达 8090 立方米/秒。内涝外洪，内涝尤其严重。县城建设路全部被水淹没，水深至膝，铁路桥下水深齐腰。灾情发生时，县委、县政府立即组织干部 4000 人、群众 9.46 万人，成立抢险队伍 43 支，在县委书记徐成明、县长马骁骏等的指挥带领下，昼夜防洪护堤，排除内涝救灾。副省长张中伟到陈家湾等地堤防视察险工险段，了解险情，指导抢险，省防办主任敖玉明、市防办副主任任梅青参与了指挥。

【灾后重建】

2008 年，"5·12" 汶川大地震，凤鸣镇城乡居民 8.3 万人实现安全转移，无伤亡人员，急需物资救助 274 户 526 人。发放粮油、米面救灾物资共 4313 吨，发放棉衣棉被共 270 件，发放救灾资金共 546.4 万元。农村 299 户严重受损户全部实现灾后重建。

2009 年，凤鸣镇实施农村特困群众危房减灾安居工程 4 户，灾后重建城镇住房 2 户，维修 384 户，农村重建 299 户，完成任务率为 100%。

2013 年，"4·20" 芦山大地震。镇政府制定《凤鸣镇人民政府 "4·20" 地震灾后农房建设工作方案》，成立以镇党委书记为组长的救灾领导小组。按三个基本原则实施灾后恢复重建。一般受损户坚持 "农户投入为主，社会救助为辅" 原则，对特别困难户政府给予一定的救助和扶持；恢复重建户重建原则，由政府多渠道筹集资金给予一定的补助和扶持；建房原则为 "统一规划，科学选址"。经过查灾核实，以及通过户报、组评、村议、乡审程序后，最后确定重建户 18 户，方式是分散原基重建，重建资金 52.9 万元（其中，1~3 人户 8 户，享受金额 22.4 万元；4~5 人户 9 户，享受金额 27.3 万元；6 人户及以上 1 户，享受金额 3.2 万元）；维修加固 90 户，补助资金 28.5 万元。

【优抚】

1992 年—2020 年，凤鸣镇（街道）每年落实优抚政策，及时足额兑现优抚资金。

2000年，灵石镇走访慰问优抚对象48户，退伍军人两用人才开发使用率达100%。2002年，灵石镇慰问优抚对象80户。2003年，凤鸣镇优抚人数达到1204人，发放优抚金17.35万元。2004年，凤鸣镇优抚人数3218人，发放优抚金15.28万元。2006年，灵石镇发放优抚对象抚恤补助，年底兑现义务兵家属优待金8780元。2012年，凤鸣镇落实优抚政策，妥善解决重点优抚对象生活、医疗、住房困难。

【扶贫助困】

1997年，严格执行《农民负担管理条例》，凤鸣镇农民实际提留35.18元，占人均纯收入的1.75%。

1999年，凤鸣镇扶贫50户，脱贫25户，上交扶贫储备金2328元。

2000年，灵石镇扶持贫困户36户，脱贫20户。

2002年，凤鸣镇开展"解难、助困、增收"主题活动，救济贫困户433户，发放救济金2.5万元；送化肥下乡4000公斤，送添加剂30箱，组织衣物捐赠300件。

2003年，凤鸣镇有"五保户"378户；解决临时困难户313户，发放救济金4.86万元。

2004年，凤鸣镇有"五保户"368户，新批"五保户"1户，按标准落实了12户农村"五保户"供给经费；救济帮助贫困户解决临时困难户221户，发放救济金2.74万元；向缺肥缺钱缺劳户送化肥4700公斤。灵石镇发放困难户救济金1.14万元，救济168户453人；发放春荒救济金5400元，救济86户220人。

2005年，凤鸣镇救济特困户、临时困难户110户，发放救济金4.12万元；春耕播种期间为三缺户（缺劳力、缺资金、缺种粮）发放帮扶金2000元，化肥4950公斤；按标准落实好11户"五保户"供给，为2户特困户新建了住房。灵石镇发放救济金1.71万元，救济贫困户168户465人。

2006年，凤鸣镇扶贫济困35户，援助化肥3700公斤，现金5800元，扶助7户残疾贫困家庭修建住房32间，帮助37户贫困户基本脱贫，对100户城乡特困户实施临时救助，发放救济金5万元。灵石镇慰问农村"五保户"特困老人14人，与县级部门结对帮扶66人，救济现金1.2万元，发放救济金1.5万元，救济特困户、贫困户185户。

2007年，凤鸣镇救助困难母亲7名，关爱留守儿童10名；帮助建卡贫困户实现基本脱贫7户，解决农村特困无房户和受灾群众住房困难问题7户，解决农村绝对贫困群众温饱问题7户，落实改善农村低收入困难群众生产生活条件6名。灵石镇农村"五保户"老人17人，月供100元/人，帮助解决2名"五保"老人的住房困难；资助70名特困人员参加医保；发放救济款2.3万元，救济192户246人。

2009年，凤鸣镇帮扶困难职工330人，救助贫困母亲8人。

2010年—2020年，凤鸣镇（街道）有"五保户"49人、62人、47人、42人、42人、42人、34人、43人、43人、37人、32人。

2011 年，凤鸣镇医疗救助重症病人、特困家庭 36 户，救助贫困母亲、女婴 7 人。

2012 年，凤鸣镇城市医疗救助 73 人，共计 19.4 万元；落实女职工大病保险 820 人，落实贫困职工生活救助 5.6 万元、医疗救助 4.1 万元，子女上学救助 2 万元；农村"五保"对象应保尽保，落实好住房、粮食、衣被、医疗等待遇，人均月供养水平不低于 175 元。

2012 年，凤鸣镇开展惠民行动，落实资金 70 万元，困难群众 1500 人，援助贫困母亲 7 人、贫困学生 50 人。

2013 年，凤鸣镇补贴"4050"灵活就业人员 569 人，补贴金额 224.63 万元，妇女小额贴息贷款 1450 万元。为农民免费提供复合肥 450 吨，农药 1.2 万亩次、种子 5000 公斤，小麦机收率达 93%，农业保险达 100%。

2013 年，凤鸣镇开展自然灾害生活补助资金发放工作。受到各种自然灾害的影响，给全镇 7 个村 9 个社区造成不同程度的经济损失，发放救济金 20 万元，其中，散居"五保"人员 44 户，每人 400 元，共 17600 元；集中供养"五保"人员 33 户，每人 360 元，共 11880 元；特困"五保"人员 2 户，每户 500 元，计 1000 元；特困户及一般困难户共 552 户，每户 200～1000 元，共 153920 元；低保对象 53 户，每户 200～1000 元，共 15600 元。城乡医疗救助 55 人，救助资金 12.81 万元，济困助学 37 人，救助贫困母亲 7 人。

2014 年，凤鸣镇深化为农服务工作，发放惠民农资 500 吨；补贴"4050"灵活就业人员 440 人，补贴金额 149.8 万元，妇女小额贴息贷款 40 万元；城乡医疗救助 58 人，救助资金 23.37 万元；济困救助 821 人，发放救助金 22.24 万元；救助贫困母亲 10 人，发放救助资金 6000 元。

2015 年，凤鸣镇补贴"4050"灵活就业人员 551 人，补贴金额 244.32 万元；城乡医疗救助 60 人，救助资金 5.8 万元；济困救助 969 人，发放救助金 28.75 万元；妇女小额贴息贷款 180 万元，"五保"集中供养率达到 86%。

2016 年，凤鸣街道由于受到自然灾害的影响，春荒发放救济金 14.33 万元，其中困难户 326 户，每人 200～400 元，共 9.96 万元；低保户 150 户，每人 200～400 元，共 3.61 万元；"五保户" 38 户，每户 200 元，共 7600 元。资助贫困白内障患者实施手术 22 人，开展大病救助 140 人。

2017 年，凤鸣街道发放春荒救助金 5.5 万元，其中困难户 99 户，每人 200～400 元，共 2.93 万元，低保户 99 户，每人 200～400 元，共 2.51 万元，"五保户" 3 户，每户 200 元，共 600 元。发放带病回乡退伍军人医疗补助 3600 万元，发放术后病人经费 6000 元。

2018 年，凤鸣街道对 293 名困难群众发放临时生活救助 19.24 万元，发放救灾物资棉被 50 床、棉衣 23 件；精神障碍患者以奖代补政策申请获批 51 人。发放救济金 8 万元，其中特困户 5 户，每户 200 元，共 1000 元；贫困户 102 户，每户 200～500 元，共

计 3.89 万元；低保对象 119 户，每户 200~400 元，共计 4.01 万元。发放春荒生活补助资金 1.5 万元，其中特困户 1 户，200 元，贫困户 23 户，每户 200~500 元，共计 7300 元；低保对象 24 户，每户 200~500 元，共计 7500 元。发放冬令生活补助救济金 18 万元，其中特困户 8 户，每户 200 元，共计 1600 元；贫困户 229 户，每户 200~800 元，共计 8.49 万元；低保对象 301 户，每户 200~800 元，共计 9.35 万元。

2019 年，凤鸣街道调解解决噪声污染、餐饮油烟、占道经营、物业缺失、基建滞后等民生问题 27 个，惠及 9 个村（社区）群众 289 户 2568 人；对困难群众进行临时生活救助 57 人，共计 6.18 万元。

2020 年，凤鸣街道特困人员救助 58 人，精神障碍患者以奖代补政策申请获批 199 人。

【低保】

1998 年，《彭山县实施城镇居民最低生活保障制度暂行办法》及实施细则。10 月，在凤鸣镇开始实施，有 80 户 102 人享受最低生活保障，保障标准为每人每月 100 元。

1999 年年末，凤鸣镇有 137 户 159 人享受了最低生活保障，最低每人每月 30 元，最高每人每月 130 元。

2000 年 11 月，在凤鸣镇开展农村特困户最低生活保障制度试点，对年老体弱、常年患病、年人均消费低于 600 元或家庭成员残疾、缺劳力、缺资金、无其他副业收入来源，人均收入低于农村最低生活标准者进行扶持，每人每月补助 10 元，年补助 120 元。

2002 年，根据《四川省城市居民最低生活保障实施办法》，凤鸣镇开展城市低保核查工作。6 月，在北外街居委会召开低保会议，通报了凤鸣镇享受低保人员 4000 人；实施了农村和城镇居民最低生活保障 2131 户，享受金额每月达 10.7 万元。

2004 年，凤鸣镇享受居民最低生活保障人员 2819 人；发放城市居民低保金 160 万元。灵石镇完成 185 户低保户清理审核，其中提高标准 26 户，降低标准 1 户，取消低保户 4 户，新增低保户 71 户。

2005 年，凤鸣镇对低保对象实现了动态管理，按期发放低保金 126 万元。灵石镇新审批城镇低保户 170 户，对 237 户低保户进行了入户审核调查，建立了低保信息库。

2006 年，凤鸣镇享受最低生活保障的居民达到 1595 户 2575 人。灵石镇新审批城镇低保户 273 户 317 人，农村低保 41 户 55 人，城镇低保调整标准 180 户 256 人，低保户从年初的 328 户增加到 566 户 882 人，低保资金从每月 2.78 万元增加到年底每月 6.03 万元，做到动态管理，取消低保户 35 户。

2007 年，凤鸣镇城乡低保人员达到 3438 人，实现应保尽保。灵石镇对符合条件的城镇居民实现应保尽保，有 628 户城镇低保户、81 户农村低保户。

2010 年，凤鸣镇落实城乡低保资金 230 万元，城乡低保应保尽保。

2012 年，凤鸣镇规范城乡低保申报程序，坚持"三榜"公示，做到公示制 100%、实名制 100%、兑现率 100%。

2015 年，凤鸣镇取消不符合条件低保户 151 人；80 岁以上老人补贴应补尽补，城乡低保应保尽保。

2008 年—2015 年享受居民最低生活保障人数统计表

单位：人

年份	总数	农村	城镇	年份	总数	农村	城镇
2008	3570	502	3068	2012	3779	677	3102
2009	3920	511	3409	2013	4183	771	3412
2010	3702	631	3071	2014	2762	743	2019
2011	3813	712	3101	2015	2542	736	1806

2018 年，全面落实好贫困线和低保线"两线合一"政策，凤鸣街道有贫困对象 86 户 120 人享受低保政策。2016 年—2020 年，凤鸣街道城乡居民最低生活保障人数分别为 1457 人、1587 人、1587 人、979 人、1816 人。

【殡葬】

1981 年，彭山县政府印发《关于积极推行火葬，进一步做好殡葬改革的通知》，凤鸣镇政府认真贯彻落实，坚定不移地执行殡葬改革。1997 年，凤鸣镇严格依据《四川省殡葬管理条例》，城区火化率达 100%。1999 年，凤鸣镇火化尸体 158 具；灵石镇火化率达 50%。2000 年，县纪委、监察局、民政局联合发文要求共产党员、干部，简办丧事，带头实行火葬，全县均属火葬区，全县公民（少数民族、宗教神职人员除外）死亡之后，一律实行火葬；灵石镇火化率达 70%。2001 年，凤鸣镇制定加强殡葬改革工作的通知，公民在火葬区死亡的，必须一律实行火葬，任何人不得土葬。2002 年，凤鸣镇辖区属火化区，没有丘区和坝区、农村和城镇之分，一律实行火葬，不准土葬；灵石镇火化尸体 66 具，火化率达 85%。2005 年，灵石镇火化率达 90%。2006 年，灵石镇火化尸体 61 具。2012 年，凤鸣镇加大殡葬改革宣传和执法力度，依据困难群众殡葬惠民政策减免 34 人 2.8 万元。2015 年，凤鸣镇火化率达到 92%。

【残疾人工作】

根据残疾人的具体实际情况，凤鸣镇（街道）分别实施帮、扶、捐、补等，对患有白内障者免费做复明手术，给精神病患者发放药品。

2000 年，凤鸣镇制定残疾人减免有关费用的通知，规定凡持有县残联颁发的《中华人民共和国残疾人证》的社会残疾人，农村集体提留减免 50%，镇统筹费减免 50%，全减免农村义务工和劳动积累工。

2003 年，凤鸣镇办理残疾证 25 份，帮助残疾人解决实际困难 120 户次。

2004 年，凤鸣镇办理残疾证 53 份，帮助残疾人解决实际困难 40 户次。灵石镇新办

残疾证 30 份，介绍残疾人外出务工 3 人，为 3 名白内障患者提供免费手术。

2005 年，凤鸣镇投资 2046 元，为 7 户残疾户修建新房 20 间。灵石镇新办残疾证 25 份，为 1 名白内障患者提供免费手术。

2006 年，凤鸣镇筹资 6 万元，为 12 户病残户新修住房 41 间，捐献化肥 72 吨，援建残疾人新房 7 户，组织复明手术 18 人。

2013 年，凤鸣镇将南星社区打造成全省残疾人日间照养中心示范点。

2014 年，凤鸣镇完成残疾人工作系统录入工作，完成残疾人一、二级补贴打卡发放，完成残疾人扶贫开发建档立卡。2013 年—2015 年，残疾人"阳光家园"工程换办残疾证工作完成 100%。

2017 年，凤鸣街道残联工作有效展开，解决贫困残疾人的基本生活保障问题，积极扶持残疾人劳动就业，其中灵活就业 542 人；被四川省残联授予"量服"（为残疾人提供"量体裁衣"式个性化服务）示范街道称号，残疾人系统量服录入 2378 人，落实服务 1.43 万次。

2018 年，凤鸣街道残疾人系统量服录入 2368 人，服务 1.84 万次；522 名残疾人享受最低生活保障和困难残疾人生活补贴，城镇和农村残疾人全部参加城镇居民医疗保险；对 22 名残疾人进行日间照料，为 524 名重度残疾人发放护理补贴，对 56 名精神、智力三、四级的残疾人进行居家托养服务，为 27 名残疾人发放机动车燃油补贴、26 名病患做白内障复明手术，帮助 3 个贫困家庭脑瘫儿进行康复训练，为 87 名残疾人发放辅助器具、6 名残疾人安装假肢，灵活就业 601 人，扶助残疾人享受居家创业直补 33 人。

2019 年，凤鸣街道扶持残疾人劳动就业，灵活就业 599 人，扶助残疾人享受居家创业直补 12 人。

民生工作

【劳保机构】

2003 年，凤鸣镇建立劳动保障所，劳保工作纳入了镇政府的政务工作。2015 年，凤鸣镇成立了"劳动就业和社会保障服务站"，开展劳保工作，主要是为全镇劳动者提供劳动保障服务。凤鸣街道成立后，街道社会事务办公室负责劳保工作。

【就业】

2001 年，凤鸣镇劳务输出 650 人。灵石镇平乐居委会、红星村等，依托发展工业，安置群众进厂务工，转化剩余劳动力 400 人。

2003 年，凤鸣镇转移劳动力 4100 人，其中县外劳务输出 2700 人。

2004 年，凤鸣镇为低保户办理《再就业优惠证》1052 本，《失业证》1248 本。转移劳动力 4500 人，其中县外劳务输出 3000 人；开发就业岗位 91 个，帮助 98 人实现再就业。灵石镇转移农村劳动力 3000 人，其中县外输出 1800 人、县内就地转移 1200 人。

2005 年，凤鸣镇组织农民工县外劳务 4000 人；为下岗失业人员和低保户办理《再就业优惠证》1125 本、《失业证》2108 本，举办就业信息咨询招聘会 2 次，开发公益性岗位 69 个，帮助 69 人实现了就业和再就业。灵石镇劳务输出 3400 人，实现劳务收入 2210 万元；新增再就业 431 人，城镇登记失业率为 4.3%。

2006 年，凤鸣镇转移农村劳动力 5000 人，其中县外输出 3200 人；为城镇居民办理《再就业优惠证》378 本，举办就业信息咨询活动 5 次，开发公益性岗位 83 个，帮助零就业家庭人员 83 人实现上岗就业。灵石镇办理《再就业优惠证》650 本，城镇登记失业率为 4.5%，城镇新增就业 591 人，养老金资格认证 157 人，完成率达 100%。

2007 年，凤鸣镇农村劳动力转移 6000 人，其中县外输出 3200 人；新增城镇就业 610 人，实现下岗和失地无业人员再就业 310 人，实现"4050"（男性年满 50 周岁，女性年满 40 周岁，没有单位交社会保险的灵活就业者，都可以申请并参加国家给予的社会保险补贴，通常申领年限为 3 年）困难对象再就业 157 人，启动村社区服务网络运行试点 7 个。灵石镇转移农村劳动力 3000 人，其中县外输出 1700 人。新增城镇就业人员 495 人，下岗失业人员和失地农民再就业 240 人，"4050"困难对象再就业 99 人。

2008 年，凤鸣镇城镇新增就业人数达 1208 人，其中失地农民 531 人，"4050"困难对象实现再就业 215 人；为 147 名从事个体经营的下岗失业人员发放小额担保贷款 154 万元。

2009 年，凤鸣镇新增城镇就业人数 1653 人，解决下岗和失地无业农民再就业 609 人，"4050"困难对象实现再就业 225 人；政府公职人员为 15 名下岗失业人员进行了小额贷款担保，共计 30 万元。

2010 年，凤鸣镇新增就业人数 1833 人，其中失地农民 639 人，新增公益性就业岗位 200 个，"4050"困难对象实现再就业 234 人，社保补贴完成率 100%。

2011 年，凤鸣镇解决"零就业"家庭 20 人就业，向失业人员和困难家庭提供公益性就业岗位 310 个。

2012 年，凤鸣镇新增城镇就业 2316 人，实现"零就业"家庭动态为零；向失业人员和困难家庭提供公益性就业岗位 318 个。

2013 年—2015 年，凤鸣镇新增就业人数分别为 2211 人、2245 人、1542 人；失业人员再就业分别为 410 人、390 人、273 人；就业困难对象再就业分别为 200 人、168 人、145 人。

2016 年，凤鸣街道城镇新增就业 987 人，失地人员再就业 288 人，就业困难对象再就业 146 人。

2018 年，凤鸣街道实现城镇新增就业 708 人，办理"4050"灵活就业人员社保补贴 363 人，对 2800 名农村劳动力进行动态管理，各村为贫困对象提供保洁保绿、治安

协管等公益性岗位 20 个。

2019 年，凤鸣街道落实再就业扶持政策，开展招聘活动 1 次，实现城镇新增就业 650 人，办理"4050"灵活就业人员社保补贴 236 人。

2020 年 4 月，凤鸣街道区总工会、区妇联、区就业服务中心联合滨江翡翠龙湾小区党支部、四川嘉联华物业服务公司在翡翠龙湾小区举办"送岗位进小区"招聘会。招聘会是彭山区新冠疫情以来第一场小区就业招聘会，共提供就业岗位 350 个，发放宣传资料 820 份，进场人数 600 人次，达成就业意向 48 人。

【就业培训】

2004 年，凤鸣镇组织再就业技能培训 9 期，培训下岗职工 127 人。2005 年，凤鸣镇组织举办再就业培训 15 期，培训 350 人次；灵石镇免费技能培训 405 人。2006 年，凤鸣镇举办进城务工就业技能培训班 9 期，组织创业培训 2 期，全镇农村青年、失地农民、下岗职工、零就业家庭成员共 300 人接受家政服务、缝纫、纺织、保健按摩、微机操作等技能培训；灵石镇组织农民工培训 560 人，下岗失业人员再就业技能培训 269 人，培训再就业率达 95%。2007 年，凤鸣镇完成农村就业培训 100 人，实现获证人数 700 人，培训推荐农民工 1620 人；灵石镇开展培训班 20 期，培训农民工 860 人次，获证人数为 516 人。2008 年，凤鸣镇就业、再就业培训 352 人；农村劳动力转移就业培训 150 人；用工企业农民工在岗培训 809 人，获证人数达 959 人。2009 年，在岗培训、品牌培训完成 503 人。

2010 年，凤鸣镇开展各类就业创业培训 1.1 万人次，再就业培训 100 人，农村劳动力转移就业培训 100 人。2011 年，凤鸣镇举办城镇居民就业创业技能培训 48 班 1020 人次，举办就业创业技能培训"4050"灵活就业人员和农村进城务工人员 3100 人次。2012 年，凤鸣镇举办城镇居民就业创业技能培训 4 期 1000 人次，举办农村剩余劳动力进城务工技能培训 4 期 2100 人次。2016 年，凤鸣街道培训被征地农民 300 人次，农民工在岗培训 200 人，创业培训 70 人。2018 年，凤鸣街道利用"农民夜校"开展劳动力就业技术培训，帮扶和推荐贫困对象就近务工 80 人次。

【社会保障】

自 1992 年起，凤鸣镇农村、街道"两职干部"（支书、主任）实行养老保险，1992 年—1999 年先后有 47 人入保。

1996 年，灵石镇办理农村社会养老保险 303 人。

2004 年，凤鸣镇基本养老保险参保人数为 4220 人。

2007 年，凤鸣镇有 4501 人参加农村养老保险，城镇基本养老保险实现 1.59 万人，帮助 801 名超龄征地居民办理基本养老保险。灵石镇为 1600 名失地农民办理基本养老保险。

2008 年，凤鸣镇完成了辖区内"4050"灵活就业人员社保补贴的登记、申报、审核等工作；符合社保补贴人员达 597 人，发放补贴 102.85 万元。

2012 年 12 月，凤鸣镇城镇居民养老保险实现了全覆盖。

2016 年，凤鸣街道实施老龄意外保险，每人每年 50 元，投保人为户籍在本乡镇女 55~80 周岁、男 60~80 周岁，身体健康、有生活自理能力、无精神类疾病或智能无障碍的老人。

2019 年，凤鸣街道完成医保信息登记录入工作；为 102 位退役士兵办理社保医保接续。有提供住宿的社会工作机构 10 个、床位 596 张。

2020 年，凤鸣街道有提供住宿的社会工作机构 3 个、床位 456 张。

2008 年—2015 年，凤鸣镇有社会福利收养单位 2 个；2016 年—2018 年，凤鸣街道有社会福利收养单位 10 个。2008 年—2018 年，凤鸣镇（街道）社会福利收养单位收养人数分别为 120 人、129 人、145 人、137 人、137 人、137 人、137 人、137 人、291 人、386 人、386 人。2013 年—2018 年，凤鸣镇（街道）社会福利收养单位的收养床位分别有 137 张、137 张、137 张、596 张、596 张、596 张。

2008 年—2015 年，凤鸣镇农村社会养老保险参保人数分别为 6004 人、6034 人、7805 人、8039 人、11480 人、12972 人、13144 人、14580 人。2016 年—2019 年，凤鸣街道城乡居民基本养老保险参保人数分别为 21627 人、28624 人、28624 人、44733 人。

【老龄工作】

尊老敬老是传统，凤鸣镇（街道）每年均要开展重阳节尊老敬老主题活动。1992 年后，凤鸣镇老年体协、镇老年协会、村老年协会、老年骑游队等纷纷建立。

1992 年，凤鸣镇老年协会有 9 个分会 570 名会员，有俱乐部 6 个。东街老协承包办起了茶园，年终结余利润为 1200 元；东风木材厂分会建立了活动室；南街俱乐部自筹经费，买房购置活动器具开展活动；北街俱乐部年收入结余 360 元；彭溪村老协办起了俱乐部茶园和小商店，当年获利 4000 元；结合老年人特点，各分会开展活动近百次，参加人员 4477 人次。

1995 年，凤鸣乡划出以后，凤鸣镇老年协会发展会员 49 人，总数达 582 人。

1996 年，凤鸣镇老体协开展健身活动 73 次，参加人员 3983 人次，其中健身操队由 60 人增加到近百人，打拳舞剑者达 50 人，练香功、气功的共计 100 人。灵石镇新建镇敬老院。

1997 年 10 月 10 日，美姑县对口安置在凤鸣镇的离退休职工，成立凤鸣镇老年人协会美姑县离退休职工分会。

1999 年，凤鸣镇老体协 8 个分会，有会员 650 人，建起了多支舞蹈队；开展了"双庆"（国庆节、重阳节）活动，有 600 名老协会员和老人参加，表演了歌舞演出节目 20 个，其中"东方红"节目获眉山地区表演奖。

2000 年，凤鸣镇 60 岁以上人口有 5868 人，占全镇总人口的 8.9%。

2004 年，灵石镇养老金资格认证 114 人，完成率达 99%。

2005 年，灵石镇养老金资格认证 147 人，完成率达 100%。

2006 年，凤鸣镇筹资 3 万元对敬老院进行维修。灵石镇"九九重阳节"举办大型文艺活动，与东坡区太和镇老协进行了联欢。

2007 年，凤鸣镇敬老院增加床位 60 张。

2011 年，凤鸣镇在南星社区创建了"养老示范社区"。

2012 年，凤鸣镇开展"五老"志愿者活动，涌现 16 位"五老"志愿者先进人物。

2013 年，凤鸣镇"五保"集中供养率达 85%，80 岁以上老年人补贴应补尽补。

2014 年，凤鸣镇在菱角村建 324 平方米、总投资 59 万元的老年人日间照料中心。

2015 年，凤鸣镇有村（社区）老体协 17 个、老协会员 3760 人、百岁以上寿星 6 人；开展了"老协基层组织工作评比表彰活动"，东红社区、红星社区、城东社区、南星社区、菱角村获"优秀基层组织"表彰；有"五保"老人 42 人，"五保"集中供养率达 86%，80 岁以上老年人补贴应补尽补，举办各种形式的老年人活动 26 次。

2016 年，凤鸣街道实施老龄意外保险，每人每年 50 元。5 月，成立彭山区凤鸣街道老年协会，依法在眉山市彭山区民政局进行了登记，具有社团法人资格，业务主管单位为眉山市彭山区老龄工作委员会办公室。下属的团体有城东社区、城中社区等 16 个老年协会。业务范围为维护老年人合法权益，开展为老服务，组织文娱健身活动，提升老年人生活质量。

2018 年，彭山区老龄工作委员会办公室开展命名表彰"寿星""孝子"活动，凤鸣街道南门庭院汪国英（女）获得"寿星"称号；完善居家养老服务信息平台，通过政府购买服务，为 1430 名困难家庭失能老人和高龄老人提供居家养老服务；多渠道为领取养老金人员进行资格认证。

2020 年，彭山区政府批准高龄补贴发放标准：80~89 岁 30 元/人·月；90~99 岁 100 元/人·月；100~105 岁 1500 元/人·月；106~109 岁 2500 元/人·月；110 以上 3500 元/人·月。

2020 年，凤鸣街道辖区内有老龄机构 14 个，分别是：彭山区老龄工作委员会办公室，位于凤鸣街道；彭山区中心敬老院，位于金烛村 5 组；彭山区老年大学，位于城中社区公园东路 152 号；彭山区老年人大学，位于古城北路 125 号（老干局内）；彭山区老干部活动中心，位于城中社区古城北路 125 号；彭山区退休干部服务中心，位于城中社区西街 98 号；彭山区德孝颐养中心，位于金烛村。彭山区晚霞护养院，位于易埝社区 8 组；彭山区老年人体育协会、彭山区门球协会，位于古城北路（区体育活动中心）；彭山区老年人协会，位于体育巷（体育场门球苑）；彭山区老年书画研究会，位于南街原凤鸣镇政府内。彭山区中老年舞蹈协会，位于彭祖广场。彭山区教育体育局老年协会，位于紫薇路 35 号。

民情风俗

凤鸣镇（街道）境内反映农业生产、工业生产、社会生活等相适应的民情习俗，随着物质条件和时代的变化，有的逐渐消失，有的得以保留下来。

重要记事

【活猪引流取胆风波】

1992年5月2日，引流取胆猪肉食后会引起白血病的消息传到彭山，全县上下人心惶惶，不敢食用猪肉。5月3日下午，县政府立即采取措施，决定由公安、工商、畜牧、防疫、农经委和食品公司等部门组成联合检查组，普查养猪户。5月4日—12日，凤鸣乡查出15头，余店乡查出4头。5月6日，在凤鸣公园展出引流取胆活猪13只（展出两天后销毁）。

【"10·22"沉船事件】

1993年10月22日12时30分，在岷江河彭山与眉山交界的彭山段境内150米处，灵石镇双漩村三组村民卓云海（男，19岁）无证将自家的一只报废渔船从岷江右岸撑至左岸（按水流方向），装载本社村民14人（9女，5男），中午劳动后返家（事前协议全年接送，每人每年付接送费5元）。卓云海发现乘船人数太多，且全站在前舱和船首，就叫2人下船，其余人员往后舱走。当无人下船，且仅1人到后舱，1人进船棚，2人到中舱后，卓云海在船前舱8人、船首有2人，船只装载明显不平衡的情况下，将船撑向右岸。当船离岸20米时，船首进水后沉没，船上15人全部落水，造成4人死亡、2人下落不明的重大水上交通事故。肇事者卓云海于当天下午被公安机关收容审查。

【奇闻轶事】

1996年3月13日中午，凤鸣镇易埝村4社农民李光全家在挖老屋基地填新屋基地时，挖出一条稀罕的白蛇。该村5社青年农民杨玉良路过此地，闻讯后赶到现场，见那条白蛇已经钻进蛇洞2/3左右，杨玉良提住蛇尾将蛇拖出洞外。这条白蛇长1.6米，粗8厘米左右，重0.9公斤。围观的男女群众近百人，都说从来没有见过这样的蛇。

【火灾】

2000年12月9日上午7时40分，凤鸣镇"十字口"土产公司综合楼沿街营业

部门市照明线路安装不规范，线路短路导致火灾。火灾发生后，县委、县政府等主要领导以及凤鸣镇领导迅速赶赴现场，组织指挥灭火。火势于 8 时 40 分得到控制，9 时 30 分大火被扑灭，未发生人员伤亡。火灾过火面积为 544.8 平方米，造成直接经济损失 28 万元。

风土

【民居】

20 世纪 80 年代至 90 年代末，凤鸣镇部分农民收入增加，农房建设速度逐步加快，一般多为 3~5 间或 7~9 间，多属砖木结构或砖混结构。在凤鸣农村，常见的民居格局为"四合头""三合头""L形"。

"四合头"。又称四合院，天井比较大，隔着天井面对正房的厅称为下厅，用作堆放农具杂物，边上设猪圈。四合院的大门开在下厅中间，正对中轴线。房屋开间尺寸一般以"八"字为尾数，堂屋开间一丈一尺八寸（合 3.93 米）、出檐二尺八寸（合 0.93 米）等，"八"谐音"发"，寓意发财。

"三合头"。又称三合院，是凤鸣农村最典型的民居建筑样式，即正房两边再延伸出两通拐角的偏房，呈"凹"字形，中间是一块地坝，用作晾晒粮食。小院一般不建大门和围墙，而是由一片林木掩映着。房屋一般有 5~7 间，正房的中间是堂屋，其余为卧室，偏房一般用作厨房、猪圈或储藏室。

"L形"。一类比较简单的农舍，是一种两通连体的格局，因形状有一点像套在牛脖子上的枷担而被农民称作"枷担湾"。这种民居结构紧凑，规模较小，一般只住一户人。随着经济的发展，这类"枷担湾"房舍大多已改建成一楼一底的砖混结构小楼，增加了住房面积。一些人家还砌了围墙，成为新型的农家小院。

【小吃】

凤鸣街道小吃店有多家，地道小吃有漂汤、彭山甜皮鸭、小马卤耳朵、彭山鲜花饼、冰粉、汤圆、冻粑、醪糟、麻汤（糖）、豆腐脑儿、石磨豆花、叶儿粑、血旺、麻花、油糕、油豌豆、凉粉、凉糕、胀死狗、春卷、炒花生、烧胡豆、炒豌豆、粽子、锅盔、卤牛肉、熏牛肉、冒菜等小吃食品，花色品种繁多。

【特色饮食】

凤鸣镇（街道）主要有漂汤、甜皮鸭、小马卤耳朵、石磨豆花、九大碗等特色饮食。

漂汤。又叫长寿汤、连锅汤，是凤鸣镇的特色。符记漂汤在彭祖大道中段，其在彭山最有名气，有人说符记是漂汤的开山鼻祖，1995 年第二届彭祖长寿文化节刘晓庆、冯巩、万梓良等影星到彭山时都去吃过，一时声名鹊起。漂汤就是一道汤菜，用棒骨和老鸡熬高汤。熬汤是很讲究的，是对厨师的考验，时间的长久、火候的大小、程序的繁复，没有足够的耐性，是不可能熬出好汤来的。熬好高汤后，加进多种荤素食材一起煮熟，大致底菜有粉条、白菜、火腿、金针菇、海带、番茄、平菇、血旺、豆腐皮……烩上十多分钟后，将荤菜炸肉丸、心舌、肚条、香酥小鱼、酥肉、鸡肉、腊肉、猪肉片……放在上面煮开，再撒上些葱花，荤素搭配的一盆好看又好吃又下饭的漂汤就成了。再一人配上个红油蘸水，一盆菜诸般滋味叠加而成。先吃菜、后喝汤，浓淡相宜。

甜皮鸭。又称贡鸭、卤鸭子，沿用的是清朝御膳工艺。选取使用健康粮食喂养、采用放养方式的土仔鸭，辅料考究，采用传统工艺精制而成，不肥不腻。由民间发掘、改进，其卤水别具特色。

小马卤耳朵。位于彭山区古城南路 38 号。创始人马胜元，彭山区谢家街道人，于清光绪八年（1882 年）在谢家场创办了"小马卤耳朵"。该传统制品技术，经马登成、马先正、马玉明、马国中四代人努力，至今已有 138 年历史。

石磨豆花。凤鸣保留着石磨豆花的传统。石磨磨出的豆粉均匀细腻，带着自然的芬芳，口感甚好。选好的豆子要在水中均匀浸泡后再入石磨碾磨，磨出的豆浆只是半成品，过滤掉豆渣，豆浆中加入卤水或石膏，豆浆就会凝固成豆花，豆花经过挤压之后就成了豆腐，配上鲜辣的辣椒蘸水，吃了心里才舒服。

九大碗。九大碗在凤鸣农村非常盛行。家里有婚丧嫁娶、过年、搬迁、重要节日、祝寿等，往往要办"九大碗"来庆祝。九大碗先上凉菜，一般是猪的心、舌、腰，牛肉片之类的，薄片匀称，上面淋着红艳艳的辣椒油。之后是九大碗传统必不可少的几道菜，软炸蒸肉、清蒸排骨、粉蒸牛肉、蒸甲鱼、蒸鸡、蒸鸭、蒸肘子、夹沙肉、咸烧白。咸烧白刀刀痕迹可见，入口即化，满嘴流油，下面的梅菜嚼着，滋味绵长。肘子软糯柔烂，肥而不腻，最适宜老年人食用。炖的鸡、烧的鱼等接连不断，全是大盘大碗，"九大碗"远不止九碗，桌上碗重碗，几乎全是荤菜。宴请的宾客多，一般在自家院落举行，故称"坝坝宴"。有民谣唱道："有钱人办九大碗，富豪吃得盘重盘。穷人巾巾吊钵钵，舔嘴勒舌干瞪眼。"随着时代变化，农村办酒席基本到镇上或县上举办，办"九大碗"的也越来越少了。

【衣食住行】

衣。过去人们以中山装、列宁服、青年服、工人服、棉袄，打底布鞋、棉鞋、对门襟、牌子衣服、大衣裤传统穿着。随着社会经济的发展，男士以牛仔衣裤、T恤、休闲服、羽绒服、皮夹克、皮鞋、西装、领带为主。女士以羽绒服、长短裙、腿袜、高跟鞋、露脐装、紧身衣、紧身裤、牛仔衣裤、旗袍为主。偶有个别复古穿着唐装及民族服装。中国特色社会主义进入新时代，衣着样式增多，国外品牌服装进入普通百姓家，人们根据自己的经济状况和爱好，选择各自的服装。

食。一日三餐主食大米。过去人们以填饱肚子为基本要求，随着收入的增加和生活

的改善，现在已提高到营养丰富、价格适中的配餐。主要为大米、猪肉、鸡、鸭、鱼、牛肉、禽蛋，配以各种蔬菜、水果、面食、牛奶等。过去的白酒、米酒变为现在的滋补酒、瓶装酒、啤酒。喝茶由过去的老鹰茶、素茶变为现在的花茶、毛峰、毛尖、铁观音、竹叶青等。

住。过去以土坯房为主，随着生活条件的好转，土坯瓦房变为现在的砖木结构、混凝土结构的楼房。1999 年，凤鸣镇农民拥有电冰箱 686 台、洗衣机 1846 台。房内铺上了地砖、墙砖、吊顶，安装了电视机、空调、饮水机、电脑、热水器等。大多数家庭在城里买了商品房，过上了城里人的生活。

行。随着道路设施的改善，人们的出行交通工具也发生变化。20 世纪 80 年代出现人力脚踏客运车辆；1990 年，彭溪镇李吉成购回人力三轮车 1 辆在城区搭载客人，往返于各街；三轮车能供两三人乘坐，又可载零星重物，乘坐者日益增多，三轮车数量迅速增加，到 1999 年，城区人力三轮车发展到 1800 辆（办理牌证），没办牌证的不计其数。自行车城乡居民户户拥有；1999 年仅农民就拥有汽车 184 辆、小四轮拖拉机 124 辆（手扶式拖拉机基本停用）、摩托车 500 辆。2000 年以后，凤鸣镇公路村村通，交通网发达，小轿车进入普通农家。出租车、私家车、摩托车、电瓶车、网约车成为交通出行的主要工具，极大地方便了人们出行。

【喝 "跟斗酒"】

苏东坡描述农事结束时 "作乐饮食，醉饱而去，岁以为常"。凤鸣街道境内农家栽秧、打谷少不了喝酒解乏，一般人家多买散装白酒或自制泡酒，俗称喝 "跟斗酒"，意指不奢侈、不讲究。有的农家以花生、干胡豆佐酒，常自斟自饮，有烧酒即使是 "寡酒" 也能 "慢醮"。

【杀过年猪】

临近春节，凤鸣农家有杀猪过年的习俗。俗语说 "有钱无钱，杀猪过年"，杀过年猪在农村较为普遍。

习俗

【称呼习俗】

凤鸣镇（街道）对亲属的称呼习俗和书面用语有较大差异。

凤鸣街道亲属称呼用语表

亲属名	呼唤用语	亲属名	呼唤用语
曾祖父	祖祖、老祖	曾祖母	祖祖、老祖
祖父	爷爷、老爷、老老、阿公	祖母	奶奶、姥姥、婆婆、阿婆

亲属名	呼唤用语	亲属名	呼唤用语
外祖父	外公、家公、家家、公公、外爷	外祖母	外婆、家婆、家家、婆婆
父亲	爸爸、爹、阿爸、伯伯、大爹、大大	母亲	妈妈、妈、娘、大大
姑父	姑爷	姑母	嬢嬢、老子
伯父	伯伯、大伯、大爷	伯母	婶婶、大婶、大娘
叔父	幺爸、二叔、二爸	叔母	幺婶、幺娘、二婶
舅父	舅舅、母舅	舅母	舅娘、舅母
姨父	姨父、姑爷	姨母	嬢嬢、姨妈
表兄弟	老表、宝宝	外甥	侄儿

【礼仪礼节习俗】

凤鸣人有自己的习惯和风俗，有的传统而古老。

礼节。婚嫁、修房造屋、寿宴、家族聚会、丧事等人情世故，改过去的送布、提蛋、提鸡、提肉、提面为送现钞、送红包、送生日蛋糕，通常喜事赶双数，丧事赶单数。

拜师学艺。过去拜师学艺由学徒父母找好师傅，选定好日子，提上鸡肉蛋面给师傅拜师，当天中午师傅坐在堂屋中央，学徒给师傅行三个大礼，共进午餐，餐桌上师傅要给徒弟讲一些学艺的规矩，一般学 3 年出师。出师时，学徒除提上同样的礼物外，另给师傅从头到脚置一身穿着，给师娘置鞋袜。师傅给学徒行使手艺的工具一套。学徒在出师后几天宴请师傅、师兄、师弟，置办酒席以示请大家多多关照。随着经济的发展，现代技术水平的提高，老式传统的拜师学艺已经不适应现代化的要求，学技术由过去单一的拜师学艺变为现在的专业技术培训。

过年。辞旧迎新从腊月十五至正月十五，外出的务工人员都会回家团聚，每家人都会停下手中繁忙的工作，工地、店铺都会停工一段时间，在春节期间好好休息调整一番。街上张灯结彩、灯笼高挂，装扮得分外漂亮。在此期间，家家户户整理房屋，清除灰尘，打扫好周围环境卫生，挂红灯笼、贴对联，家人团聚吃年饭，放迎春炮，给儿童压岁钱，走亲访友，相互请吃和道节日的问候，直到正月十五过年结束。

【时令习俗】

正月里来正月正，家家户户挂红灯，贴对联，放鞭炮。举行文艺活动表演，走亲访友；正月十五偷青，表明一年四季平安，不出任何杂症。春分吃蒿蒿粑，清明节扫墓祭奠故人；五月端午吃粽子；七月十五烧袱子（由烧纸钱演化而来，民间在祭祖或平常祭奠亡灵时，都要烧袱子，意在寄钱给祖先亡灵，好让他们在阴间有钱用，更好地庇佑子孙），祭奠先辈；八月十五吃月饼；九月九庆祝老年人节日，同时举办文艺活动。

【节日习俗】

自 2009 年起，国家对法定节假日进行了调整，元旦节放假 3 天，春节放假 7 天，清明节放假 3 天，劳动节放假 3 天，端午节放假 3 天，中秋节放假 3 天，国庆节放假 7 天。

元旦。即世界多数国家通称的"新年"，是公历新年的第一天。"元旦"一词最早出现于《晋书》："颛帝以孟夏正月为元，其时正朔元旦之春。"中国古代曾以腊月、十月等的月首为元旦，汉武帝起为农历一月一日，"中华民国"起为公历 1 月 1 日。1949 年中华人民共和国成立后，以公历 1 月 1 日为元旦，因此元旦在中国也被称为"阳历年"。

春节。即中国民间最隆重盛大的传统节日，以除旧布新、迎禧接福、拜神祭祖、祈求丰年等活动形式展开，凝聚着中华文明的传统文化精华，在传承发展中已形成一些较为固定的习俗，如办年货、扫灰尘、贴春联、挂灯笼、团年饭、压岁钱、拜新年、舞龙舞狮、拜神祭祖、祈福禳灾、放鞭炮、燃烟花、逛庙会、巡游队、赏花灯、看春晚等，承载着丰富多彩的节日文化内涵。

元宵节。正月是农历的元月，古人称夜为"宵"，所以称正月十五为元宵节。正月十五日是一年中第一个月圆之夜，也是一元复始、大地回春的夜晚。按中国民间的传统，人们要出门赏月、燃灯放焰、喜猜灯谜、共吃元宵，合家团聚、同庆佳节、其乐融融。

清明节。即中华民族最隆重盛大的祭祖大节。清明节习俗丰富，归纳起来是两大节令传统：一是礼敬祖先，慎终追远；二是踏青郊游、亲近自然。清明节兼具自然与人文两大内涵，既是节气又是节日，清明节不仅有祭扫、缅怀、追思的主题，也有踏青郊游、愉悦身心的主题。

劳动节。又称国际劳动节，是世界上大多数国家的劳动节。节日源于美国芝加哥城的工人大罢工，为纪念这次伟大的工人运动，1889 年的第二国际成立大会上宣布将每年的 5 月 1 日定为国际劳动节。1949 年 12 月，中央人民政府政务院作出决定，将 5 月 1 日定为劳动节。

端午节。为每年农历五月初五。端午节起源于中国，最初为古代百越地区（长江中下游及以南一带）崇拜龙图腾的部族举行图腾祭祀的节日。百越之地春秋之前有在农历五月初五以龙舟竞渡形式举行部落图腾祭祀的习俗，后因战国时期的楚国（今湖北）诗人屈原在该日抱石跳汨罗江自尽，统治者为树立忠君爱国标签将端午作为纪念屈原的节日。端午节有划龙舟、吃粽子、吃咸蛋、喝雄黄酒、挂菖蒲、挂陈艾等习俗。

中元。农历七月十五（七月半），俗称鬼节，道教称为"中元节"，佛教称为"盂兰节"。人们写袱子，并在堂屋神台前摆上酒食、祭品、燃香、焚纸祭拜缅怀祖先。

中秋节。农历八月十五，是我国仅次于春节的第二大传统节日。传说是为了纪念嫦娥。在外的人尽量赶回家与家人团聚，备上丰盛酒菜，边吃边话家常，并准备好月饼、糍粑、瓜果等庆祝。人们把酒问月，庆贺美好的生活，或祝远方的亲人健康快乐。

重阳节。农历九月初九，二九相重，称为"重九"。民间在该日有登高的风俗，所以重阳节又称"登高节"。还有重九节、茱萸节、菊花节等说法。除此之外，九月初九"九九"谐音是"久久"，有长久之意，所以常在此日祭祖与推行敬老活动。重阳节与除夕、清明节、中元节（又称盂兰盆节）是中国传统节日里祭祖的四大节日。近年来，人们对老人的尊崇，故此节日又被称为老人节。节日当天都会举办丰富老年人的文化活动。

国庆节。"国庆"一词，本指国家喜庆之事。我国封建时代、国家喜庆的大事，莫过于帝王的登基、诞辰（清朝称皇帝的生日为万岁节）等，因而我国古代把皇帝即位、诞辰称为"国庆"，今天称国家建立的纪念日为国庆节。1949年10月1日，是新中国成立的纪念日，天安门装饰得特别庄严漂亮，各地都要悬挂标语横幅等，热烈庆祝这个美好幸福的日子。

【建房习俗】

土地到户，促进了经济的发展。民间建房选址，考虑交通、用水方便、地势避风、干燥向阳等因素。房屋讲究样式新潮，装饰装修，铺地砖，吊顶。不管哪个年代都有上梁以表喜庆。主人有能力，一般房屋坐北朝南，上梁的日子，待青瓦封尖时留上一个缺口，待偷梁棒的人把梁棒偷回时，木工将其取直成"弓"字形，下面凹形处打一个孔，装上盐、茶、米、豆、硬币等用红布封好。上方凸形中鸡公站立中央，金粉和汽油混制而成写在纸上面的"紫微高照"贴在梁上，日子一到，搭好云梯，一步一步往上撑，直接放入缺口，匠人在此期间说些奉承主人的吉利话，预制板的房屋，预留一个预制板的位置，与青瓦房同样方法，同时堂屋门、过道门贴上对联，如堂屋对联"竖柱欣逢黄道日，上梁恰遇紫微星"。主人也给工匠丢些红包以示感谢。第二天中午主人办起宴席，宴请亲朋好友表示房屋竣工，感谢大家的帮忙。

【婚嫁习俗】

过去的婚姻依据媒妁之言，男女双方八字吻合即可完婚，完婚当日新郎到新娘家接人，告别父母后，女子在媒人和新郎的引领下到男方家，拜天地、拜高堂、相互对拜后进入洞房，晚间还要闹洞房。现代婚姻讲究自由恋爱、网恋、媒体征婚、婚姻介绍所。接媳妇、打发女（地方俗语，也称"嫁女"）由过去的徒步变为车辆接送，坝坝宴走向酒楼宾馆，花夜酒放烟花，示意新郎明天要完婚了，四邻亲朋好友前去祝贺。成亲当日主家人大宴宾客，新郎新娘穿着时髦服装、婚纱，在婚庆公司主持下完成拜天地、拜高堂、夫妻承诺、交换钻戒、感谢乡亲的整个过程，利用宴席间向大家敬酒送花枕头。

【寿礼习俗】

以前亲朋好友给长辈过生日，提一些简单的肉类2斤、蛋10颗、面两把；给年幼

的过生日买些小的蛋糕，三尺六寸的红布。现在亲朋好友给长辈过生日，首先是备寿礼红包，其次是生日蛋糕、长寿面、寿桃，寿礼在内容和形式上非常讲究。在外工作的子女也要赶回家为老人准备寿礼、寿席和祝寿，亲朋邻里则自发地封红包，备礼物前来吃寿酒。有的主人还邀请寿宴主持，演出队表演文艺节目、放电影、放烟花等多种内容祝贺寿星健康长寿、开心愉快、寿比南山、福如东海。席后大家同坐在蛋糕周围唱生日歌，分享蛋糕。

【丧葬习俗】

根据中国传统理念，父母百年丧葬打点各方面力求周全。"死者为大，死者为先。"一切事情都要等死者入土后再说。以前人死后，都采用棺木，阴阳先生看好风水，再择日子，安葬的前一天阴阳先生为死者开路，属下子孙跪拜已故老人，感念老人在生前为儿女们所做的一切。儿孙们头戴孝帕、腰系麻丝、手臂戴孝套为老人送葬，直到老人安葬结束。20 世纪 90 年代后，人死火化，改过去棺木为骨灰盒。出葬前日亲朋好友、四邻送花圈、送冥钱、送礼金，围着死者听吹打、看表演到零时。出葬当日阴阳先生做法事，然后抬匠拿大红鸡公祭龙杠、金盒。给后人说些发财话，讨主人喜钱。送葬人改头戴孝帕、腰系麻丝为戴孝花、孝章到入土地点，时辰一到，阴阳先生看好坐向，然后向后撒粮米，儿孙、孝子们捧上三把土算死者入土为安了。中午主人在酒楼或宾馆摆上宴席，感谢所有长辈、亲朋好友的帮忙，向大家叩上三个大礼。过去，丧葬习俗烦琐而隆重，一方面与几千年来"慎终追远"的儒家思想有关，另一方面通过这种"恭敬"的仪式寄托对亲人的哀思和歉疚，现在死者多为火葬，程序仪式等均有简化。

【陋习】

赌博。1992 年以来，赌风日盛，屡禁不止。赌博的方式繁多，主要有扯贰柒拾、打乱戳、焖金花（又叫捉鸡）、搓麻将、升级、拱猪、争上游、斗十四等。城乡到处以开茶馆为名，办起了以"消遣型"为主的闲耍场所。

封建迷信。烧香、还愿、敬神、看风水、找巫婆、觅神汉、跳端公、做道场等封建迷信活动在城乡依然存在，因封建迷信造成的人间悲剧亦时有发生。

做道场。部分老人死后，因老人的儿女多，生儿育女一生劳苦，一生奔波，积劳成疾，未安享好晚年生活，儿女们为体现孝心，为后人做榜样，请道士来给老人做道场。一是开占礼仪，所有后生跪拜在台前纪念已故老人；二是清水参灶，请死去的老人保佑后人丰衣足食；三是念经拜神，有的老人罪恶大、做了很多亏心事，希望给老人化解；四是过奈何桥，专指男性欺软怕硬、使他在阴间多做善事；五是过血河，专指女性儿女多，子女们从娘肚子里开始到落地完婚自立，娘所受之苦，化解母亲的苦难，整个过程需要 12 小时以上。

算命看相。场镇的街头街尾、农村，常有算命、测字、看手相者出没。

土葬。土葬作为有几千年历史的风俗，在农村依然存在。一是长期的习俗在人们心目中根深蒂固；二是对土葬的危害认识不足；三是殡葬改革机制不够健全。

拜干爹。小孩因金木水火土缺行，找个补行人。一是选个好日子，父母带上小孩，提上酒肉和为干爹干娘准备的鞋、袜、帽、皮带上门拜干爹干娘（一般是提前找好了干爹干娘），干爹干娘同样在礼仪结束的时候给干儿干女红包、碗、筷；二是小孩病了，犯了撞桥关，求算命先生择定日子，父母带上小孩和酒肉，一大早到附近较大的桥头，等待过桥的第一人，拉着过桥的第一人做干爹、干娘，小孩的父母摆上酒菜请干爹干娘喝酒吃菜，干爹、干娘给小孩取名字，姓名要与干爹同姓；三是朋友同事因感情好，相互接纳对方子女为干儿女，朋友间就建立了干亲家关系。

地方语言

在长期的使用交流过程中，语言也融合了生产生活、民风民俗等内容，世代传承演绎，形成了凤鸣人民较为独特的说法、叫法，韵味独特，构成浓郁的乡土气息和地方文化特色。

【方言】

"嗨"或"哎"：是，好吧。

扯：漫无边际地闲谈，东拉西扯。（例：看你有好"扯"）

苕：吝啬。

歪：一个人很凶。

绵：一个人做事情很拖延，性格很慢。

标的：不知道。

哟喂：感叹语气词。（例：哟喂！你那么远的还跑起来看我）

哦嗀：失望的叹息。

拿问：谢谢。

驾斯：加油。（例：你驾斯跑嘛，我骑车在前头等你哈）

歪呀：感叹语气词。

热扯：语气词。（例：热扯！你还害怕我跑了哇咋个嘛）

一哈：做事情一起或者一块。

求了：表示事情做错了或糟糕了。

鼓到：强迫、让别人做不愿意做的事情。

麦到：以为。

剜酸：挑剔的意思。

背时：一个人做事不顺利或倒霉。

锤子：不太相信或不可思议，有点骂人的意思。

松活：工作生活顺畅，轻松方便。

经事：事物经久耐用。

相因：便宜、经济、划算。

确湿：很湿，同浇湿。（例：地下确湿的，走路把细点哈）

黢黑：强调很黑或非常黑。

猫疯：多指莫名其妙、无缘无故地发脾气，含讽刺之意。

摇裤：内裤。

不结：不去。

刮苦：很苦。（例：这中药硬是刮苦的）

喊黄：叫苦。

昼时：经常。（例：他昼时说身上没带钱）

邦重：形容一个物品很实很重。

没门：不同意。

装怪：故意取笑或表示不满。

取起：泛指长辈对下辈、领导对下级、单位对个人的批评、教育和惩治。

洋盘：人在衣着或行动上突出。

口耸：形容吃东西狼吞虎咽，嘴馋至极。

憨憨：鸭子的别称。

把细：仔细。

歪货：假冒伪劣产品。

心凶：贪心。

瓜儿：愚蠢青少年。

扯筋：吵嘴、争吵，也含闹别扭的意思。

刀头：用煮熟的肉敬神，其肉曰"刀头"。

筋痛：很痛。

宠祸：挑拨。

日白：做与正事无关的事。

烫手：事情不好办。

扯拐：闹别扭。

死犟：固执，听不进意见。

惯时：对子女等下一代娇惯放纵。

滚龙：不务正业的人。

打定子：打架。

好太哦：好大。

杯的呢：不是。

几哈些：催促别人快点。

跟倒整：马上做。

难得搞：不想做。

不摆了：赞扬某物某事"好得没法说"。

捡粑和：不费力而得到好处。

吃粑和：占便宜。

吃巴片：未被邀请随他人去吃喝。

占花儿：假精灵。

耙耳朵：怕老婆。

懂不起：没有默契或未按指定的意思去做。

踏削人：鄙视别人。

绷面子：做不好硬要去做。

哈宝儿：诙谐、幽默的人。

瓜娃子：骂人语，傻子。

现过现：当面兑现或说清楚。

吃包子：自己做错事自己承担。

柳到起：一个人对另一个人纠缠不休。

幺姑儿：对未婚女士的称呼。

打幌子：注意力不集中。

日龙包：平常很不好或经常做坏事。

爪梦脚：做事不清楚或不懂事。

支点子：暗中向人示意。

扯把子：提劲或说大话。

抽底火：揭短。

痱头子：说某人爱乱动、乱闹。

打烂仗：不努力，以烂为烂。

重块子：这样子。

弄块子：那样子。

娘个儿：表示设问或反问。

不落教：一个人不懂事、不听话。

二天来：与"改天来"同义。

霉鸡儿：很倒霉。

整肇了：搞糟了。

愚骨棒：人愚蠢。

闹麻了：喧闹一片。

冲壳子：摆龙门阵，吹牛皮。

土老肥：乡下有钱而无势的富裕户。

不认黄：不讲情面。

吃皇粮：靠财政经费供养的人。

剃光头：全盘皆输之意。

摸哥儿：扒手。

撬杆儿：小偷。

顶竿竿：工作中的骨干、主力。

蛋屁腾：无用或无作为。

里扯火：人与物的本质不好。

穷光蛋：一无所有的人。

下矮桩：低声下气，委曲求全。

戳锅漏：有意把别人的好事搞乱。

弹绷子：戏称对做事缺乏原则性或责任心。

不存在：没关系。

讨口子、叫花子：乞丐。

提需劲：假装实力。

横得很：脾气倔强，不讲理，不听劝告。

开黄腔：不讲理，外行话，讥诮人的无知。

"水得很"或"水兮兮"：办事不认真，敷衍应付。

梭空空儿：钻空子，回避矛盾，逃避责任。

巴适得板：很合自己的意。

巴懒不得：别人想的和做的正好是自己想的。

狗儿麻糖：说话或做事很杂乱的意思。

毛焦火辣：形容一个人烦躁、急躁。

日白聊谎：废话、假话。

神广广的：神经兮兮的。

赚欺头儿：占别人便宜。

假巴意思：虚情假意。

小尖把式：秉性吝啬。

匍爬跟头：形容一个人走路或做事因过于急躁而跌跌撞撞。

流汤滴水：形容一个人做事不仔细，总是有疏忽遗漏。

血股淋裆：形容血淋淋或有些肮脏的意思。

惊呼呐喊：惊惶吼叫。

求莫名堂：做事不经大脑。

勤巴苦做：辛勤劳动。

晃儿糊稀：做事马虎。

清花亮色：清澈。

麻起胆子：勉强大着胆子。

卵子娃儿：不懂事或不争气的青少年。

吊儿郎当：不严肃、不认真。

磨皮擦痒：躁动不安。

大而化之：工作、学习、生活粗心大意，马虎了事。

鬼画桃符：做事不认真，马马虎虎，敷衍了事。

正儿八经：认真做事。

提劲打靶：逞能炫耀。

牙尖十怪：东家长、西家短，搬弄是非。

扯地皮风：造谣生事。

"在哪估点"或"在哪符"：在哪个地方。

打光冬本儿：光着身子。

打不出的喷嚏：吃亏而不敢声张，类似于吃哑巴亏。

【方言串联语】

歪呀！你娃有点扯把子哦！你有好扯嘛！老子虚你索。

你说娘个儿啊，听都听不懂。

我说你娃吃饭慢点嘛，你的样子抖笋球得很。

哪个惹倒你嘛，发啥子猫疯啊。闹麻了，惊呼呐喊的，板啥子嘛。

你今天不做作业，老师明天给你取起。

长大了也蛋屁腾，只有给当摸哥儿、撬杆儿、爬二哥，一辈子的穷光蛋，当个刀儿匠都恼火。

王小娃心凶得很，标跟他伙倒。

做事情把细点嘛。

老子这个月给娃报名交学费后，有点儿扯指头儿，牌都不敢打了。

你麦到我是粑耳朵啊，打百分升级肇五个剃光头儿，打输了回去给婆娘下个矮桩还不是算球了。

我是你表叔儿，你娃不认黄索啊。

格老子到处找不到你，你格老子墙猫儿索。

王二娃惯实了，卵子大点娃儿，你晓得球，吊儿郎当，一天到黑磨皮擦痒（磨皮肇痒）的，只晓得逮丁丁猫儿，写点字鬼画桃符，大而化之的，不好好地看书。

哪个要你开会时开黄腔，不懂装懂，扯地皮风，这下肇了哇，打不出的喷嚏。

巴连不得天上落一坨钱下来，想得安逸。

那块批娃儿昼时日白聊谎的，讨口子、叫化子一样，朗个整的哦？

地下确湿的，走路把细点哈，你看，又把裤儿打得浇湿的。

你一喝说在这儿嘞，一喝说在那儿嘞，到底在喝儿嘞嘛，重块子你说在喝儿嘞等我嘛，要不弄块子，我们在城墙拐拐见嘛。

哟喂！你那么远的还跑起来看我。

这两天天气硬是非热的，不晓得伙食团从喝儿嘞尽弄些七姑儿八茄子的东西哦？

做菜时王师傅龟儿楼搜婆，烧的汤清花亮色的，油珠珠都没得一个，吃鱼不扯苦胆，吃起来像中药样硬是刮苦的。

张三娃风扯扯，瓜米瓜眼的，一天到黑就晓得梭边边！

瓜娃子些，回家冲壳子喂！

批娃儿老坎球壮得很，光晓得日白，正儿八经的事不干，神广广的，十处打锣九处在，好事干不来，净当戳锅漏，像瓜儿样，下河洗澡摇裤都不穿。

【歇后语】

最早可以追溯到先秦时期，是劳动人民在长期的生产生活中创造的一种特殊语言形式，也可称为文字游戏。特点是说话只说半截，留下后半截让人去猜，多取其谐意。歇后语多以人们熟知的人、事、物进行比喻，乍一听很俗，很刻薄，细细品味又感到形象、风趣、幽默、贴切，具有十分浓厚的生活和乡土气息。

如来佛放屁——神气得很。

口袋里装钉子——个个都想出头。

竹篮打水——一场空。

芝麻开花——节节高。

狗吃牛粪——图多。

盘古王跳舞——老欢喜。

丈二和尚——摸不着头脑。

弹花匠的女儿——会弹不会纺。

铁打的公鸡——一毛不拔。

鲁班门前耍大斧——献丑。

梁山上的弟兄——不打不相识。

猫哭耗子——假慈悲。

石灰水写文章——净是白字。

诸葛亮用空城计——不得已。

姜太公钓鱼——愿者上钩。

大街上贴布告——众所周知。

瞎子戴眼镜——多余的圈圈。

周瑜打黄盖——一个愿打，一个愿挨。

脱了毛的板刷——有板有眼。

矮子上楼梯——步步高升。

脱裤子放屁——多此一举。

高射炮打蚊子——小题大做。

厕所顶上装烟囱——臭气冲天。

对着镜子作揖——自己恭维自己。

麻雀虽小——五脏俱全。

孔夫子唱戏——出口成章。

孔夫子搬家——净是书（输）。

大姑娘说媒——难张口。

懒婆娘的裹脚布——又臭又长。

肚脐眼打屁——腰（妖）气。

泥菩萨过河——自身难保。

城隍老爷拉胡琴——鬼扯。

城隍娘娘害喜——怀的是鬼胎。

哑巴吃黄连——有苦说不出。

哑巴吃汤圆——心中有数。

黄连树下弹琴——苦中作乐。

脚板底下抹油——溜之大吉。

阎王爷开店——鬼来买。

阎王爷出告示——鬼话连篇。

瞎子逛大街——目中无人。

罗汉请观音——客少主人多。

狗咬耗子——多管闲事。

棺材里头放火炮——吓死人。

火葬场开后门——专烧（骗）熟人。

【谚语】

一本二本，庄稼为本。

八成熟，十成收，十成熟，两成丢。

七月犁田一碗油，八月犁田半碗油，九月犁田光骨头。

养猪不赚钱，肥了三亩田。

误了一年春，十年理不伸。

瘦土出黄金，只怕不专心。

秧子栽得嫩，当上一道粪。

麦从立夏死，小满正栽秧。

秋前十天无谷打，秋后十天满坝黄。

人靠饭养，苗靠水长。

天黄有雨地黄晴。

狂风早雨大太阳。

重阳无雨一冬晴。

青蛙叫，雨要到。

猪拱圈，要变天。

有雨天边亮，无雨顶上光。

清明要明，谷雨要淋。

春分秋分，昼夜平分。

坏了处暑，必坏白露。

九月微微冷，十月小阳春。

明星落湿地，落雨不歇气。

惊蛰不起风，冷齐五月中。

过了立秋节，夜冷白天热。

云跑西，披蓑衣；云跑北，落到黑。

处暑有雨十八缸，处暑无雨干断江。

冬吃萝卜夏吃姜，不用医生开药方。

吃药不忌嘴，跑断太医腿。

远水难救近火，远亲不如近邻。

一顿省一口，一年节一斗。

吃人家口软，拿人家手短。

酒醉饭饱，活不到老；粗茶淡饭，身体强健。

早烟早酒，少活八九。

攒钱犹如针挑土，用钱好像水推沙。

秤不离砣，公不离婆。

爱人不爱钱，才能结良缘。

少是夫妻老是伴。

三穷三富不到老，十磨九难过一生。

家和家不败，人和万事兴。

本本分分，各有一份。

跟着好人学好人，跟到端公跳假神。

人怕伤心，树怕剥皮。

吃得亏，打得堆。

滴水成河，粒米成箩。

人勤担起山，人懒坐断槛。

勤能补拙，俭可养廉。

天干不饿手艺人，雷公不打要饭人。

闲时办来急时用，及时办来不中用。

【当代俗语】

改革开放后，凤鸣境内外出打工、求学人数增多，对外交流频繁，各行各业出现了部分俗语。

酷：本意是冷峻，形容人的气质、举止、风度与众不同，很另类。

勾兑：通过物质交易调和人际关系，通指贿赂。

假打：走过场，虚张声势。

变态：举止失常、精神上有问题。

倾斜：给某个方面以优惠待遇或优先考虑。

出血：出钱。

放水：赌场向输者放高利贷。

跳槽：更换工作岗位。

有病：对别人说话、做事不满意的贬斥语。

修理：殴打别人。

搬砖：搓麻将的代名词。

超市：自选商场。

解套：解脱了困境。

泡吧：沉溺于茶馆、酒吧、网吧。

摆平：把事情处理好。

吃皮：获取不正当收入。

单挑：一个对一个（打架）。

敲定：把事情落实。

洗白：输得精光。

潇洒：清高洒脱，气宇不凡，也指无牵无挂，日子过得舒坦的人。

刷卡：使用信用卡取款和支付购物等款项。

短路：一时回不过神来。

快递：邮件的特快专递。

掉价：失掉身份。

上帝：服务行业对顾客的书面用语。

充电：业务进修，补充某方面的能力。

加码：增加任务或工作量。

点子：主意、办法。

补课：该参加的活动、事项缺席后重新补上，叫补课。

新潮：穿着时尚、用具现代的人。

资格：对某种物品质量优良的赞叹语。

打的：乘出租汽车。

球迷：球类比赛最痴迷的观众。

锁定：确定不移。

帅哥：英俊的小伙子。

哥子：年轻男子交谈间的称呼。

靓妹：漂亮的姑娘。

美女：对不相识女子的称呼。

网民：经常上网者。

股民：经常炒股者。

彩民：经常买彩票者。

签单：有签字权力的人在付账单或记账单上签字。

撮一顿：进餐馆吃饭。

冷处理：对某事件的处理拖延时日或暂时弃置不管。

闪光点：优秀之处。

方脑壳：头脑简单、愚笨、讲话不随和。

下零件：伤人致残。

敲棒棒：不顾商业道德、商业信誉而恣意谋利的经商行为。

刮胡子、刮鼻子：指受长辈、上级批评。

接地气：深入基层、深入群众。

E-mail：电子信箱，又称电子邮箱、电子邮件。

微博：分享简短实时信息的广播式的社交媒体、网络平台。

支付宝：第三方支付平台。

微信：即时通信工具，具有零资费、跨平台沟通、显示实时输入状态等功能，与传统的短信沟通方式相比，更灵活、智能，且节省资费。

民间文化

【童谣】

黄丝黄丝蚂蚂，请你出来吃嘎嘎。大官不来小官来，嘀嘀嗒嗒一起来。

逗虫虫，咬手手。切菜菜，下酒酒。慢慢拿，烫手手。蛾儿蛾儿飞喽。

莲花白白又白，里头装块美帝国。美帝不甘心，偏偏去打解放军，解放军会打仗，枪就打在他心口上。

瓢儿菜，脚脚黄，三岁娃儿没了娘，跟倒老汉不好过，就怕老汉讨后娘。接了后娘才两年，生个弟弟比我强。弟弟天天去上学，我在家中干农活。喊声天地我的娘，想起我娘泪长长。

【儿歌】

一二三四五，上山打平伙，你吃鸡脑壳，我吃鸡屁股。

一二三四五，上山打老虎，老虎要吃人，黑了要关门。

你打铁，我打铁，打把剪刀送姐姐，姐姐留我歇，我不歇，我要回，去打铁。打铁不赚钱，莫如学拜年。拜年太难走，去学吹鼓手。吹也懒得吹，干脆变乌龟。乌龟难得爬，回去变虾扒。虾扒不装虾，快去变菩萨。大菩萨，小菩萨，顿顿吃的豆渣粑。豆渣粑，豆渣粑，没得筷子用手抓。没得板凳坐地下，坐一屁股稀泥巴。

【众口儿歌】

大月亮，小月亮，哥哥起来学木匠，嫂嫂起来推豆浆，妈妈起来补衣裳。东一补，西一补，补了一个鸡屁股。

幺姑儿幺奶奶，麻姑儿打草鞋，幺姑儿提去卖，麻姑儿提回来。

推粑，拍粑，家婆有米不做粑。烧起水，烫蜞蚂，蜞蚂叫，娃娃笑。

丁丁猫，红爪爪，哥哥回来打嫂嫂。嫂嫂哭，走娘屋，娘屋近，挂根棍；娘屋远，打把伞；娘屋高，打把刀；刀又快，好切菜；菜又粑，好做粑；粑又甜，好过年；年又亲，好点灯；灯又亮，好算账，一算算到大天亮。

鹦哥，哪里来？我从高山顶上来。高山顶上有好高？万尺万丈比你高。啥子门？笆笆门。啥子锁？铜锁。怎么开？一把钥匙大打开。七匹骡子八匹马，牵起鹦哥到处耍。

【绕口令】

东门东家，南门董家，东、董二家，都点冬瓜。人说东门东家冬瓜，董不过南门董家董冬瓜。（注："董"，土语，大的意思）

树上四十四个涩柿子，树下四十四个石狮子，四个娃娃骑着狮子数柿子：四是四，十是十，十四是十四，四十是四十。

【新式农民歌】

大田栽秧行对行，逮对鲤鱼扁担长，大的拿来高挂起，小的拿来过端阳。

大田栽秧瓦碴多，扒开瓦碴栽一窝。过路君子莫见笑，五月端阳看秧窝。

大田栽秧宽又宽，半截有水半截干。半截有水栽秧头，半截无水栽芋头。

大田栽秧青又青，秧田土地听原因，我刀头烧酒来敬你，保佑我的快转青。

下田栽秧面前土，背起太阳到晌午。今年圈头添肥猪，明年幺儿结媳妇。

薅秧薅得汗长流，想到秋后有搞头。先买电视洗衣机，再立一座冲天楼。

薅秧薅得口发干，想到秋后要翻番。温饱不愁奔小康，实现就在两千年。

心想唱歌声气哑，我怕情妹来笑话。薅秧三天没开口，心头像有虫子爬。

小妹子，快薅秧，薅完秧子过端阳，要是妹子不嫌弃，小哥给你买件花衣裳。

叹世上吃烟人不愚不蠢，一个个尽都是精精灵灵，你偏要去吃烟所为哪等，莫非是冤孽鬼迷了三魂，读书人他本是金玉之品。一吃烟就成了无应之人，庄稼人种庄稼勤勤恳恳，一吃烟他就要消败门庭。手艺人手艺高千家有请，一吃烟好手艺没人肯迎。富豪人一吃烟家都不顺，贫穷人一吃烟无计养身。年少人一吃烟早短寿命，妇女们一吃为败节毙命。看起来烟本是迷魂大阵，有多少英雄汉被它所擒。

【蔬菜歌】

天生万物不一样，蔬菜生来有名堂；冬瓜长得齐头壮，南瓜自封菜中王。土耳瓜不敢地上耍，爬上棚架充霸王。大头菜自称二郎将，装模作样不寻常；萝卜一听气朝上，骂声小子不"认黄"。你我都在地上长，我膘肥体壮比你强。茄子好比大官样，头顶铁帽坐中堂。蒜瓣弟兄团结好，咒骂海椒没天良。苦瓜子自知不漂亮，埋起脑壳不敢狂。丝瓜子穿盔甲绷"劲仗"，见了开水就灭亡。黄瓜有气无处进，送给众人口内尝。唯有葱子长得快，瓢儿菜细嫩慢梳妆。青菜犹如披毛样，白菜好比新姑娘。莲花白生来有福相，胸中怀抱胖儿郎。四季豆喜爬到栈栈长，编串火炮自称王；豇豆子不服去告状，我的吊吊比你长，软豆调和把理讲，虽不同根但同娘。番茄脸红真漂亮，青兰菜本是大肚郎。菠菜矮小生得胖，苋菜下锅红满堂。莴笋专把杆杆长，炒菜上桌数它强。红萝卜埋头地下长，芹菜叶子不怕霜。黄葱有肚无肝脏，蒜苗肚内有宝藏。还有刀豆称武将，疙瘩疙苑是生姜。只有洋芋年年旺，没有韭菜寿命长。菜名还有多种样，大家补充更周详。

人物及纪念地

自古以来"地以人贵，人以地传"。凤鸣镇（街道）在发展过程中，涌现大量代表人物，值得人们敬仰和铭记。

名录

【百岁老人名录】

彭山是中国老年学会命名的"中国长寿之乡"，也是流传千古的《陈情表》"孝"文化的发祥地。1992年—2020年，凤鸣镇（街道）人均寿命显著增长，百岁老人生活质量显著提升。

1992年—2020年百岁老人名录

年份	姓名	性别	年龄	出生日期	家庭住址
1992	谢洪兴	男	108	1884-01-06	凤鸣镇北街2居委会
	陈金兰	女	102	1890-02-20	灵石镇东红村1社
1993	谢洪兴	男	109	1884-01-06	凤鸣镇北街2居委会
	陈金兰	女	103	1890-02-20	灵石镇东红村1社
1994	谢洪兴	男	110	1884-01-06	凤鸣镇北街2居委会
1995	谢洪兴	男	111		
1996	谢洪兴	男	112		
1997	谢占云	男	100	1897-07-16	凤鸣镇上岷路262号
	潘福芝	女	100	1897-06-09	灵石镇东红村3社
	雷学英	女	100	1897-08-12	灵石镇平乐村2社
	银学珍	女	100	1897-12-17	灵石镇宝珠村1社
1998	谢占云	男	101	1897-07-16	凤鸣镇上岷路262号
	雷学英	女	101	1897-08-12	灵石镇平乐村2社
	银学珍	女	101	1897-12-17	灵石镇宝珠村1社
	张杨仙	女	100	1898-11	凤鸣镇仁慈村3社

续表

年份	姓名	性别	年龄	出生日期	家庭住址
1999	谢占云	男	102	1897-07-16	凤鸣镇上岷路 262 号
	雷学英	女	102	1897-08-12	灵石镇平乐村 2 社
	银学珍	女	102	1897-12-17	灵石镇宝珠村 1 社
	张杨仙	女	101	1898-11	凤鸣镇仁慈村 3 社
2000	雷学英	女	103	1897-08-12	灵石镇平乐村 2 社
	银学珍	女	103	1897-12-17	灵石镇宝珠村 1 社
	张杨仙	女	102	1898-11	凤鸣镇仁慈村 3 社
	宋华书	女	100	1900-10-11	凤鸣镇石集村 5 社
2002	李术华	女	100	1902-03-08	凤鸣镇江渔村 5 组
	郭淑珍	女	100	1902-04-04	灵石镇平乐村 5 组
2003	李术华	女	101	1902-03-08	凤鸣镇江渔村 5 组
	郭淑珍	女	101	1902-04-04	灵石镇平乐村 5 组
	王玉清	女	100	1903-09-07	凤鸣镇北街 88 号附 3 号
2004	李术华	女	102	1902-03-08	凤鸣镇江渔村 5 组
	郭淑珍	女	102	1902-04-04	灵石镇平乐村 5 组
	周成基	女	100	1904-01-16	凤鸣镇仁慈村 2 组
	李淑华	女	100	1904-06-07	灵石镇文殊村 1 组
	岳甫廷	男	100	1904-12-08	凤鸣镇岷江路 213 号
2005	李术华	女	103	1902-03-08	凤鸣镇江渔村 5 组
	周成基	女	101	1904-01-16	凤鸣镇仁慈村 2 组
	李淑华	女	101	1904-06-07	灵石镇文殊村 1 组
	岳甫廷	男	101	1904-12-08	凤鸣镇岷江路 213 号
2006	李术华	女	104	1902-03-08	凤鸣镇江渔村 5 组
	周成基	女	102	1904-01-16	凤鸣镇仁慈村 2 组
	李淑华	女	102	1904-06-07	灵石镇文殊村 1 组
	岳甫廷	男	102	1904-12-08	凤鸣镇岷江路 213 号
	吴月斌	男	100	1906-06-19	灵石镇石家村 1 组
	朱桂芳	女	100	1906-12-16	灵石镇集关村 1 组
2007	周成基	女	103	1904-01-16	凤鸣镇仁慈村 2 组
	岳甫廷	男	103	1904-12-08	凤鸣镇岷江路 213 号
	吴月斌	男	101	1906-06-19	灵石镇石家村 1 组
	谢学芳	女	100	1907-01-24	凤鸣镇菱角村 3 组

年份	姓名	性别	年龄	出生日期	家庭住址
2008	周成基	女	104	1904-01-16	凤鸣镇仁慈村2组
	岳甫廷	男	104	1904-12-08	凤鸣镇岷江路213号
	徐桂芳	女	100	1908-02-10	凤鸣镇水电七局3分局
	陈金华	男	100	1908-03-01	凤鸣镇西街103号
2009	周成基	女	105	1904-01-16	凤鸣镇仁慈村2组
	岳甫廷	男	105	1904-12-08	凤鸣镇岷江路213号
	徐桂芳	女	101	1908-02-10	凤鸣镇水电七局3分局
	陈金华	男	101	1908-03-01	凤鸣镇西街103号
	张少清	女	100	1909-05-12	凤鸣镇城中社区22组
	周学芬	女	100	1909-05-16	凤鸣镇江渔村3组
	罗学文	女	100	1909-08-05	凤鸣镇石家村6组
	帅思安	男	100	1909-11-07	凤鸣镇文殊村1组
	任全福	男	100	1909-12-23	凤鸣镇建设路85号
2010	徐桂芳	女	102	1908-02-10	凤鸣镇水电七局3分局
	陈金华	男	102	1908-03-01	凤鸣镇西街103号
	张少清	女	101	1909-05-12	凤鸣镇城中社区22组
	周学芬	女	101	1909-05-16	凤鸣镇江渔村3组
	袁桂芳	女	100	1910-02-23	凤鸣镇宝珠村3组
	王胡彬	女	100	1910-09-15	凤鸣镇城东社区
	熊玉轩	男	100	1910-12-21	凤鸣镇城东社区19组
2011	徐桂芳	女	103	1908-02-10	凤鸣镇水电七局3分局
	陈金华	男	103	1908-03-01	凤鸣镇西街103号
	张少清	女	102	1909-05-12	凤鸣镇城中社区22组
	周学芬	女	102	1909-05-16	凤鸣镇江渔村3组
	袁桂芳	女	101	1910-02-23	凤鸣镇宝珠村3组
	王胡彬	女	101	1910-09-15	凤鸣镇城东社区
	熊玉轩	男	101	1910-12-21	凤鸣镇城东社区19组
	罗有禅	女	100	1911-01-22	凤鸣镇南星社区5组
	帅玉如	女	100	1911-06-01	凤鸣镇菱角村4组
	曾学英	女	100	1911-06-12	凤鸣镇文殊村3组
	李桂珍	女	100	1911-07-23	凤鸣镇金烛村3组

续表

年份	姓名	性别	年龄	出生日期	家庭住址
2012	徐桂芳	女	104	1908-02-10	凤鸣镇水电七局3分局
	陈金华	男	104	1908-03-01	凤鸣镇西街103号
	张少清	女	103	1909-05-12	凤鸣镇城中社区22组
	袁桂芳	女	102	1910-02-23	凤鸣镇宝珠村3组
	熊玉轩	男	102	1910-12-21	凤鸣镇城东社区19组
	罗有禅	女	101	1911-01-22	凤鸣镇南星社区5组
	李桂珍	女	101	1911-07-23	凤鸣镇金烛村3组
	毛德辉	女	100	1912-02-24	凤鸣镇五湖苑二区
	朱学彬	女	100	1912-04-06	凤鸣镇金烛村
	佘素清	女	100	1912-10-19	凤鸣镇
2013	陈金华	男	105	1908-03-01	凤鸣镇西街103号
	袁桂芳	女	103	1910-02-23	凤鸣镇宝珠村3组
	熊玉轩	男	103	1910-12-21	凤鸣镇城东社区19组
	罗有禅	女	102	1911-01-22	凤鸣镇南星社区5组
	李桂珍	女	102	1911-07-23	凤鸣镇金烛村3组
	毛德辉	女	101	1912-02-24	凤鸣镇五湖苑二区
	朱学彬	女	101	1912-04-06	凤鸣镇金烛村
	徐学明	女	100	1913-01-10	凤鸣镇南星社区
	盛学彬	女	100	1913-10-22	凤鸣镇菱角村4组
2014	陈金华	男	106	1908-03-01	凤鸣镇西街103号
	袁桂芳	女	104	1910-02-23	凤鸣镇宝珠村3组
	熊玉轩	男	104	1910-12-21	凤鸣镇城东社区19组
	毛德辉	女	102	1912-02-24	凤鸣镇五湖苑二区
	朱学彬	女	102	1912-04-06	凤鸣镇金烛村
	徐学明	女	101	1913-01-10	凤鸣镇南星社区
	盛学彬	女	101	1913-10-22	凤鸣镇菱角村4组
	周玉贞	女	100	1914-03-07	凤鸣镇石家村7组
2015	陈金华	男	107	1908-03-01	凤鸣镇西街103号
	毛德辉	女	103	1912-02-24	凤鸣镇五湖苑二区
	朱学彬	女	103	1912-04-06	凤鸣镇金烛村
	徐学明	女	102	1913-01-10	凤鸣镇南星社区
	周玉贞	女	101	1914-03-07	凤鸣镇石家村
	张叔勤	女	100	1915-09-04	凤鸣镇石家村

年份	姓名	性别	年龄	出生日期	家庭住址
2016	朱学彬	女	104	1912-04-06	凤鸣镇金烛村
	徐学明	女	103	1913-01-10	凤鸣镇南星社区
	周玉贞	女	102	1914-03-07	凤鸣镇石家村
	张叔勤	女	101	1915-09-04	凤鸣镇石家村
	李华英	女	100	1916-01-25	凤鸣镇南星社区
	帅仕祥	女	100	1916-10-04	凤鸣镇集关社区
2017	张叔勤	女	102	1915-09-04	凤鸣街道
	李云华	女	100	1917-08-24	凤鸣街道城西社区
	陈仕坤	男	100	1917-03-21	凤鸣街道石家村5组
	汪国英	女	100	—	凤鸣街道南星社区
	王志芳	女	100	—	凤鸣街道南星社区
2018	王志芳	女	101	—	凤鸣街道南星社区
	兰少成	男	100	1918-08-15	凤鸣街道平乐社区1组
	向琴英	女	100	—	凤鸣街道南星社区
2019	王志芳	女	102	—	凤鸣街道南星社区
	兰少成	男	101	1918-08-15	凤鸣街道平乐社区1组
	向琴英	女	101	—	凤鸣街道南星社区
	魏玉彬	女	100	—	凤鸣街道金烛村
	肖彰荣	女	100	1919-09-21	凤鸣街道城中社区
2020	兰少成	男	102	1918-08-15	凤鸣街道平乐社区1组
	肖彰荣	女	101	1919-09-21	凤鸣街道城中社区

【光荣榜名录】

1992年—2020年，凤鸣镇（街道）人民紧跟改革开放步伐，在经济建设和社会发展中获得许多集体荣誉，涌现了一大批先进集体和人物。

1992年—2020年光荣榜集体名录（市级及以上）

年份	单位	奖项（表彰）名称	颁授部门/文件号
1992	凤鸣粮食市场	文明集贸市场	国家市场监督管理总局
	凤鸣镇	双拥模范镇	乐山市政府、乐山军分区
	凤鸣乡	"乡龙杯"广播竞赛优胜奖	乐山市政府
	凤鸣镇粮站	拥军优属先进单位	乐山市委、市政府、乐山军分区

年份	单位	奖项（表彰）名称	颁授部门/文件号
1993	凤鸣镇	四川省乡镇200强	四川省委、省政府
		村民自治模范乡镇	乐山市委、市政府
	凤鸣镇东风水泥厂	乡镇系统先进企业	四川省乡镇企业局
		乡镇企业最佳经济效益百强企业	
	彭山酒厂	信得过产品	四川省卫生厅
1994	彭山第一小学	省"萌芽杯"篮球赛女子组第三名	四川省体委
	凤鸣镇农经站	先进集体	四川省农牧厅
1995	凤鸣镇粮站	拥军优属先进单位	乐山市委、市政府、乐山军分区
	凤鸣镇	拥军优属先进单位	乐山市委、市政府、乐山军分区
1996	凤鸣镇政府	档案管理三级达标	四川省档案局
	凤鸣镇中学	档案管理三级达标	四川省档案局
	灵石镇政府	档案管理三级达标	四川省档案局
	凤鸣镇党委	"红旗乡镇党委""先进基层组织"	乐山市委
1997	凤鸣镇中心小学	档案管理三级达标	四川省档案局
	凤鸣镇	爱国拥军模范乡镇	乐山市委、市政府、军分区
	灵石镇	爱国拥军模范乡镇	乐山市委、市政府、军分区
1998	凤鸣镇派出所	档案管理三级达标	四川省档案局
	凤鸣镇南星村	文明单位	眉山地委、行署
	凤鸣镇	小康镇	眉山地委、行署
	灵石镇	小康镇	眉山地委、行署
1999	凤鸣镇派出所	人民满意派出所	公安部
		文明单位	眉山地委、行署
	彭山一小	全国少先队红旗大队	全国少工委
		实施《国家体育锻炼标准》先进集体	四川省教委、体委
2000	彭山二小	德育工作先进集体	四川省省委宣传部、省教委
	凤鸣镇	拥军优属模范镇	眉山市委、市政府、军分区
		社会治安综合治理模范镇	眉山地委、行署
	灵石镇	拥军优属模范镇	眉山市委、市政府、军分区
	彭山二中	思想政治工作先进单位	眉山地委
	凤鸣镇岷江路党支部	思想政治工作先进单位	眉山地委

年份	单位	奖项（表彰）名称	颁授部门/文件号
2001	凤鸣镇派出所	人民满意公安基层单位	公安部
		优秀青少年维权岗	共青团中央、公安部
		优秀青少年维权岗	共青团四川省委、公安厅
		讲文明树新风优质服务示范窗口单位	眉山市委、市政府
		市级文明单位	眉山市委、市政府
	灵石镇	镇党委被授予六好示范乡镇党委、镇政府被评为"九五"期间计划生育工作先进集体	眉山市委、市政府
	凤鸣镇	全国人口普查先进单位	国务院人口普查办公室
		"九五"期间计划生育工作先进集体	眉山市委、市政府
2002	凤鸣镇	婚育新风进万家先进集体	四川省省委宣传部
		"处法"工作先进单位	眉山市委、市政府
	彭山二中	文明单位	眉山市委、市政府
		政治思想工作先进集体	眉山市政府
	灵石镇	年度重点乡镇工业发展考核"投入奖"	眉山市委、市政府
2003	凤鸣镇派出所	一级公安派出所	公安部
2004	凤鸣镇派出所	优秀公安派出所	四川省省委、省政府
2005	凤鸣镇	经济普查工作先进单位	四川省省政府
2011	凤鸣镇	信访工作达标重点乡镇	眉山市委、市政府（眉委〔2012〕3号）
2013	凤鸣镇派出所	全国"清剿火患"战役先进单位	公安部
	凤鸣镇	2012年度信访工作达标重点乡镇	眉山市委、市政府（眉委〔2013〕24号）
		2012年度乡镇经济综合实力20强	眉山市委、市政府（眉委〔2013〕79号）
		全市"实现伟大中国梦、建设富强美好和谐眉山"主题教育活动先进乡镇党委	眉山市委（眉委〔2013〕151号）

续表

年份	单位	奖项（表彰）名称	颁授部门/文件号
2015	凤鸣镇	先进基层党组织	眉山市委（眉委〔2015〕156号）
		2014年度安全生产工作先进集体	眉山市政府（眉委函〔2015〕17号）
		2014年度眉山市第四轮敬老模范乡镇	眉山市政府（眉委函〔2015〕149号）
	彭山二小	全国优秀少先队集体	共青团中央、教育部、全国少工委
	凤鸣镇城东社区党支部	先进基层党组织	眉山市委（眉委〔2015〕156号）
2017	凤鸣街道菱角村	省级"四好村"	四川省委（川委〔2017〕20号）
	彭山一小	全国规范化家长学校	中国下一代教育基金会（下一代教字〔2017〕67号）
	凤鸣街道	2016年度主动作为创一流先进集体	眉山市委、市政府（眉委〔2017〕39号）
		2016年度乡镇经济综合实力前10强乡镇	眉山市委、市政府（眉委〔2017〕51号）
2018	凤鸣街道办事处	加快推进新型城镇化工作先进集体	四川省人社厅、四川省住建厅
	彭山四小	四川省卫生单位	四川省爱卫办（川爱卫发〔2018〕1号）
2019	彭山二中	全国规范化家长学校	中国下一代教育基金会、中国关工委事业发展中心（下一代教字〔2019〕第0021号）
	彭山二小		
	凤鸣街道派出所	最强支部	四川省公安厅（川公委〔2019〕19号）
	凤鸣街道	四川省加快推进新型城镇化先进集体	四川省人社厅、四川省住房和城乡建设厅（川人社发〔2019〕3号）
	凤鸣街道金烛村	2018年度市级"四好村"	眉山市委、市政府（眉委〔2019〕98号）
	凤鸣街道石家村		
	凤鸣街道城中社区党委	眉山市先进党组织	眉山市委（眉委〔2019〕211号）
2020	凤鸣街道城东社区	2020年度"四川省十佳志愿服务社区"	四川省文明办〔2020〕50号
	彭山一小	2020年度四川省"优秀少先队集体"	共青团四川省委、省教育厅（川青联发〔2020〕27号）
	彭山二中	四川省无烟单位	四川省爱国卫生运动委员会（川爱卫发〔2020〕1号）
	彭山一小		
	彭山四小		

年份	单位	奖项（表彰）名称	颁授部门/文件号
2020	凤鸣街道办事处	计划生育家庭特别扶助工作先进集体	四川省人口和计划生育领导小组（川人口领发〔2020〕1号）
		第十一届四川省拥军优属先进单位	四川省双拥工作领导小组（川拥〔2020〕1号）
		眉山市服务业发展工作先进集体	眉山市委、市政府（眉委〔2020〕363号）
	凤鸣街道	2019年度创建全国文明城市工作先进集体	眉山市委、市政府（眉委〔2020〕145号）
	凤鸣街道江渔村	眉山市2020年度市级实施乡村振兴战略示范村	眉山市委、市政府（眉委〔2020〕658号）
	凤鸣街道党政综合办公室	2020年全市办公室工作先进集体	眉山市委办〔2021〕16号

1992年—2020年光荣榜个人名录（市级及以上）

年份	姓名	单位	奖项（表彰）名称	颁授部门/文件号
1992	欧文旭	凤鸣镇惠灵村	省"恩威杯"中华民族伦理文化知识大奖赛鼓励奖	四川省委宣传部、省妇联、省记协、《四川日报》社、四川电视台、恩威世亨制药有限公司
	陈富明	灵石镇平乐村4社	见义勇为先进个人	乐山市委、市政府
1994	肖志康	凤鸣镇农经站	先进个人	四川省农牧厅
1995	张荣朴	彭山二小	全国优秀教师	国家教委、人事部
	张曦	彭山二小	优秀青年教师	乐山市政府
1996	王福军	彭山二中	优秀指导教师	乐山市政府
	张曦	彭山二小	教坛新秀	乐山市政府
1997	宛学臣	凤鸣中学	优秀校长	眉山行署
	刘岷江	彭山二中	优秀青年教师	眉山行署
	何俊辉	彭山二小	优秀青年教师	眉山行署
	李琳	彭山一小	优秀艺体教师	眉山行署
1998	张燕如	彭山一小	全国优秀教师	教育部
	段巧君	彭山一小	优秀教师	眉山行署
	廖平	彭山二小	优秀教师	眉山行署
	郭素荣	彭山二中	优秀教师	眉山行署

续表

年份	姓名	单位	奖项（表彰）名称	颁授部门/文件号
1999	袁俊良	彭山二中	优秀校长	眉山地委、行署
	周柏蔚	彭山二中	优秀教师	眉山地委、行署
	袁学彬	凤鸣镇粮站	地区劳动模范（1999年度）	眉山地委、行署
2000	袁跃福	盐关居委会	先进思想政治工作者	眉山地委
2001	黄书跃	凤鸣镇计生办	全省"九五"期间计划生育先进个人	四川省人事厅、四川省计生委
2002	赵军	凤鸣镇工商所	人民满意红盾卫士	四川省工商局
2005	左剑	彭山二小	师德标兵	四川省教育工委、四川省教育厅
	周翠娥	彭山二小	课程改革先进个人	四川省教育厅
2007	夏梅焰	凤鸣镇	全市优秀人民调解员	眉山市委、市政府（眉委〔2007〕350号）
2013	曾理	凤鸣镇	眉山市2013年度优秀乡镇党委书记	眉山市委（眉委〔2013〕152号）
2014	周贤	凤鸣镇派出所	2013年信访和群众工作先进个人	眉山市委、市政府（眉委〔2014〕49号）
2015	曾理	凤鸣镇	2014年度群众和信访先进个人	眉山市委、市政府（眉委〔2015〕45号）
	徐春桂	凤鸣镇	2014年度全市统战工作先进个人	眉山市委、市政府（眉委〔2015〕84号）
	张永峰	凤鸣镇	2015年信访工作先进个人	眉山市委、市政府（眉委〔2015〕153号）
	杨玉先	凤鸣镇城中社区	2015年多元化纠纷解决改革工作先进个人	眉山市委、市政府（眉委〔2015〕153号）
	刘光平	凤鸣镇	优秀共产党员	眉山市委（眉委〔2015〕156号）
2016	赵耀洲	凤鸣镇	2015年食品安全工作先进个人	眉山市政府（眉委函〔2016〕27号）
	毛太成	彭山二中	眉山市2015年度教育工作先进个人	眉山市政府（眉委函〔2016〕12号）
	任继操	彭山二中	眉山市知名教师	眉山市政府（眉委函〔2016〕116号）
	张帆	凤鸣镇灵石小学	眉山市优秀教师	眉山市政府（眉委函〔2016〕116号）

年份	姓名	单位	奖项（表彰）名称	颁授部门/文件号
2017	张奇	凤鸣街道	2016年度维稳工作先进个人	眉山市委、市政府（眉委〔2017〕28号）
	张伟	凤鸣街道	文化立市战略工作先进个人	眉山市委、市政府（眉委〔2017〕35号）
	王支言	彭山二中	2016年度教育体育工作先进个人	眉山市委、市政府（眉委〔2017〕30号）
	黄小毅	灵石小学	眉山市优秀教师	眉山市政府（眉委〔2017〕102号）
	蔡贵成	彭山二小	眉山市师德标兵	
	石秀梅	彭山二中	眉山市优秀教师	
2018	何正文	凤鸣街道卫生院	四川省首届"新时代健康卫士"	四川省卫计委、中医药管理局（川卫发〔2018〕56号）
	刘涛	彭山二小	眉山市优秀教师	眉山市政府（眉府函〔2018〕72号）
	张生明	彭山一小	眉山市优秀教师	
	周庆	彭山四小	眉山市优秀教师	
2019	孙政	凤鸣街道	2018年度脱贫攻坚先进个人	眉山市委、市政府（眉委〔2019〕459号）
	张勇	凤鸣街道	2018年度"十三五"千亿交通大会战先进个人	眉山市政府（眉府函〔2019〕42号）
	徐宁	凤鸣街道	2018年度防汛减灾工作先进个人	
	唐议	彭山四小	眉州名师	眉山市政府（眉府函〔2019〕55号）
	张艺	彭山四小	眉山市优秀教师	
	刘萍	彭山一小	眉山市优秀教师	
	詹利萍	彭山二中	眉山市优秀教师	
	毛绘	彭山二小	眉山市优秀教师	
2020	张杭	凤鸣街道	2019年度创建全国文明城市工作先进个人	眉山市委、市政府（眉委〔2020〕145号）
	赵耀洲	凤鸣街道	2019年度创建国家森林城市工作先进个人	眉山市委（眉委〔2020〕145号）
	张勇	凤鸣街道	2019年度创建国家卫生城市工作先进个人 2019年度新型城镇化工作先进个人 2019年度十大民生工程及20件民生大事工作先进个人 2019年度河长制湖长制工作先进个人	
	温选鹏	凤鸣街道	2019年度统战工作先进个人	

续表

年份	姓名	单位	奖项（表彰）名称	颁授部门/文件号
2020	张华平	凤鸣街道城东社区	2019 年度民兵工作先进个人	眉山市委、市政府、眉山军分区（眉委〔2020〕162 号）
	张勇	凤鸣街道	眉山市"开放发展突破年"先进个人	眉山市委、市政府（眉委〔2020〕381 号）
	陈平	彭山一小	眉山市优秀教师	眉山市政府（眉府函〔2020〕82 号）
	赵耀洲	凤鸣街道	2020 年度城市工作先进个人	眉山市委办公室（眉委办〔2021〕16 号）
	赵耀洲	凤鸣街道	2020 年度城乡社区治理先进个人	眉彭府办函〔2021〕36 号
	杨华良	凤鸣街道	2020 年度卫生健康和医药卫生体制改革工作先进个人	眉彭府办函〔2021〕36 号
	陈兵	凤鸣街道	眉山市 2020 年食品安全党政同责工作先进个人	眉山市委办公室（眉委办〔2021〕16 号）
	岳群	凤鸣街道	2020 年度统计调查工作先进个人	眉山市委办公室（眉委办〔2021〕16 号）
	徐锦辉 倪志力 郑思敏 饶丹 周艳华	凤鸣街道	2020 年度市级优秀网格管理员	眉山市政法委（眉政法〔2021〕4 号）

【领导干部名录】

1992 年—2020 年党（工）委领导干部名录

年份	乡（镇）街道	党（工）委书记	党（工）委副书记	纪（工）委书记
1992	凤鸣镇	张德明（1990 年 2 月任）	吴良泽（1990 年 2 月任）罗成泽（1990 年 2 月任）邓策 李淑华 周凤凰	罗成泽
1993	凤鸣镇	张德明（继任）	罗成泽（继任）邓策（继任）李淑华（继任）周凤凰（继任）	罗成泽（继任）

年份	乡（镇）街道	党（工）委书记	党（工）委副书记	纪（工）委书记
1993	灵石镇	吴良泽（1992年9月任）	杨甲贵 代福荣 陈银均 赵显明（4月15日任）	代福荣
1994	凤鸣镇		陈洪全（10月任）	
	灵石镇		宋碧梅（10月任） 刘安全（10月任）	
1995	凤鸣镇		余利平（1月任） 骆仕清（8月任） 张震中（8月任） 叶云华（10月任） 张素文（12月任）	
	灵石镇	黄光全（8月任） 陈艮均（8月任）	冯献忠（10月任）	
1996	凤鸣镇	唐学建（12月任）		
1998	凤鸣镇	叶云华（3月任）	章凤礼（5月任）	
	灵石镇	冯献忠（3月任）		
1999	凤鸣镇		魏兴儒（4月任） 曾红秀（12月任）	
	灵石镇		陈荣松（4月任）	
2000	灵石镇	陈利（5月任）	杨治敏（下派，5月任）	
2001	凤鸣镇	王玉芬（9月任）		
	灵石镇	陈利（继任）	张慧文（9月任） 宋艳秀（10月任） 伍建国（11月任）	
2002	凤鸣镇	王玉芬（继任）	邓斌（3月任）	
	灵石镇	陈利（继任）	张慧文（继任） 王英哲（市下派7月任）	陈荣松（纪委副书记，5月任）
2003	凤鸣镇	王玉芬（11月止） 张富学（11月任）		
	灵石镇	陈利（继任）	张慧文（继任）	

续表

年份	乡（镇）街道	党（工）委书记	党（工）委副书记	纪（工）委书记
2004	凤鸣镇	张富学（继任）	胡水（3月任） 刘丽霞（3月任） 徐景锋（下派，8月任）	秦国华（12月任）
	灵石镇	柴洪军（12月任）	李勇（3月任） 张宏平（下派，7月任）	
2005	凤鸣镇	张富学（继任）	黄莉均（5月任）	
	灵石镇	柴洪军（继任）	余康林（5月任）	
2006	凤鸣镇	张富学（5月止） 李洪强（5月任、12月止） 晏毅平（12月任）	胡水（5月止） 邓斌（5月任） 刘丽霞（7月止） 秦国华（继任） 黄莉均（7月止） 龚涛（1月任、7月止）	秦国华（继任） 任柱（纪委副书记，9月任）
	灵石镇	柴洪军（2月止） 游中印（2月任）	李勇（3月止） 宋艳秀（7月止） 伍建国（5月止） 周泮羽（7月任、12月止） 刘木华（12月任） 张宏平（下派，7月止） 余康林（7月止）	伍建国（5月止） 周泮羽（7月任、12月止） 刘木华（12月任） 余康林（纪委副书记，7月任、12月止） 张蓉（纪委副书记，12月任）
2007	凤鸣镇	晏毅平（继任）	秦国华（8月止） 任柱（8月任） 高德道（下派，3月任）	秦国华（8月止） 任柱（8月任） 任柱（纪委副书记，8月止） 杨丽君（纪委副书记，8月任）
	灵石镇	游中印（7月止） 余利平（7月任）	宋艳秀（7月任）	
2008	凤鸣镇	晏毅平（5月止） 彭杰（5月任）	邓斌（1月止） 宋艳秀（1月任） 李祝才（原眉山市人民政府研究室综合科科长，下派，6月任） 任柱（12月止） 刘光平（12月任）	任柱（12月止） 刘光平（12月任） 杨丽君（纪委副书记，12月止）
	灵石镇		宋艳秀（1月止） 刘木华（1月止）	刘木华（1月止） 张蓉（纪委副书记，1月止）

年份	乡（镇）街道	党（工）委书记	党（工）委副书记	纪（工）委书记
2009	凤鸣镇	彭杰（继任）	宋艳秀（3月止） 王太勇（3月任） 李祝才（下派，6月止） 范宇（市国土资源局第三党支部书记，下派，6月止） 黄昊（县纪委副书记，挂职，8月任） 潘淼（县规划建设和环境保护局副局长，挂职，10月任）	黄昊（挂职，8月任，县纪委副书记）
2010	凤鸣镇	彭杰（6月止） 凌茂君（8月任）	凌茂君（主持党委工作，6月任） 刘光平（8月止） 刘跃（8月任、12月止） 孙奕飞（12月任） 毛晓蓓（政法委书记，12月任） 潘淼（挂职，12月止） 范宇（下派，7月止）	刘光平（8月止） 刘跃（8月任、12月止） 孙奕飞（12月任）
2011	凤鸣镇	凌茂君（继任）	王太勇（6月止） 刘光平（6月止） 刘伟（6月任） 孙奕飞（6月任） 毛晓蓓（政法委书记，继任） 黄昊（12月止，挂职）	刘伟（6月任） 孙奕飞（6月止）
2012	凤鸣镇	凌茂君（9月止） 曾理（9月任）	刘光平（继任） 刘伟（12月止） 章静（12月任） 毛晓蓓（政法委书记，9月止） 张奇（政法委书记，9月任） 胥倩（省检察院公诉二处副主任科员挂职，5月任） 欧阳娟（县政协教文体医卫委主任挂职，3月任）	刘伟（12月止） 章静（12月任）
2013	凤鸣镇	曾理（继任）	刘光平（继任） 章静（继任） 张奇（政法委书记，继任）胥倩（省检察院公诉二处副主任科员，挂职，6月止） 欧阳娟（县政协教文体医卫委主任，挂职，4月止） 谢永崇（省检察公诉二处主任科员，挂职，6月任）	章静（继任）

年份	乡（镇）街道	党（工）委书记	党（工）委副书记	纪（工）委书记
2014	凤鸣镇	曾理（继任）	刘光平（继任） 章静（9月止） 张奇（9月任） 张奇（政法委书记，9月止） 张永峰（政法委书记，9月任） 谢永崇（省检察公诉二处主任科员，挂职，5月止） 冯中华（省检察院公诉二处，挂职，5月任）	章静（9月止） 张奇（9月任）
2015	凤鸣镇	曾理（继任）	刘光平（7月止） 张奇（10月任） 张永峰（9月任） 张永峰（政法委书记，9月止） 周彭港（政法委书记，9月任） 冯中华（省检察院公诉二处，挂职，6月止） 林胜元（挂职，6月任）	张奇（9月止） 张永峰（9月任）
2016	凤鸣镇	曾理（10月止）	张奇（10月止） 张永峰（10月止） 林胜元（6月止） 周彭港（4月止） 徐舟（4月任，10月止，下派）	张永峰（4月止） 周彭港（4月任，10月止）
2016	凤鸣街道	张奇（10月任）	张勇（10月任） 阚雪银（省检察院办公室主任科员挂职，7月任） 张永峰（10月任） 林胜元（挂职，6月任） 周彭港（10月任）	周彭港（10月任）
2017	凤鸣街道	张奇（继任）	张勇（继任） 阚雪银（省检察院办公室主任科员下派挂职，7月止） 张永峰（10月止） 赵耀洲（11月任） 李忠华（挂职，8月任） 周彭港（继任）	周彭港（继任）

年份	乡（镇）街道	党（工）委书记	党（工）委副书记	纪（工）委书记
2018	凤鸣街道	张奇（继任）	张勇（继任） 赵耀洲（继任） 李忠华（7月止） 罗涛（下派，6月任） 温选鹏（11月任） 周彭港（继任）	周彭港（继任） 雷建（纪工委副书记）
2019	凤鸣街道	张奇（2月止） 张勇（2月起）	张勇（2月止） 赵耀洲（继任） 罗涛（6月止） 温选鹏（挂职，继任） 杨华良（3月任） 王嫦（12月任） 周彭港（继任）	周彭港（继任）
2020	凤鸣街道	张勇（继任）	赵耀洲（继任） 温选鹏（挂职，5月止） 杨华良（继任） 王嫦（1月止） 李端（挂职，7月任） 周彭港（继任）	周彭港（继任）

1992 年—2020 年政府（街道办）领导干部名录

年份	乡（镇）街道	乡（镇）长、街道办主任	副（镇长、乡长、街道办主任）
1992	凤鸣镇	吴良泽（9月调职） 邓策	李建超（9月调职） 王学全 帅益均 陈书琼 陈荣松（继任）
1993	凤鸣镇	邓策（继任）	王学全（继任） 帅益均（继任） 陈书琼（继任） 陈荣松（继任）
	灵石镇	杨甲贵	李绍清 余学良 袁富春
2001	灵石镇	张慧文（9月任）	
2002	凤鸣镇		金惠茹（市下派，12月任）

续表

年份	乡（镇）街道	乡（镇）长、街道办主任	副（镇长、乡长、街道办主任）
2003	凤鸣镇	张富学（继任）	
	灵石镇	张慧文（继任）	
2004	凤鸣镇	胡水（11月任）	曾国林（下派，7月任）
	灵石镇	李勇（3月任）	
2005	凤鸣镇		余冬梅（下派、8月任） 李鸿海（8月任）
2006	凤鸣镇	胡水（5月止）	李玉平（继任） 余冬梅（1月任、12月止） 李鸿海（5月止） 曾国林（下派，7月止） 刘跃（7月任）
	灵石镇	李勇（3月止） 游中印（7月任）	宋艳秀（7月任）（常务副镇长） 曹春（7月止） 刘木华（12月止） 费循（7月任） 喻建勇（7月任） 周泮羽（1月任、7月止） 孙奕飞（12月任）
2007	灵石镇	游中印（7月止） 宋艳秀（7月任）	费循（7月止） 毛晓蓓（8月任）
2008	凤鸣镇	邓斌（1月止） 宋艳秀（1月任）	李玉平（1月止） 孙奕飞（1月任） 毛晓蓓（1月任） 闵昌迪（12月任）
	灵石镇	宋艳秀（1月止）	孙奕飞（1月止） 毛晓蓓（1月止） 喻建勇（1月止）
2009	凤鸣镇	宋艳秀（3月止） 王太勇（分管政府工作，3月任） 王太勇（5月任）	
2010	凤鸣镇		刘跃（8月止） 张勇（12月任） 谢有根（12月任） 孙奕飞（12月止） 毛晓蓓（12月止）

年份	乡（镇）街道	乡（镇）长、街道办主任	副（镇长、乡长、街道办主任）
2011	凤鸣镇	王太勇（6月止） 刘光平（6月任）	闵昌迪（6月止） 谢有根（继任） 张勇（继任） 曾勇（7月任） 尹净（国开行四川分行客户五处三级经理助理挂职，5月任）
2012	凤鸣镇	刘光平（继任）	谢有根（继任） 张奇（3月任、9月止） 曾勇（继任） 尹净（下派，8月止） 张永峰（12月任） 张勇（3月止）
2013	凤鸣镇	刘光平（继任）	谢有根（继任） 曾勇（继任） 张永峰（继任） 唐隆华（镇长助理，3月任）
2014	凤鸣镇	刘光平（继任）	张永峰（9月止） 谢有根（继任） 曾勇（继任）
2015	凤鸣镇	刘光平（7月止） 张奇（10月任）	赵耀洲（5月任） 谢有根（继任） 曾勇（继任）
2016	凤鸣镇	张奇（10月止）	赵耀洲（11月止） 谢有根（4月止） 曾勇（4月止） 叶浩洋（4月任、10月止） 刘红玉（4月任、10止） 吴定威（4月任、10月止）
2016	凤鸣街道	张勇（10月任）	赵耀洲（11月任） 刘红玉（10月任、12月止） 吴定威（11月任）
2017	凤鸣街道	张勇（继任）	吴定威（继任） 徐宁（4月任） 刘庆煜（4月任） 游翎瀚（11月任） 赵耀洲（11月止）

续表

年份	乡（镇）街道	乡（镇）长、街道办主任	副（镇长、乡长、街道办主任）
2018	凤鸣街道	张勇（继任）	吴定威（继任） 徐宁（继任） 刘庆煜（继任） 游翎瀚（继任） 徐宁（继任）
2019	凤鸣街道	张勇（2月止） 赵耀洲（4月任）	吴定威（继任） 徐宁（继任） 刘庆煜（7月止） 游翎瀚（3月止） 宋涛（6月任） 张杭（7月任） 陈兵（12月任）
2020	凤鸣街道	赵耀洲（继任）	吴定威（继任） 徐宁（继任） 宋涛（继任） 张杭（继任） 陈兵（继任）

【村（社区）党委名录】

2020 年凤鸣街道村（社区）党委基本情况一览表

党委名称	党委书记	性别	年龄	党委人数	办公地点
城东社区	李晓珊	女	45	7	望江下街 39 号
城中社区	谢惠	女	45	9	灵石路 79 号
城南社区	邓翔	男	34	7	新兴街西段 3 号
城西社区	袁晓梅	女	56	7	紫薇路 228 号
红星社区	谭复忠	男	54	7	兴隆路 63 号
平乐社区	肖红霞	女	43	7	凤鸣南路 298 号
易垅社区	肖红波	男	39	7	易垅社区 6 组 258 号
金烛村	黄林	男	29	7	江渔村 2 组 3 号
江渔村	詹崇浩	男	43	5	兴铁花园西侧 150 米

【抗美援朝革命烈士英雄名录】

姓名	性别	籍贯	出生年	生前所在单位及职务	牺牲简况
李福顺	男	凤鸣镇南街	1906	中国人民志愿军 344 团 9 连班长	1950 年 12 月 31 日，在朝鲜临津江战斗中牺牲
梁国成	男	凤鸣镇	1933	中国人民志愿军 29 师后勤担架营战士	1953 年 7 月，在抗美援朝战争中牺牲

姓名	性别	籍　贯	出生年	生前所在单位及职务	牺牲简况
谯纪华	男	凤鸣镇北街	1928	中国人民志愿军 36 军 106 师战士	1953 年 7 月 15 日，在东后卫 35 医院一分院牺牲
李绍清	男	凤鸣镇北外街	1923	中国人民志愿军 35 师 103 团 6 连战士	1952 年 10 月 6 日，在抗美援朝战争中牺牲
姚克从	男	凤鸣镇北街	1930	中国人民志愿军 16 军炮团观通连战士	1951 年 3 月 26 日，在朝鲜连川进祥里战斗中牺牲
吴忠普	男	凤鸣镇平乐社区	1932	中国人民志愿军 535 团 3 营 9 连战士	1952 年 12 月 27 日，在朝鲜东线作战牺牲
帅映泉	男	凤鸣镇石家村	1924	中国人民志愿军 539 团 3 营 8 连战士	1953 年 3 月 9 日，在抗美援朝战争中牺牲
高德全	男	凤鸣镇易埝村	1932	中国人民志愿军 42 军 126 师后勤担架战士	1952 年 5 月 26 日，在朝鲜大同郡牺牲
方世勤	男	凤鸣镇金烛村	1932	中国人民志愿军 535 团 3 营 9 连战士	1952 年 12 月 27 日，在朝鲜东线作战牺牲
徐德昌	男	凤鸣镇惠灵村	1927	中国人民志愿军 133 师战勤营战士	1952 年 7 月 26 日，在抗美援朝战争中牺牲
毛玉华	男	凤鸣镇金烛村	1916	中国人民志愿军 24 军 70 师炮兵团战士	1952 年 10 月 10 日，在朝鲜江源道文川郡作战牺牲

【抗美援朝参战人员名录】

李国华	李迎汴	陈云乾	牟炳安	郑德安	肖国如	李尚成	李志能	黄德明
周继文	李明忠	赵金贵	周克强	赵相东	李学海	方向和	毛　伦	王海平
张庭华	刘绍洲	张其中	张学林	李忠华	汪俊华	李树良	刘志全	王程元
伍大修	方芝华	熊志良	袁云玉	余德江	王俊成	蔡成碧	干长准	肖绍如
李同春	张宣仁	陈学琪	李长福	李福秋	吴良德	陈云智	熊文华	袁仕均
邓国如	陈盛华	钟佰琴	范安祥	邓绍云	陈跃元	帅绍安	孙子明	赵成云
谢俊明	周俊民	潘华智	曾祥兴	徐栖华	曾定如	吴纯刚	朱继堂	于连溪
吴玉明	徐栖乾	蒋维贤	王吉安	王建秋	戴世明	胡俊才	卢　方	刘具良
张宣伍	陈永鹤	罗学明	朱济廷	赵云岐	尹心传	方永林	李同明	王星位
谢正华	杨光俊	潘英泽	杨英祥	徐俊安	代明远	谢乐成	李芝能	祝国良
徐万松	杜济贤	张志成	吴万清	孙登云	倪光荣	肖仲英	肖俊英	宋子明
陈碧清	邓德安	秦国章	谢国成	张宣友	宋道友	张国栋	罗海中	唐明安
朱海云	宋长福	宋炳文	李颖达	万学均				

人物传略

【李秉中（1902—1940）】

抗日少将李秉中，别字庸倩，彭山凤鸣镇人。早年考入北京大学学习，鲁迅爱而怜之，多次给予资助，是鲁迅的得意门生。1925年7月，他怀揣鲁迅赠予的20块大洋南下广州考入黄埔军校第三期。1926年前往苏联留学，就读于莫斯科中山大学，与邓小平、蒋经国、左权、杨尚昆等为同学。1928年赴日本留学。1932年4月回国，任东北军第52军中校参谋、上校政训处长，军事委员会防空学校政训处长，参与热河、察哈尔等地战斗，与侵华日军奋力拼杀，浴血奋战，立下战功，升为少将。曾任八路军办事处联络员及蒋介石侍从室秘书等职，抗战初，任国民政府禁烟毒办事处主任和缉私总队少将总队长。

李秉中与鲁迅情谊深厚，先后收到鲁迅先生28封书信，后有21封被收入《鲁迅全集》。《南京史志》记载，1936年鲁迅逝世后，李秉中一直为《鲁迅全集》的出版奔走。1936年6月20日，李秉中将《鲁迅全集》准印批文等寄给许广平，但因种种原因没有出版，直到1938年6月15日，上海复兴社才出版了20卷600万字的《鲁迅全集》。

1940年，李秉中病逝于重庆，年仅38岁。李秉中遗体被运回彭山并安葬在彭山城东之桃花山。1958年，李秉中的墓地不幸被损毁，其亲属将遗骨捡回后置放于重庆家中保存，一直未安放入土。李秉中的嫡孙李戎按其生前遗愿，一直打算将遗骨送回彭山让其魂归故里，但囿于墓地落实上有困难，嫡孙李戎写信给彭山区政府和区政协，请求获得帮助并协助解决困难。"我们不能忘了抗日英雄，更不能让英雄遗骨无处安放"，接到李戎的求助信后，彭山县人民政府迅速了解情况，落实墓地，帮其解决困难，最后实现魂归故里。

【洪文渊（1905—1930）】

彭山县城凤鸣镇西街人。幼年在彭山县城读私塾，后毕业于彭山县立小学。1928年春，在中共地下党领导下参加青龙场农民武装暴动。举义受挫后遭敌人追捕，遂转移到眉山，入国民师范学校读书，积极从事学生运动，并加入中国共产主义青年团。经常往返于彭山、观音、青龙场等地，宣传马列主义，组织发动群众，建立农民协会，开展抗税、抗粮、抗捐斗争。1929年，在仁寿嘉和庄夫齐公读书时，加入中国共产党，在当地秘密从事革命活动。同年秋，在成都四川公立警监专科学校读书，与其他地下党员一起，积极开展学生运动。1930年春，经党组织安排返回彭山县，在地下党领导下，准备秘密武装暴动。同年9月12日，在公义镇发动农民武装起义，他手提大刀，率领群众游行，指挥武装人民捉拿土豪劣绅。他在调动农民武装时，突然被反动军警包围。为了保护群众，他挺身而出，与敌人进行殊死斗争。在掩护群众脱险时，他身中数弹，壮烈牺牲。反动当局为了威吓人民，把他的尸体运到北门外示众数日，激起广大群众对敌人的无比仇恨。新中国成立后，青龙乡文工团创作了"红线烈火"话剧，把他的革命事迹进行了广泛宣传。1987年5月，省政府追认其为革命烈士。

纪念地

【人物纪念地】

眉山市彭山区革命烈士陵园。位于凤鸣大道二段263号（省道103线北侧）。此地为纪念革命烈士所建。

陈氏墓。位于金烛村境内，该墓群主人为陈氏家族。

熊家墓群。位于金烛村境内，该墓群主人为熊氏家族。1994年12月11日，被彭山县人民政府列为"彭山县第三批县级文物保护单位名录"。类别为古墓葬，时代为清朝，保护范围及建设控制地带是"墓冢四周8米"，保护范围对外延伸10米。

【事件纪念地】

南门口遗址。位于城中社区彭山二小处，是南门口的遗址。

周家井。位于红星社区境内，该井为周家所筑。

公园山人防工程。位于古城北路99号阳光城小区，此人防工程位于公园山。

八百寿酒酒窖。位于城东社区境内，此酒窖用于酿造八百寿酒。

彭山县县衙遗址。位于县城凤鸣街道西街98号，为彭山古县衙遗址。

文殊埝崖墓。位于江渔村境文殊埝，因是崖墓而得名。

王图山崖墓。位于江渔村境内，该崖墓位于王图山。

【宗教纪念地】

黎庙子。位于灵石西路，火车站家属院后面，占地面积2.6亩，有佛教堂1处，三间房（约210平方米），两进小青瓦房，附属房约1300平方米。未拆除前，黎庙子每年农历正月初十至正月二十五日有庙会活动。2019年8月19日，黎庙子拆除。

彭山区天主教堂。位于紫薇街162号，占地面积为1800平方米。始建于1889年，1952年拆毁。1983年6月，经中共乐山市委统战部批准开放，原教堂地处东街。1994年，因城市规划需要，由教会提出申请，经县政府同意将教堂迁至县城"八五"新区。

彭山区基督教堂。位于南街118号，占地面积为1100平方米。建成于1910年，1959年拆毁。1983年6月，经中共乐山市委统战部批准开放。

编后记

    2018 年，凤鸣街道启动《凤鸣街道志》的编纂工作，时任主编李先华同志历时两年完成《凤鸣街道志》（1992—2015）的初稿，由于种种原因，志书未能付印。2022 年 4 月，凤鸣街道再次启动编纂工作，成立由现任凤鸣街道党政领导组成的编纂委员会，负责街道志编纂的全面工作。委托西华大学马克思主义学院副教授陈雁组建编辑部，全面负责街道志编纂。感谢前任主编对志书编纂所做的大量工作和艰辛努力，我们在志书编纂过程中不可避免会使用到部分资料，在此对您及您引领的编纂团队表示由衷感谢。

    修志是一项庞大的系统文化工程。编写组受凤鸣街道党工委和街道办事处的委托，承担编纂《凤鸣街道志》的任务，深感责任重大，使命光荣。编纂工作主要经历四个阶段。

    一、搜集资料

    1. 2022 年 7 月，编辑部组织 3 名教师和西华大学马克思主义学院 7 名研究生实地查阅区档案馆和街道档案室的档案资料上千卷，查阅《眉山市志》《彭山县志》《彭山年鉴》《凤鸣镇志》等志史，到眉山市图书馆、彭山区图书馆查阅相关志史典籍，搜集文字资料 1000 万字。

    2. 实地走访查看。遍访辖区社区、农村，通过走、访、看、问，察看地理环境、街道院落、村庄社区、道路桥梁等，广泛调查了解街道民风社情，掌握第一手口碑资料。

    3. 收集统计调查数据。通过区统计局、教育局等部门了解历年街道报送数据，根据区统计局提供的《统计年鉴》统计历年数据，制作统计表格。

    二、拟定志书篇目

    根据搜集到的资料，结合凤鸣街道实际，编辑部的同志们群策群力，拟出志书编纂篇目结构。

    三、志书编纂

    志书具有很强的专业性、权威性和著述性，涉及政治、经济、文化、社会、法治的方方面面，体量大，覆盖面广。充分考虑志书编纂的严肃性、严谨性和体例文风要求，书稿由主编陈雁独立完成。初稿完成后，编纂人员对内容、文字和标点符号进行了反复校正和修改。

四、志书审定

2023 年 6 月，志书初稿完成，并印发到凤鸣街道各部门、村（社区），让同志们对志书的内容提出修改意见和建议。编纂人员对反馈的意见进行再次修改，补充和完善了部分内容。7 月 31 日，《凤鸣街道志》通过初评；8 月 15 日定稿送审。

在彭山区档案馆（党史和地方志编纂中心）的指导下，在凤鸣街道党工委和街道办事处的领导下，经编纂工作人员一年多的辛勤努力，以实事求是的精神，终成《凤鸣街道志》。在《凤鸣街道志》编纂过程中，编纂人员先后采访了大量同志，有的同志提供了大量资料，在此向接受采访和提供资料的同志表示感谢。值此志书出版之际，感谢凤鸣街道党工委、街道办事处和社会各界人士对编纂人员的信任、理解与大力支持，感谢西华大学党委宣传部梁正科、马克思主义学院教授苏文明、文学与新闻传播学院副教授王燕飞和马克思主义学院 7 名研究生的支持和帮助，同时也感谢编辑部全体同仁付出的艰辛努力。

《凤鸣街道志》（1992—2020）编纂出版，是全体编纂人为凤鸣人民交上的满意答卷。由于修志工作浩繁，再加上凤鸣街道经历乡镇合并，多机构（部门）融合，年代久远，人员变动频繁，以及材料、时间、水平所限，错误、疏漏难免，精准难求。在此，敬请各位领导、修志同仁和读者包涵指正，并不吝赐教。

附：提供资料人员名单（排名不分先后）

朱俊屹	王璇	杨燕玲	吴毅	韩佳鑫	明蕊
徐琪	陈秋雨	李宇	余航	袁茜	万翔
陶婷	向燕红	赵宇龙	高培婕	侯娇	张娇
詹沛杰	张诗雅	谢惠	李晓珊	袁晓梅	邓翔
谭复忠	肖红霞	肖红波	黄林	詹崇浩	陈新春

《凤鸣街道志》（1992—2020）编辑部

2023 年 8 月